全国大学生
环境资源模拟法庭大赛
案例解析

主编　王树义

QUANGUO DAXUESHENG
HUANJING ZIYUAN
MONI FATING DASAI
ANLI JIEXI

法律出版社 LAW PRESS · CHINA
北京

图书在版编目(CIP)数据

全国大学生环境资源模拟法庭大赛案例解析 / 王树义主编. -- 北京 : 法律出版社, 2022(2022.8 重印)
ISBN 978-7-5197-6452-4

Ⅰ. ①全… Ⅱ. ①王… Ⅲ. ①环境保护法-案例-中国②自然资源保护法-案例-中国 Ⅳ. ①D922.685 ②D922.605

中国版本图书馆 CIP 数据核字(2022)第 030152 号

全国大学生环境资源模拟法庭大赛案例解析
QUANGUO DAXUESHENG HUANJING ZIYUAN MONI FATING DASAI ANLI JIEXI

王树义 主编

责任编辑 李 群 陈昱希
装帧设计 汪奇峰

出版发行 法律出版社
编辑统筹 法规出版分社
责任校对 张红蕊
责任印制 耿润瑜
经　　销 新华书店

开本 710 毫米×1000 毫米 1/16
印张 18.75　**字数** 306 千
版本 2022 年 3 月第 1 版
印次 2022 年 8 月第 2 次印刷
印刷 北京建宏印刷有限公司

地址:北京市丰台区莲花池西里 7 号(100073)
网址:www.lawpress.com.cn
投稿邮箱:info@lawpress.com.cn
举报盗版邮箱:jbwq@lawpress.com.cn

销售电话:010-83938349
客服电话:010-83938350
咨询电话:010-63939796

书号:ISBN 978-7-5197-6452-4　**定价**:78.00 元

凡购买本社图书,如有印装错误,我社负责退换。电话:010-83938349

《全国大学生环境资源模拟法庭大赛案例解析》
编 委 会

编委会主任

王树义

国家“2011计划”司法文明协同创新中心联席主任

全国大学生环境资源模拟法庭大赛组委会秘书长

谢玉红

中华环保联合会副主席兼秘书长

全国大学生环境资源模拟法庭大赛组委会秘书长

编委会副主任

罗光黔

贵阳市中级人民法院环境资源审判庭 员额法官

全国大学生环境资源模拟法庭大赛组委会赛题组组长

陈　迎

南京市环境资源法庭 庭长

全国大学生环境资源模拟法庭大赛组委会评委组组长

罗　吉

武汉大学环境法研究所 副教授

全国大学生环境资源模拟法庭大赛组委会副秘书长

主　编

王树义

上海财经大学特聘教授

全国大学生环境资源模拟法庭大赛组委会秘书长

主编助理

师　雯

中华环保联合会环境法律事务部项目官员

全国大学生环境资源模拟法庭大赛组委会赛务组组长

撰稿人

杨　锐　贵州省高级人民法院

罗光黔　贵阳市中级人民法院

田　菲　贵州省清镇市人民法院

苏桂兰　贵州省清镇市人民法院

肖　馗　贵州省清镇市人民法院

饶周琴　贵州省清镇市人民法院

周　科　无锡市中级人民法院

郭继光　无锡市中级人民法院

李帅胜　徐州市中级人民法院

李　娟　江苏省睢宁县人民法院

赵参参　江苏省睢宁县人民法院

陈小丹　重庆市渝北区人民法院

陈　果　重庆市渝北区人民法院

王　翔　重庆市万州区人民法院

吴江山　重庆市万州区人民法院

陈　伟　重庆市万州区人民法院

黄　锐　重庆市万州区人民法院

周维维　重庆市万州区人民法院

于元祝　南京市环境资源法庭

苏静巍　云南省高级人民法院

马　芸　昆明市中级人民法院

潘万江　玉溪市中级人民法院

序一　一部由法官们精心打造的案例教程

《全国大学生环境资源模拟法庭大赛案例解析》是一部由一群法官精心打造的案例教程。作者中，既有地方高级人民法院的法官，又有中级人民法院的法官，也有基层人民法院的法官。他们有一个共同的特点，即都是环境资源审判庭的法官。他们不仅有丰富的环境资源审判工作经验，而且具有良好的法律素养。另外，他们有的参加过全国大学生环境资源模拟法庭大赛案例的筛选、出题工作，有的参加过比赛的评判工作，有的还出任过大赛活动的“主审法官”。因此，本书既是一部可称为精品的环境法案例教程，同时也是一部不可多得的由环境法官撰稿的环境法学术著作。

本书案例均取自历年“全国大学生环境资源模拟法庭大赛”所用案例。而大赛案例全部来自全国部分法院已经审理或当时正在审理的真实案件，后经适当“加工”而成。它们既来自环境审判的实践，但又相对“复杂”于真实案例，其中增添了一些法律知识点和适用于辩论赛的“辩点”，从而增加了本书的理论分量，形成了自己独特的魅力。

全国大学生环境资源模拟法庭大赛选用案例有着严格的程序：首先，由长期支持大赛活动的人民法院向大赛组委会选送建议的案例；其次，由大赛组委会组织召开“大赛拟用案例筛选研讨会”，根据每届大赛活动需要，结合考虑往届大赛所用案例情况，对选送案例进行筛选；再次，由大赛组委会将筛选出来拟用于大赛的案例，委托选送法院或其他法院根据案例筛选研讨会形成的意见进行适当“加工”完善；最后，受托法院将“加工”完善后的案例交大赛组委会出题组审定后，提交大赛组委会作为大赛所用案例。

大赛案例筛选研讨会曾分别在多家法院和其他单位举办,如贵州省清镇市人民法院、江苏省徐州市中级人民法院、江苏省睢宁县人民法院、南京环境资源法庭、江西省庐山市人民法院、江苏省中虑律师事务所等。严格的大赛案例选用程序不仅有力保证了全国大学生环境资源模拟法庭大赛案例的质量,同时也为本书的编写提供了高质量的案例。

本书的内容安排实际上分为两个部分:第一部分对所选案例作简要精到的解析,第二部分对所选案例作相对详细的解析。如此安排,一是受全书篇幅所限,二是意在案例教程编写方面作一新的探索。

本书编写的主要目的有三:其一,使"优质资源"得以充分利用。前文提到,本书案例均选自"全国大学生环境资源模拟法庭大赛"所用案例,而大赛所用案例又系全国各地法院选送,经认真筛选,并经专门会议研讨和委托专人"加工"完善而成。如此优质的案例,仅用于一次模拟法庭的赛事,实在可惜,纯属"浪费",应当"再利用",使更多的人通过本案例解析获益。

其二,为环境资源法学界提供一本高质量的环境法案例教程,同时也为环境法官、检察官和律师培训提供一本高质量的培训教材。

其三,"全国大学生环境资源模拟法庭大赛"是国家"2011 计划"司法文明协同创新中心、中华环保联合会、最高人民法院环境资源司法研究中心精心打造的一个环境司法人才培养平台。经过十年的发展,大赛已经成为我国"模拟法庭大赛"的著名赛事之一,申请参加大赛活动的高校越来越多。本书的出版,不仅能使各参赛高校了解往届比赛所选案例及其案例类型,同时可以帮助他们掌握案件分析的正确方法,开阔视野,拓宽思路,更好地备战大赛,使大赛活动越办越好。

王树义

国家"2011 计划"司法文明协同创新中心联席主任

全国大学生环境资源模拟法庭大赛组委会秘书长

序　二

时光荏苒，全国大学生环境资源模拟法庭大赛已经走过十年。回顾大赛十年历程，实际上也是对中华环保联合会环境维权工作发展历程的回顾，更是对建设美丽中国之法治信念和履践致远的见证。

中华环保联合会2005年创会之时，时任四位国家领导人曾培炎、周铁农、顾秀莲、张榕明为环境维权中心揭牌，寄予着对民间力量助力环境保护工作的期望。我们围绕“大中华，大环境，大联合”的宗旨，在维护公众和社会环境权益的道路上不断探索和创新。从协商、调解、诉讼等多元化解决环境纠纷，到提案、议案、法律建议、政策倡导等多途径推动环境法治建设，特别是环境民事公益诉讼制度入法，中华环保联合会是行动派、是实践者。

在开拓环境维权事业的过程中，我们逐渐被地方政府、环保行政机关、司法机关所熟知，被环境专家、法律专家、法官、律师所认可，被基层老百姓所信任，获得良好的社会声誉。2012年中华环保联合会能够发起并在中国海洋大学成功举办首届全国大学生环境资源模拟法庭大赛，是一路的积累、沉淀和各方力量支持的结果。万事开头难，大赛从首届到第十届经历了不断摸索、逐步完善、日益成熟的过程。随着国家“2011”计划司法文明协同创新中心、最高人民法院环境司法研究中心、部分地方高级人民法院陆续加入，大赛组织架构更加优化，赛题、赛制和规则不断升级，参赛高校从十二所扩展到二十所，大赛成为我国环境法学教育与环境司法实务相互交流、相互融通的一个重要平台，成为环境司法人才培养的一个重要途径。

历届大赛的环境资源案例是非常宝贵的财富。它们来自真实案件又高于真实案件，经过精心挑选、修改加工和辩论较量，既涵盖有环境审判的实务问题又有环境法律的理论问题，是集体智慧的结晶。在大赛十周年纪念之时，汇集成册出版《全国大学生环境资源模拟法庭大赛案例解析》一书，很有价值、有意义也令人感动。从这些入选的具有典型性和开创性的环境案例中，我们可以看到基层法官们在环境案件审判中的大胆探索，亦可概览中国环境司法专门化道路的发展脉络。

无论是大赛发起的初心还是《全国大学生环境资源模拟法庭大赛案例解析》一书的立意，中华环保联合会始终希望能够有一代又一代青年人成为中国环境保护事业的生力军，在各自领域精进业务积极践行生态环保理念，虽难尽善尽美，但仍不断成长进步。

“一期一会，世当珍惜。”借此机会向多年来热心支持、积极参与历届大赛的法官、律师、专家以及参赛高校的师生们表示衷心的感谢，同时致谢本书编委会的各位编委、法律出版社以及责任编辑。

谢玉红

中华环保联合会副主席兼秘书长

全国大学生环境资源模拟法庭大赛组委会秘书长

序　三

《全国大学生环境资源模拟法庭大赛案例解析》一书的出版，无论对我国的环境司法界还是环境法学界而言，都是一件非常有意义的事情。

保护环境、节约资源是我国的一项基本国策，是实现经济、社会和环境可持续发展的一个重要组成部分。面对日益严峻的环境保护形势以及社会公众对环境质量和健康的强烈愿望，我国先后出台了一系列行政的、经济的、技术的和法律的相关举措。

2007年11月，贵州省清镇市人民法院成立了全国首家环保法庭，拉开了环境司法专门化的序幕，由以往的环境资源行政管理和行政执法为主，逐步向环境司法过渡。2012年党的十八大召开，做出了"大力推进生态文明建设"的战略决策，我国的生态文明建设进入全面发展时期。与此相适应，环境司法的作用与贡献日益显著，环境资源法制建设进入以推动生态文明建设，加快推进环境司法专门化的新阶段。

在这个大的背景之下，由中华环保联合会倡议，于2012年年底组织举办了首届"全国大学生环境资源模拟法庭大赛"，旨在帮助法学学子增加环境司法实务的感性认识，打造一个环境法学理论与实践相结合的平台，增强学子们理论联系实际的能力，让环境法学学子提前接触环境司法实践，为日后进入环境司法领域打好基础，培养优秀环境司法及环境法律实务人才。

大赛初期的组织准备工作，特别得到了时任贵州省清镇市人民法院刘明院长、江苏省无锡市中级人民法院环境保护审判庭赵卫民庭长、云南省昆明市中级人民法院审判委员会专职委员，负责环境保护审判庭工作的袁学红专委的全力支持。

他们作为环境司法的开拓者，在环境司法实践中敢于探索，勇于担当的大无畏精神，值得我们学习并深表敬意。

“全国大学生环境资源模拟法庭大赛”备受社会各界的高度关注，国家“2011 计划”司法文明协同创新中心率先加入并组织领导，部分地方高级人民法院、中级人民法院和基层人民法院陆续加入。特别是 2014 年 6 月最高人民法院环境资源审判庭的成立，对大赛极为支持，积极参与并给予具体指导，使大赛的组织机构、工作章程、比赛规则、赛事的组织实施不断改进、日臻完善。

“全国大学生环境资源模拟法庭大赛”的魅力在于这是一项公益性赛事，每年组织一次。参加比赛的选手为高校法学学子在校生，评委作为志愿者，都是来自一线的法官和律师。赛题是筛选历年各级人民法院审理的真实案例。这些案例在环境立法，环境司法、环境执法以及环境法学教学方面发挥了积极的作用。

“全国大学生环境资源模拟法庭大赛”走过的 10 年是辉煌的。这本《全国大学生环境资源模拟法庭大赛案例解析》的出版，既是一本全新的案例教程，也是对大赛 10 年所取得成绩的总结。大赛的目的就是通过对案例分析研究、总结经验，锻炼队伍，提高技能，创新司法。相信在下一个 10 年，“全国大学生环境资源模拟法庭大赛”会组织得更加完善，案例也会更加精彩，也定会走向新的辉煌。我国的生态文明建设必将大放异彩。

吕克勤

原中华环保联合会秘书长顾问

原全国大学生环境资源模拟法庭大赛组委会秘书长

2022 年 2 月 10 日

目　录

上　编

下　编

上　编

张明与红枫钢铁厂环境污染责任纠纷案

2012年全国大学生环境资源模拟法庭大赛初赛赛题

一、案例

（一）案件基本事实

案由：水污染责任纠纷

原告：张明

被告：红枫钢铁厂

原告张明于2011年在清阳市某河流边养鸭8000只，采用白天放养，让鸭子在河里自由游动，晚上鸭子上岸，在鸭棚休息觅食的方法进行饲养。在接下来的几个月中，出现鸭子陆续死亡的现象，原告遭受了巨大的经济损失。经清阳市兽疫防治检疫站和兽医卫生监督检验所调查，确定鸭子属于非疫病性死亡。在原告养鸭地点上游5公里处是红枫钢铁厂，在养鸭地上游6公里处还有冶炼厂、制药厂。

（二）原告的诉求和被告的辩称

原告张明认为，其鸭子的死亡是由养鸭水域上游红枫钢铁厂排放污染物所致，遂起诉到法院，请求：(1)判令被告赔偿原告经济损失；(2)判令被告停止排污，恢复养鸭水质；(3)判决被告承担诉讼费。

被告红枫钢铁厂辩称，其在生产过程中所产生的污水是循环利用的，没有对外排放，且被告生产污水的各项指标符合国家排放标准，即使这样的污水排入河中，对人和牲畜都是无害的。其生活废水是经过三级沉降池处理的，经清阳市环境监测中心监测是符合环保要求的。

(三)原告确认的事实

原告确认的事实:原告于2011年1月在清阳市某河流边承包了一块养殖场从事鸭子养殖,共买进三批鸭苗8000只,采用白天放养,让鸭子在河里自由游动,晚上鸭子上岸,在鸭棚休息觅食的方法进行饲养。养鸭饲料购进的是清阳新世纪农业科技有限公司的产品。然而在接下来的几个月中,出现鸭子陆续死亡的现象,原告遭受了巨大的经济损失。经清阳市兽疫防治检疫站和兽医卫生监督检验所调查,确定鸭子属于非疫病性死亡。后经原告了解,原告所饲养的鸭子死亡是因上游被告红枫钢铁厂排放污水造成河水污染所致,为此,原告遭受了巨大的经济损失。

(四)原告提交的证据清单及证据

(1)原告身份证、朱某某个体工商户营业执照、养殖场地出租协议、收条各一份;

(2)清阳市兽疫防治检疫站、清阳市兽医卫生监督检验所出具的紧急流行病学调查,证明原告饲养的鸭子是非疫病性死亡;

(3)清阳市环境监测中心站【阳环监报告WT11059号】监测报告一份,证明原告的鸭子死亡是由重金属超标所造成的;

(4)红枫钢铁厂排污照片5张、光碟一张;

(5)原告养鸭的饲料发票16张,共计金额155,344.5元;

(6)原告购买鸭苗收款收据4张,共计50,000余元;

(7)清阳市兽疫防治检疫站出具的证明一份,证明原告有死鸭子样本存于该站;

(8)原告在庭审结束后,将存放于清阳市兽疫防治检疫站的死鸭子样本一份送到某师范大学分析检测中心作了检测,检测结果表明:鸭肝中氰化物含量2.95mg/kg。

(五)被告确认的事实

被告确认的事实:(1)被告严格按照环境保护要求,根据禁止污水向外排放的原则,在公司设立之初,就确定了"合理利用厂区污水,减少水源污染"的用水原则,并以此为方向设计并安装了循环水利用系统,将生产过程中产生的污水,通过沉淀、过滤,循环反复使用,最大限度地利用了工厂污水,该循环水的利用系统不仅节约了水资源,而且没有一滴污水对外排放,保障了周围环境免受污水的污染。(2)被告厂区所处的位置,是在原告放养鸭子的上游,且与原告所陈述的河流相距甚远,厂区周围也没有其他小河与该河流相通，即使被告排放了污水，污水也不可能流到原告所陈述的河里去，更何况原告采用的是水循环利用系统，生产中产生的污水只在厂区内循环反复使用，是不可能对外排放的。(3)被告在生产过程中产生的污水的各项指标均在正常值范围内，符合《钢铁工业水污染物的排放标准》。2011 年 10 月，被告委托清阳市环境监测中心对厂区内循环池内的循环水进行监测，其水样监测的各项指标均在允许的高排放浓度范围内，有的指标远远低于国家规定的最低值，甚至可以忽略不计，这样的污水即使排入河中，也应当是对人或家禽无害的。(4)原告的生活废水经过三级沉降池处理，经清阳市环境监测中心站监测也是符合环保要求的。

（六）被告提交的证据清单及证据

(1)红枫钢铁厂公司营业执照一份、组织机构代码证一份、循环水利用示意图一份、照片 6 张、环境影响评价报告书一份，证明根据环评要求，生产用水循环使用不对外排放；

(2)G 省排放污染物许可证一份，证明被告只能排放气污染物；

(3)清阳市环境监测中心站出具的【阳环监报告 WT11147】监测报告一份、钢铁工业水污染物排放标准一份，证明被告生产用水是循环水，经内部循环后，仍然符合国家标准；

(4)实地勘察视频资料一份，证明在原告养鸭地上游有其他人在养鸭，在养鸭地上游 6 公里处还有冶炼厂、制药厂。

二、本案争议焦点

（一）鸭子的死因

原告养殖的鸭子确已死亡，死亡的原因需由原告明确。

（二）举证责任分配

原告的举证责任：

(1)污染者排放了特定污染物；

(2)特定污染物到达了损害发生地，或者受损对象接触了该污染物；

(3)特定污染物可能会导致损害的发生；

(4)该损害在特定污染物到达之后才发生。

被告的举证责任：

(1)未排放可导致损害发生的污染物，或者排放污染物无导致损害发生的可能性；

(2)排放可导致损害发生的污染物未到达损害发生地，或者受害人未接触污染物；

(3)该损害于排放该污染物之前已发生。

(三)因果关系认定标准

举证责任倒置是否绝对排除原告在因果关系上的基本举证义务？

三、本赛题辩点

(一)原告

(1)被告排放了特定污染物；

(2)特定污染物到达了损害发生地，或者受损对象接触了该污染物；

(3)被告排放的特定污染物会对原告造成损害，该损害在特定污染物到达之后才发生。

(二)被告

(1)未排放可导致损害发生的污染物，或者排放污染物无导致损害发生的可能性；

(2)排放可导致损害发生的污染物未到达损害发生地，或者受害人未接触污染物；

(3)排放污染物与原告损害之间没有因果关系，或该损害于排放该污染物之前已发生。

四、备赛思路与难点、法官点评

(一)原告备赛思路与难点

本案是水污染侵权责任纠纷，原告举证和辩论要点：(1)被告有排污的事实(排放物含有有毒有害物质)，这实际上就是要证明被告方进行了排放污染物的行为，该行为不以是否达到排放标准为要件，也不以是否具有排污许可证或缴纳排污费为要件。原告提交证据4即红枫钢铁厂排污照片5张和光碟一张，证实被告排放污水的地点和污染情况。(2)排放物通过一定的途径到达损害结果发生地,原告在清阳市某河流边承包了一块养殖场从事鸭子养殖,采用白天放养,让鸭子在河里自由游动,晚上鸭子上岸,在鸭棚休息觅食的方法进行饲养,被告位于原告养鸭河流的上游,被告排放的水污染物可通过河水自然流动到达原告养鸭场地。(3)原告有损害结果发生,原告提交证据2、3、7、8证实原告饲养的鸭子确有死亡,死亡原因为非疫病性死亡,原告的鸭子死亡是由重金属超标所造成的,死亡鸭子鸭肝中氰化物含量2.95mg/kg,提交证据5、6即原告养鸭的饲料发票和购买鸭苗收款收据,证实原告鸭子死亡的损失共计金额20余万元。(4)排污行为与损害结果之间存在基本的因果关系,该项是本案原告备赛的难点,原告提交的现有证据不能证明被告排污行为与其损害结果之间存在基本的因果关系,需补充其他证据予以证实。

(二)被告备赛思路与难点

被告举证和辩论要点:(1)被告未排放可导致损害发生的污染物,或者排放污染物无导致损害发生的可能性,证据1、2、3证实被告严格按照环境保护要求,设计并安装了循环水利用系统,将生产过程中产生的污水,通过沉淀、过滤,循环反复使用,没有一滴污水对外排放,排放的气污染物不会污染原告养殖场地的河水;(2)被告排放可导致损害发生的污染物未到达损害发生地,或者受害人未接触污染物,证据4证明在被告厂区下游几公里、原告养鸭地上游,也有其他农户养鸭,但并未发生鸭子异常死亡现象;(3)被告排放污染物与原告损害之间没有因果关系,或该损害于排放该污染物之前已发生,原告认为其养殖的鸭子死亡是由重金属超标所造成的,庭审后经检测认为鸭子死亡是由氰化物导致的,证据1、2、3证实被告未对外排放污水,排放的气污染物不会污染原告养殖场地的河水,证据4证明被告不是原告养鸭场地上游的唯一工厂,其他工厂也有排污的可能。

(三)法官点评

在环境污染责任纠纷案件中,原告需要证明以下事实:(1)被告有排污的事实;(2)污染物通过一定途径传播到原告所在地;(3)原告受到了损害;(4)原告受到的损害与被告排污行为之间存在基本的因果关系。原告在完成上述证明责任后,才能适用举证责任倒置,才能要求被告证明其排污行为与损害后果之间不存在因果关系。原告要承担损害与污染之间因果关系的基本证明责任,但这种证明责任要求标准较低。在本案中,原告所提供的证据除了能证明其饲养的鸭子死亡的事实外，在被告是否有排放污染物的行为、被告的污染物通过何种途径传播到其饲养鸭子的场所、导致原告饲养的鸭子死亡的具体因素与被告的污染物之间的基本关联性等问题上都未提供有力证据予以证明，不应当将因果关系的举证责任倒置给被告。

原告提交了几张排污管及污水照片及视频，认为是被告的排污管，被告有排污行为，但被告否认照片上的排污口系被告公司所有，并提交环评报告表明其生产污水系内部循环，没有向外排放，经现场勘察，发现原告所指认的排污管距被告均有数公里之遥，且排污管中污水与被告生产污水特征不相符，并且经到被告厂区检查，被告生产污水均为内部循环，无外排，不能认定原告所称的排污管系被告所有，也就是说，不能证明被告排放了污染物，原告最基本的证明责任未完成。

被侵权人应当首先承担因果关系具有可能性的初步证明，未证明具有存在因果关系可能性的，不得进行因果关系推定。原告提交了一份证明及一份水样监测报告，证明其鸭子是非疫病性死亡，水样中有铜、锌、镉、铅等部分重金属，其认为是重金属引起鸭子死亡，其就还应当证明重金属会导致动物急毒性死亡，哪怕这种证明是科普知识、网络资料、医学研究发现等，否则就难以建立因果关系，不能将举证责任转移给被告。一般来说，重金属虽属毒害性物质，但主要是引起功能性障碍，一般不会导致动物急毒性死亡，原告也未能证明这一基本因果关系。其又补充了一份鸭肝检测分析报告——在鸭肝中发现氰化物，从而认为是氰化物导致鸭子死亡，而氰化物可以导致动物死亡接近于常识，故其完成了损害与污染物之间基本因果关系的证明责任。但被告并未对外排放水污染物或者排放的污染物中没有氰化物，法院聘请了清阳市农林部门、清阳市各大高校农林学院、环保行政部门的环保工程的专家们对该案做了一个专题咨询会，咨询会对鸭子死亡原因作出以下结论：鸭子死亡是由气候、水质、饲料等综合原因导致的。所以，原告鸭子死亡与被告生产及排污之间的因果关系最终不能建立，被告无须承担责任。

陆永放诉某市正太印染有限公司、某市河口区环卫所生态损害赔偿案

2012 年全国大学生环境资源模拟法庭大赛复赛赛题

一、案件基本事实

原告:陆永放,男,某市市民。

被告一:某市正太印染有限公司(以下简称正太公司)

被告二:某市河口区环卫所

案件起诉时间:2011 年 9 月 3 日

诉讼请求:(1)赔偿因食用受污染鲤鱼所受之伤害,医疗费用共计 3006.8 元,护理费 350 元,交通费 275 元,同时主张精神损失费 5000 元,误工费 7920 元;(2)要求被告承担梁清河生态环境恢复责任;(3)追究第一被告刑事责任;(4)追究第二被告行政责任。

被告正太公司于 2005 年 11 月经工商行政管理部门核准登记成立,主要生产经营项目为高档织物面料的印染及后整理加工等。其在生产过程中产生大量高浓度退浆和高碱度丝光废水,属于有毒有害工业废水,需要经过企业预处理后才能接入污水处理管网。该公司在实际生产过程中,建造了污水处理站,对产生的工业废水经过预处理后,直接接入指定污水处理厂管网。

自 2006 年 3 月起至 2008 年 9 月止,正太公司先后 6 次因污水预处理未达标受到当地环保局的行政处罚。

因产能提高,污水量严重超过该公司预处理能力,2008 年 10 月起至案发之日,

正太公司先后将未预处理工业废水23,000吨偷排至市郊梁清河内(该河流经该市主要饮用水源地翠花湖),对该河造成严重污染。经环保专家评估,预计治理费用达300万元人民币。经当地政府事后实际整治,地方财政实际支付费用490万元,该数额业经当地审计部门审核确定。

同时,2008年11月,第一被告正太公司与第二被告某市河口区环卫所签订废水委托处理合同,约定:第二被告每运输工业废水1吨,收取费用15元。第二被告先后为第一被告运输工业废水5000吨,共获利75,000元整。该环卫所将未预处理工业废水直接掺入公厕与粪便混合后再送入河口区城市粪便处理站,经该处理站处理后再排入城市生活污水管网。后查明,该行为造成城市生活污水管网发生严重毁损,损失价值35.8万元。

2011年7月,该市居民陆永放因食用自己垂钓的梁清河鲤鱼致食物中毒,医疗花费共计3006.8元。经食品监管部门鉴定,陆永放食用的鲤鱼所含有害物质系该河段内工业废水污染所致。

二、本案争议焦点

在环境资源审判初期,无论是老百姓还是法律从业者,对环境资源诉讼的内容、边界、方式均不甚清晰。本案就是一起典型的将民事、刑事、行政简单杂糅在一起的案件。本案的争议焦点:

(1)诉权选择问题:一是原告是否有权在一起案件中同时提起民事、刑事、行政诉讼?能否合并审理?二是原告的民事诉求同时包括私益(自身所受损害赔偿)和公益(恢复梁清河生态环境),是否妥当,法院能否在一个案件中同时处理?

(2)行政责任:一般而言,行政相对人的行政责任应由行政机关作出的行政行为决定,原告直接起诉是否妥当。

(3)刑事责任:涉及企业法人违法刑事责任和直接责任人的刑事责任问题。

(4)环境公益诉讼部分:环卫所的非法排污行为属单方侵权行为还是与正太公司构成共同侵权?环境侵权损害如何认定?正太公司前期排污尚有评估意见和最终的整治费用为依据,环卫所的排污行为仅有城市生活污水管网损失价值,但并没有河道修复费用等依据,环境修复责任通过何种方式实现量化?

(5)环境私益诉讼部分:精神损害赔偿是否应予支持?是否因原告在禁渔区钓

鱼的违法性而减轻两被告所承担的赔偿责任?

三、本赛题辩点

从原告的角度来看,基于本案相对众多的诉讼请求,其可以选择多点开花的诉讼策略:诉权选择方面,并无明文规定不允许同时提起民事、行政、刑事诉讼,而且本案的三大诉讼责任均是源于案涉环境污染同一事实;关于公益诉讼和私益诉讼之别,法律并无明文规定,学界上也未给出明确界定,而且公益本就是千千万万个私益的集合,环境污染的治理同样与其个人密切相关;关于行政责任,截至其诉讼前,环保部门并未对环卫所的违法行为作出行政处罚,司法机关作为公平正义的最后一道防线,理应承担起责任;关于刑事责任,正太公司和环卫所的违法行为情节如此严重,足以定罪量刑;关于公益诉讼,目前并无规定个人不能提起公益之诉,而且该公益损害与其密切相关,其也系民事法律上的"利害关系人",完全有理由起诉;关于私益诉讼,其多次寻求救济未果,耗费了大量的心力,当然存在精神损失,对方理应赔偿。

从二被告的角度来看,虽然本案案情复杂,但恰恰因为复杂所以才有漏洞,方便应辩:诉权选择方面,三大诉讼的设置以及各自完全不同的法律体系,足以证明一个案件里不能容纳三大诉讼体系,法院三大诉讼分别审理的实践恰恰证明了这一点;关于公益诉讼和私益诉讼之别,二者是完全不同的法律逻辑,而且截至诉讼前,我国立法并未有公益诉讼的相关规定,故原告无权提起本案公益诉讼;关于行政责任,在行政机关未对行政相对人作出行政行为前,法院不能越俎代庖代替行政机关决定,应将相关线索移交行政机关;关于刑事责任,二被告均不存在违法犯罪的故意,且并没有确切的证据证明存在污染后果;关于公益诉求,原告并没有证据证明案涉河道污染均系二被告行为所致,没法排除还存在其他污染源的可能性,亦没有污染量化的证据;关于私益诉求,原告未提供证据证明系因吃梁清河鲤鱼所致,且根据现有法律规定,原告显然不符合精神损害赔偿的法律要求。

四、法官点评、备赛思路与难点

本案系首届全国环境模拟法庭的复赛试题,10年后再看这样的赛题,貌似有些荒唐,但这恰恰反映了当时国内理论界、司法界对环境资源审判不甚统一甚至稍显混乱的状态。正是在这样的背景下,特别是环境资源诉讼刚刚起步的当口,大赛设计了这样一道凌乱但又考验辩手环保诉讼功底的赛题。

(一)环境资源案件的诉权选择和"三审合一"

显然,三大诉讼中都涉及环境资源保护问题。一起污染环境破坏生态行为,既可能涉嫌犯罪,又可能构成民事侵权,同时还可能涉及行政许可、行政处罚等行政管理事项。从司法保障的效果来看,环境资源刑事审判出效果最快,司法服务保障的力度最大;环境资源民事审判,尤其是公益诉讼社会影响最大,提升环境资源审判司法公信最为明显;环境资源行政审判对于提升治理能力和治理水平最为重要,成效最为长远。而且,从环境资源专业化审判十多年的探索实践来看,三大诉讼的天然隔阂明显不利于生态环境保护的最终目标:行政诉讼、刑事诉讼的特定设计与受损的环境修复基本没有关系,而民事诉讼设计之初也未加以考虑。因此,环境资源审判实践自开展之初,就进行了诸如"三审合一""四审合一(包括执行)"式的审判机制探索。通过案件的集中、人员的集中,推动树立有助于环境司法保护的统一的审判理念,建立有助于保障环境权利、促进环境保护协调有序的工作机制,防止因审判机制的不协调导致司法不公,影响环境司法保护的效果。

当然,"三审合一"审判机制也会带来一些新问题。刑事审判、民事审判和行政审判都有着自身的审判规律,在审判理念、审判方式和证明制度乃至审判程序上都存在明显的差异。采用"三审合一"审判方式,有可能出现程序打架、理念混乱、证明标准相互干扰等问题。通过实践探索,我们认为,一名合格的法官,应当能够熟练地驾驭刑事、民事和行政案件的审理工作。能够熟练掌握三大诉讼的相关程序规范,具备相应的审判理念,正确区分三大诉讼不同的证明标准。即使不实行"三审合一"审判,这些问题依然存在。正是实行了"三审合一"审判,倒逼审判人员提升业务素质,更加深刻地了解三大诉讼各自的审判规律,了解三大诉讼各自的思维方式和审判理念,从而更为妥当地审理环境资源案件。

(二)环境公益诉讼和私益诉讼

环境污染具有潜伏性、持续性以及后果不确定性等特点,环境污染首先损害的是生态环境,环境受损害后再间接侵害到社会主体的利益。哪怕是普通的环境侵权案件,由于对生态环境介质造成了损害,也有可能在一定程度上损害了社会公共利益。因此,环境司法必须将保护环境公共利益作为首要的目标,实现保护环境公共利益的最佳的诉讼模式是环境民事公益诉讼。

1. 诉讼主体资格问题

中国法律制度意义上的民事公益诉讼起始于2012年。全国人民代表大会在修改《民事诉讼法》时规定,法律规定的机关和有关组织可以提起公益诉讼。在这之前法律并没有规定民事公益诉讼制度。依照《民事诉讼法》的规定,提起环境侵权之诉的原告必须与案件有直接利害关系。检察机关、环保社团组织因为与案件没有直接利害关系,没有提起环境民事诉讼的原告主体资格。缺乏关爱环境公共利益的原告,环境公益诉讼的探索和发展就无从谈起。在当时的情况下,环境公益诉讼的适格原告在司法理论和实务界有较多的争议,并未取得共识。实际上,解决这一问题的根本在于环境公益诉讼要不要发展、如何发展,关键看环境公益诉讼应当承担什么样的职能。因此,从环境资源审判早期的发展来看,因案件太少,很少有人、社会组织等提起诉讼,主要以鼓励为主,以向社会传递一种鼓励维护公共利益的司法理念、司法态度。

2. 公益诉讼和私益诉讼的并存问题

如果公民、法人和其他组织既就个人人身财产损失提起诉讼,又就环境资源修复提起诉讼,那么其诉讼就既是私益诉讼,也是公益诉讼。但按目前法律规定,公民、法人和其他组织无权提起公益诉讼,其只能就人身财产损失提起私益诉讼。

同一污染环境、破坏生态行为往往会同时侵害到公益和私益,虽然侵权人和侵害行为是相同的,但由于侵害权益的不同,为达到充分保护个人权利和有效维护社会公共利益的双重目的,应明确规定法律规定的机关和社会组织提起环境公益诉讼的,不影响因同一污染环境、破坏生态行为受到人身、财产损害的公民、法人和其他组织提起私益诉讼。同时,考虑到两类诉讼的审理对象存在交叉,并行审理可能产生事实认定和法律适用的矛盾,同时为了防止法院随意中止私益诉讼的审理,损害私益诉讼原告的合法权益,可以采取赋予当事人申请中止审理私益诉讼的程序选择权。即环境公益诉讼一旦提起,因同一环境污染、生态破坏行为引起的私益诉讼的原告可以申请中止审理,法院可依据民事诉讼法的规定决定是否予以准许。

当被告因污染环境、破坏生态被环境公益诉讼和私益诉讼判决承担责任,其财产不足以履行判决确定的全部赔偿义务时,应当先履行私益诉讼判决所确定的义务。因为环境公益诉讼原告享有的赔偿请求权具有特殊性,其诉讼利益归属于全社会,而私益诉讼民事责任大部分都关涉到被侵权人的生存权问题,故当被告财产不足以履行判决确定的全部义务时,应优先满足私益诉讼原告的赔偿请求,以体现法律的人文关怀精神。

(三)环境损害、修复费用的量化问题

环境资源审判与传统审判相比,对生态损害、环境污染状况的事实认定和裁判量化高度依赖技术事实的认定,高度的专业性和复合性、法律知识与科学知识的相互交织交融,决定了传统司法难以解决这一问题,环境资源审判必须构建与其自身特点相适应的审判程序和审判规则。

由于环境资源审判所涉专业性强,对环境污染、生态破坏的相关专业知识法官往往并不精通,必须借助专家力量破解技术难题。司法实践中,对于破解技术难题的主要方法在于建立相应的专业技术辅助审判制度。其中聘请专家作为陪审员参与案件的审理即是有关方式之一。专家陪审员作为具备相应知识的专家,哪怕是作为具备相应知识的专业人士,在专业判断方面都比法官更专业,更有优势;作为合议庭成员,可以中立客观公正地作出判断。他不但可以帮助法官审查鉴定意见,保障司法鉴定的科学性,有利于法官深层次地把握事实真相;还可以将对鉴定意见的质证和认证活动真正落到实处,从形式和实质等角度对鉴定意见进行全面的审查,使事实认定的过程更加法律化。

A市环保局诉C有限公司环境污染侵权案

2012年全国大学生环境资源模拟法庭大赛决赛赛题

一、赛题

（一）基本案情

2005年3月底A市E区人民政府为了加快本区农业产业结构调整，推进养殖业规模化、标准化建设和向山区、半山区适宜地的转移，决定成立E区畜禽养殖基地。被告C有限公司经申请并向相关部门报批，获得该建设项目。

自2008年6月被告C有限公司就陆续将承包的养殖用地分割发包给生猪养殖户，开始养殖。畜牧小区附近K县杨林镇大树营村委会七里湾大龙潭水质于2009年11月初开始出现发黑发臭现象，致使长期以来依赖该龙潭水生产、生活的大树营村委会相关村组人畜饮水发生困难。当地政府和行政机关作出了处理，但2010年2月27日至3月3日，畜牧小区再次发生养殖废液泄漏进入地下水系统事故。

（二）案由及当事人情况

本赛题的案由是环境污染侵权纠纷，属于环境民事公益诉讼，当事人列为公益诉讼人（原告）A市环境保护局、支持起诉人A市人民检察院、被告C有限公司。

二、本赛题争议焦点

本赛题根据云南省首例环境民事公益诉讼案件改编而成，选用的目的是增强学生对环境公益诉讼的了解，发挥学生辩论优势，集思广益，多领域论证同时期法律框架下司法创新的可行性和合法性，让学校和司法领域共同探索，开创环境保护新途径。

本赛题在民事公益诉讼程序构建上存有的焦点是:(1)原告称谓变更为“公益诉讼人”的问题;(2)检察机关作为支持起诉人的诉讼地位的定位问题;(3)民事公益权益归于社会,如何在起诉请求和法院判决中体现,以及民事公益诉讼区别于民事私益诉讼的问题;(4)民事公益诉讼成本如何合理承担的问题。

本赛题在实体上存在的焦点是:(1)着眼环境污染侵权纠纷中损害责任的因果关系认定的重要性,分配这类诉讼中当事人的举证责任的问题,如本赛题公益诉讼人(原告)举证责任、被告举证责任,以及支持起诉人举证证据利益的归属。(2)不同监测部门所出具的环境监测结论的认定、使用,解决环境污染损失的确认问题,如本案例中出现的行政执法机关监测结论的法律效力的确定,其他单位(具有科学技术监测能力的)监测结论的法律效力的确定。(3)适用《侵权责任法》(已失效)第4条解决民事诉讼中行政责任和民事责任并行问题。(4)民事公益诉讼的判决主文责任承担方式应解决民事公益诉讼权益归宿问题,如将司法实践出现的当地政府建立的“公益诉讼救济资金”恰当引用到诉讼判决内容中。另外,如有其他创新责任承担方式,只要有理有据,充分体现民事公益诉讼权益归社会所有的本质均可。

三、本赛题辩点

本赛题列出当事人,分配由竞赛的一方负责公益诉讼人(原告)和支持起诉人的辩论主张,另一方负责被告的辩论主张分别准备,辩点应当按照各自诉称或辩称,以及具体确认的事实分类准备,并依次按照公益诉讼人、支持起诉人、被告顺序逐一发表辩点。

(一)公益诉讼人(原告)主张

公益诉讼人(原告)诉称:被告C有限公司在畜牧小区项目的环保治污设施未通过竣工验收就接纳养殖户从事生猪养殖,造成了七里湾大龙潭水环境污染事件发生,请求:(1)被告立即停止对环境的侵害;(2)由被告赔偿为治理K县杨林镇大树营村委会七里湾大龙潭水污染所发生的全部费用,暂计人民币417.21万元(其中:治理设施建设成本费用计人民币363.94万元,运行维护成本按1年运行期计算计人民币53.27万元);(3)由被告赔偿为处理水污染事故所产生的专项应急环境监测费和污染治理成本评估费用计人民币155,293元(其中:A市环境监测中心监测费17,974元,K县环境监测站监测费4629元,K县疾病预防控制中心水质监测费170元,A市环科院污染治理成本评估费132,520元);(4)由被告承担本案的诉讼费用人民币40,176.80元。

具体确认的事实如下:2007年1月23日C有限公司以土地使用权流转承包的方式,从E区小哨村委会获得了1000亩集体土地使用权,用于E区标准化生猪养殖基地小哨生态畜牧小区项目(以下简称畜牧小区)建设。2008年5月15日,经E区环保局批复,同意C有限公司申报的畜牧小区项目环评,并对C有限公司拟建畜牧小区的给排水、污水处理、养殖畜禽粪处理、环境保护设施竣工验收等提出了明确具体的要求。C有限公司自2008年6月开始陆续将承包的养殖用地分割转包给相关生猪养殖户,并与生猪养殖户签订合同,约定由养殖户自行建设猪舍设施,自主生产经营,由C有限公司负责“统一土地管理、统一建筑设计、统一防疫管理、统一环保排污、统一物业管理(环境卫生、污水处理、水电管线、道路、绿化、治安保卫等)”,各生猪养殖户向C有限公司交纳环境卫生、污水处理、水电管线、道路、绿化、治安保卫等综合物业管理费用。

自2009年9月起C有限公司在未按环评批复要求建成污水收集处理设施的情况下,即陆续允许养殖户进入畜牧小区养猪,任其随意排放所产生的养殖废水,或利用养殖小区内自然形成的土坑,或采取开挖若干收集池的方式临时收集存储。由于C有限公司未对收集池做任何防渗工程处理,养殖废水渗入地下水系统,导致距畜牧小区直线距离不足1公里的K县杨林镇大树营村委会七里湾大龙潭水质于2009年11月初开始出现发黑发臭现象,人畜无法继续饮用,使长期以来依赖该龙潭水生活、生产的大树营村委会相关村组人畜饮水发生困难。经卫生防疫和环境监测部门多次抽样检测,证实该大龙潭水氨氮指标和菌落总数及大肠杆菌等指标严重超标。污染事故发生后,E区环保局经行政调查对C有限公司作出责令停止生猪养殖,罚款50万元的行政处罚决定,并根据环境评估评审结果和现状通知其立即停止生猪养殖小区建设,重新进行环境影响评价。但C有限公司对E区环保局责令其停止养殖、停止建设的通知置之不理,在自行对原收集池采取临时防渗措施后仍继续养殖。2010年2月27日至3月3日,畜牧小区再次发生养殖废液泄漏进入地下水系统事故,经环境监测机构对七里湾大龙潭水检测,氨氮指标于3月5日达到峰值。至2010年12月6日最近一次检测，七里湾大龙潭水质相关指标仍严重超标。自污染事故发生以来，C有限公司至今未完成环评验收，养殖户仍然在违法从事生猪养殖，继续排放污水，对地下水的侵害仍然在持续没有好转。

(二)A市人民检察院支持起诉主张

A市人民检察院支持起诉意见：依照《民事诉讼法》第15条的规定，支持A市环境保护局起诉被告C有限公司环境侵权。

(三)被告C有限公司的主张

被告C有限公司辩称：(1)答辩人是合法取得小哨畜牧小区项目，并向A市E区环境保护局申报，获得了该项目环境影响评价表的批复。畜牧小区项目的环保治污设施未通过竣工验收就接纳养殖户从事生猪养殖，事出有因。答辩人污染后及时采取措施保障人畜饮水，同时积极推进了畜牧小区项目治污设施的建设。现在水污染已停止，七里湾大龙潭水已恢复。而且该污染事件已受到相应的行政处罚。恳请人民法院能够认真核查本案事实，在分清是非曲直的基础上，公平、公正地对案件作出认定和处理，维护答辩人依法享有的合法权益。(2)检察机关作为支持起诉人于法无据，不是现行法律规定下的适格民事主体。

具体确认事实如下：(1)答辩人实施小哨畜牧小区项目是依法取得，立项时向相关政府部门办理了报批、审批手续，变更时也办理了相关手续。其中包括向B市E区环境保护局申报，并获得了该项目环境影响评价表的批复。

(2)畜牧小区项目的环保治污设施未通过竣工验收就接纳养殖户从事生猪养殖，事出有因。该项目计划在2010年下半年建成投产，但根据A市人民政府禁养拆迁工作要求，"一湖两江"流域规模化养殖户的禁养拆迁工作须在2009年年底前完成，部分养殖户在污水处理设施没有建好的情况下，即于2009年9月前后搬入畜牧小区进行养殖生产。由于搬迁速度过快、规模较大，短期内生猪存栏量激增至约3.5万头，部分污水未能得到有效收集，造成污水散排；加之污水收集池来不及作防渗处理，造成了污水通过土层产生渗漏。答辩人并不否认畜牧小区项目的污染物发生渗漏，给七里湾大龙潭水源造成污染的客观事实。但在本案的认定和处理过程中，也应认识到造成污染的原因是多方面的，既有项目立项选址、环评及设计等方面的原因，也和资金不到位、环保治污设施未能在近期完成竣工验收相关联。为此，请求法院审理时充分考虑上述事实。

(3)答辩人污染后及时采取措施保障人畜饮水,同时积极推进了畜牧小区项目治污设施的建设,2010 年 10 月底出售了本公司养殖的全部生猪和种猪。具体工作如下:第一,解决村民及单位人畜饮水方面,答辩人补贴了村民及单位人畜饮水,开辟新水源为村民及单位供水,对相关单位的供水管网进行改造或补偿损失;第二,完善污水处理设施建设方面,答辩人已完成了沼气污水处理工程建设,现已进入最后调试阶段,预计下月运行投产,同时已建成污水与沼液深度处理站;第三,答辩人原有的临时污水收集池已进行了防渗处理;第四,答辩人委托大学对该项目进行了环境影响后评估,为进一步完善环境治理,从根本上杜绝污染事故建立技术支撑;第五,答辩人已出售了本公司养殖的全部生猪和种猪,率先停止养殖。至于 200 余户养殖户养殖生猪,排放污水与答辩人无关,公益诉讼人(原告)应当起诉养殖户。

(4)现在水污染已停止,七里湾大龙潭水已恢复。答辩人 2010 年 9 月 14 日、10 月 12 日送样委托 A 省产品质量监督检验研究院检验出具《检验报告》,11 月 23 日委托 A 省疾病预防控制中心采样七里湾大龙潭水作出《生活饮用水检验报告》均证明七里湾大龙潭水氨氮指标符合规定,说明水质已恢复。

公益诉讼人(原告)所诉的环境监测机构是公益诉讼人的下属单位,与本案有直接的利害关系,而且答辩人没有实际参与环境监测机构提取水样及检测过程,监测结论与现有水质的客观情况不符,因此公益诉讼人(原告)所诉的环境监测机构的检测不应被认可。

(5)答辩人因该污染事件已受到相应的行政处罚,请法院审理本案时给予重视。

第一,七里湾大龙潭水污染事故发生后,2009 年 11 月 20 日,E 区环保局送达了《环境保护行政执法行政处罚听证告知书》;2009 年 12 月 16 日送达了《环境保护行政执法行政处罚决定书》,对答辩人作出了行政处罚:①处罚款 50 万元整;②责令单位建设的畜牧小区停止养殖,直至验收合格。答辩人已分两次向 E 区环保局交纳了行政罚款,并多次组织畜牧小区养殖户召开会议,落实区环保局下达的停止养殖的处罚措施。但畜牧小区养殖户抵触情绪大,难以落实停止养殖的行政处罚措施。

第二,公益诉讼人(原告)请求第一项“请求人民法院判决被告立即停止对环境的侵害”,这项措施实质上就是责令畜牧小区停止养殖,对此 E 区环保局已作出具有法律效力的行政处罚决定。因此,公益诉讼人(原告)在本案中所列的这一请求,既与行政处罚决定的内容相重复,同时也没有相应的法律依据。

(6)对公益诉讼人(原告)第三项诉讼请求,即要求评估、监测等费用赔偿,答辩人认为:由于环境监测机构对七里湾大龙潭水进行监测所产生的费用是其履行法定职责所致,故不能要求答辩人进行赔偿。

四、法官点评、备赛思路与难点

本赛题被选用时期是全国司法领域正处于大胆摸索环境民事公益诉讼司法审判,全国还没有统一的公益诉讼程序的时期。先行成立环境保护审判庭的法院在当时法律框架不被禁止的范围内大胆探索环境民事公益诉讼审判,出台一系列适应当地环境保护有关办理环境民事公益诉讼案件的意见,付诸审判实践,效果显著,也为未来公益诉讼的立法提供了宝贵的司法实践素材。这个案例显现的争议焦点就是当时司法探索阶段出现的一些司法创新经验,也是本赛题的备战点,下面将逐一点评:

(一)确定公益诉讼人(原告)的主体资格

这个赛题为了在当事人称谓上体现公益特点,区别于民事私益诉讼,尝试将《民事诉讼法》起诉“原告”称谓变更为“公益诉讼人”。因为根据《民事诉讼法》规定原告必须与案件具有直接的利害关系,诉讼的利益也归属于原告。而在环境民事公益诉讼中,所谓的原告与案件并无直接的利害关系,其维护的是社会环境公共利益,诉讼的利益也归属于社会。显然,其身份与传统民事诉讼中的原告有所不同。因此,这个案例尝试将提起环境民事公益诉讼的人定位为公益诉讼人更符合环境民事公益诉讼的特征。本赛题将 A 市环保局定位为公益诉讼人,不再称为原告。这种定位,准确地反映出了 A 市环保局在诉讼中的身份,以及诉讼的性质。

将公益诉讼起诉人定位为 A 市环境保护局,当时的重要法律依据是最高人民法院《关于为加快经济发展方式转变提供司法保障和服务的若干意见》。该文件有关“法院依法受理环境保护行政部门代表国家提起的环境污染损害赔偿纠纷案件,严厉打击一切破坏环境行为”的规定,是最高人民法院首次确认环境保护行政部门作为环境公益诉讼主体,可以代表国家提起环境污染损害赔偿诉讼。过去,环境保护行政部门对环境污染者只有通过行政执法手段惩治,由于行政执法的局限性,环境污染日益严重。前述意见的出台,为环境保护行政部门开辟了一条保护环境的司法救济途径,是立法前最高人民法院规范环境公益诉讼司法审判的举措,是积累环境公益诉讼司法实践经验的有效手段。因此,本赛题引用这一规定确认A市环保局是本案适格主体。

(二)检察机关作为支持起诉人的诉讼地位定位问题

本赛题增加了检察机关督促起诉、支持起诉的诉讼定位。当时法律架构检察机关是法律监督机关,对法律的实施有权进行监督。当环保行政机关没有提起环境民事公益诉讼时,检察机关有权向其发出督促起诉意见书,督促环保行政机关提起诉讼。我国《民事诉讼法》第15条规定了支持起诉的原则,但是并没有规定支持起诉的程序及内容。鉴于公益诉讼人提起环境民事公益诉讼的目的是维护社会环境公共利益,检察机关作为国家法律监督机关有权支持公益诉讼人的起诉,因此检察机关依据向法院提交的《支持起诉意见书》,出庭支持了起诉。出庭支持起诉的人民检察院可以向人民法院提供证据,证据利益归属于公益诉讼人。这样规定,既解决了检察机关支持起诉的主体地位、支持起诉的操作程序、支持起诉的内容等问题,也明确了检察机关提供证据的利益归属问题。

(三)当事人的举证责任分配与损害责任的因果关系认定

侵权责任一般法理可以说明环境污染侵权纠纷当事人的举证责任分配,将直接影响到损害责任的因果关系认定。这个赛题参考成功的司法实践,规定环境污染的损害事实、损害后果由公益诉讼人承担举证责任,侵权行为与损害后果之间的因果关系由被告承担举证责任,支持起诉人举证证据利益归属于其支持的公益诉讼人,加强公益诉讼人的举证力量,有利于公共环境利益的保护。

(四)环境污染科学结论选用及多个科学结论法律效力认定的问题

环境诉讼的特殊性表现在对污染的鉴定以及损害后果的评估上,然而当时我国很少有法定的鉴定机构完成上述工作,甚至在有的环境领域尚无法定鉴定机构,因此,这个赛题参考司法实践经验在鉴定机构的选择上做了创新,从掌握科学技术程度、行政管理及鉴定、评估行业管理等方面考虑法律效力,制定了选择鉴定、评估结论法律效力认定的规则,即对于损害后果的评估、因果关系的鉴定,有法定评估、鉴定机构的,由法定机构评估、鉴定;无法定机构的,可以由司法鉴定机构评估、鉴定;司法鉴定机构无法进行评估、鉴定的,可以由依法成立的科研机构评估、鉴定；科研机构无法评估、鉴定的，可以由专门技术人员评估、鉴定。同时当事人及人民法院有权聘请专门技术人员作为专家辅助人出庭作证，专门技术人员的陈述可以作为证据。另外，本着行政先行是环境民事公益诉讼的一个显著特点，也就是说，在提起环境民事公益诉讼之前，被告一般已经接受过行政处罚，因此环保行政机关在行政执法中取得的调查笔录、询问笔录、监测数据、检验结果可以作为证据。

（五）适用《侵权责任法》（已失效）第4条判决解决行政责任和民事责任并行问题

根据《侵权责任法》（已失效）第4条“侵权人因同一行为应当承担行政责任或刑事责任的，不影响依法承担侵权责任”的规定，本案C公司违法排污行为已符合了不同性质的法律责任的构成要件，依法应当承担不同性质的法律责任。本案受理前，A市区环保局已经对C公司作出停止生猪养殖并处罚金的行政处罚，C公司已经承担的环境行政责任并不影响本案环境民事责任的承担。A市中院上述认定充分体现《侵权责任法》（已失效）第4条规定的本意，加大对环境污染者违法成本的司法惩治。

（六）解决了诉讼成本、诉讼利益归属问题

环境民事公益诉讼与传统的环境侵权诉讼的最大区别在于侵权行为侵害的法益不同，环境民事公益诉讼侵害的法益是社会公共环境利益，而传统环境侵权诉讼侵害的法益是人身权和公、私财产权。显然，环境民事公益诉讼的诉讼利益应当归属于社会，诉讼成本也应由社会承担。这一问题包括在法律程序和实体上。在本案上具体体现在公益诉讼人胜诉后，获取的民事公益诉讼利益不属于他，而是属于社会，那么判决侵害人即被告承担经济赔偿自然也应当体现归属社会的内容。为此，本案例中的当地政府成立了“环境公益诉讼救济基金”，在制度架构上解决了环境公益诉讼的这一“瓶颈”问题。据此，本案判决被告承担的修复环境费用及损害赔偿金应当向环境公益诉讼救济基金支付。解决诉讼利益归属，同时允许环境公益诉讼缓交诉讼费，就是诉讼成本应由社会承担的表现，最终可以在法院生效判决执行中对被告直接执行，诉讼费用上交国家，解决这个问题。

李勇与龙翔化工有限责任公司环境污染责任纠纷案

2013 年全国大学生环境资源模拟法庭大赛初赛赛题

一、基本案情

W 市高山县汉水镇地处龙江、御江两江交汇处。龙江上游有 A 电站，御江上游有 C 电站，交汇处御江下游有 B 电站。

1992 年，李勇等数十家农户在邻近两江交汇处的高山县汉水镇御江红石沟河段建立网箱养鱼场从事渔业养殖。1994 年 4 月中旬，龙翔化工有限责任公司迁址高山县汉水镇两江交汇处下游御江边，公司排污口位于网箱鱼养殖区与 B 电站之间，主要污染物为硫化物。

1995 年 6 月 25 日、1996 年 9 月 14 日李勇所养殖鱼类发生大面积死亡。高山县环保等部门进行检测和调查，并作出监测结果。经查，1995 年 6 月 25 日与 1996 年 9 月 14 日，A、B 电站均正常发电。2006 年 7 月 23 日，李勇网箱养鱼再次发生大面积死鱼，但其未将死鱼送有关部门检查化验。2007 年 8 月 12 日，李勇向法院起诉，要求被告赔偿三次死鱼的渔业损失。

二、本案争议焦点

(一)关于原告起诉是否超过诉讼时效

诉讼时效是指民事权利受到侵害的权利人在法定的时效期间内不行使权利，当时效期间届满时，债务人获得诉讼时效抗辩权。值得注意的是，诉讼时效届满后，义务人虽可拒绝履行其义务，但权利人请求权的行使仅发生障碍，权利本身及请求权并不消灭。当事人超过诉讼时效后起诉的,人民法院应当受理。受理后,如另一方当事人提出诉讼时效抗辩且查明无中止、中断、延长事由的,判决驳回其诉讼请求。如果另一方当事人未提出诉讼时效抗辩,则视为其自动放弃该权利,法院不得依照职权主动适用诉讼时效。《民法总则》(已失效)第188条第2款规定:"诉讼时效期间自权利人知道或者应当知道权利受到损害以及义务人之日起计算。法律另有规定的,依照其规定。但是自权利受到损害之日起超过二十年的,人民法院不予保护;有特殊情况的,人民法院可以根据权利人的申请决定延长。"根据这一规定,最长诉讼时效的期间是从权利被侵害之日起计算,权利人不知道自己的权利被侵害及侵权人是谁时,时效最长是20年。《环境保护法》第66条规定,因环境污染损害赔偿提起诉讼的时效期间为3年,从当事人知道或者应当知道受到污染损害时起计算。本案原告于2007年8月12日提起诉讼,1995年和1997年网箱鱼死亡的主张是否超过诉讼时效就是要考虑的问题。首先,要确定诉讼时效的起算点;其次,要考虑是否存在诉讼时效中止或中断的事由;最后,法院审查是否超过诉讼时效的前提是被告提出抗辩。

(二)被告是否存在排污行为及排污行为和原告损害后果之间有无因果关系

其一,环境污染侵权案件适用无过错责任。《侵权责任法》(已失效)第65条规定,因污染环境造成损害的,污染者应当承担侵权责任;最高人民法院《关于审理环境侵权责任纠纷案件适用法律若干问题的解释》第1条规定,因污染环境造成损害,无论污染者有无过错,污染者应当承担侵权责任。污染者以排污符合国家或者地方污染物排放标准为由主张不承担责任的,人民法院不予支持。故,不同于普通民事侵权,环境污染侵权责任不以污染者存在过错为前提。

其二,环境污染侵权责任的构成要件。最高人民法院《关于审理环境侵权责任纠纷案件适用法律若干问题的解释》第6条规定,被侵权人根据《侵权责任法》(已失效)第63条规定请求赔偿的,应当提供以下事实的证据材料:(1)污染者排放了污染物;(2)被侵权人有损害;(3)污染者排放的污染物或者其次生污染物与损害之间具有关联性。具体来说,环境污染侵权责任的构成要件为:(1)致损者实施了污染行为。既不要求环境污染行为具有违法性,也不要求环境污染行为人具有过错。(2)受害者存在损害事实。损害事实是构成侵权责任的前提和必要条件。受害者需要对其受损事实承担举证责任,这些基本证据包括:污染行为存在、造成了损害事实、污染源的唯一性或排他性、必要的检测鉴定结果等。(3)污染行为和损害后果之间存在因果关系。环境侵权的损害结果一般具有潜伏性和致害因素的高科技性,有些环境侵害已发生严重后果,但即使当代最先进的科学技术也无法作出全面、真实的解释,因此,在环境侵权案件中会适用因果关系推定,即受害者要提出初步证据证明致害者的环境侵权行为与损害后果之间存在盖然性的联系,这种盖然性的程度一般要求较低。法官此时会根据已有证据进行因果关系推定,同时给予被告提出反证的机会。

(三)原告的具体损失

根据2001年最高人民法院《关于民事诉讼证据的若干规定》(已被修改)第2条的规定,当事人对自己提出的诉讼请求所依据的事实或者反驳对方诉讼请求所依据的事实有责任提供证据加以证明,原告应对其具体损失承担举证责任。根据《水域污染事故渔业损失计算方法规定》,因渔业环境污染、破坏直接对受害单位和个人造成的损失,在计算经济损失额时只计算直接经济损失。直接经济损失包括水产品损失、污染防护设施损失、渔具损失以及清除污染费和监测部门取证、鉴定等工作的实际费用。水产品损失额按照当时当地工商行政管理部门提供的主要菜市场零售价格计算。水产品损失量包含中毒致死量和有明显中毒症状但尚能存活以及因污染造成不能食用的水产品数量。因此,原告的损失计算需要凭借水产品损失量和菜市场零售价格两个数据来得出水产品损失额。在司法实践中,如果有权威部门登记了水产品损失量,可以委托有资质的司法鉴定机构对水产品损失额进行核算。若未登记水产品损失量,也可委托有资质的鉴定机构通过网箱养鱼的规模进行通常标准的推算,得出水产品损失额。

三、本赛题辩点

(一)原告如何诉

最高人民法院《关于审理环境侵权责任纠纷案件适用法律若干问题的解释》第13条规定,人民法院应当根据被侵权人的诉讼请求以及具体案情,合理判定侵权人承担停止侵害、排除妨碍、消除危险、修复生态环境、赔礼道歉、赔偿损失等民事责任。首先,原告应根据自身实际情况确定诉讼请求,具体到本案,可以将诉讼请求明确为:要求被告立即停止侵权行为,并赔偿原告三次网箱鱼死亡的损失;其次,原告应对损失的价值进行量化,可以根据统计的数据结合渔政管理站提供的水产品市场价格情况,计算出损失价值,也可以申请对损失进行司法鉴定;最后,关于事实和理由应根据环境民事诉讼中侵权责任的构成要件的逻辑来陈述。

(二)被告如何辩

(1)原告关于1995年和1996年损失的起诉已过诉讼时效。原告于1995年和1996年发生网箱鱼大面积死亡事件,村委会和政府也对其损失进行了统计,原告举示的《关于高山县汉水镇网箱养殖鱼类大量死亡的分析意见》是在1997年11月18日作出的,可知原告至少在1997年11月已知晓被侵权的事实及可能的侵权人。原告亦未举示证据证明已通过诉讼等方式或其他方式主张权利以产生诉讼时效中止或中断的效果,故该诉讼请求已过3年的诉讼时效。

(2)被告没有污染环境行为。环境保护设施竣工验收合格证、1995年6月25日、6月27日、6月30日、1996年9月15日的水质分析报告均可证明被告的排污设施通过了环境保护验收,被告的排污行为符合国家规定,且在原告死鱼期间被告不存在超标排污的情况。

(3)原告鱼类死亡与被告排污没有因果关系。关于汉水镇船体网箱养鱼发生死鱼的情况调查汇报、补充调查汇报等证据,均显示河水剧降、水量枯竭,夜间溶氧量降低等是造成鱼类不适死亡的重要原因,原告网箱鱼死亡与被告的排污行为之间不存在因果关系。

(4)原告未举证证明其损失金额。关于2006年的损失,原告出具的死鱼情况统计表系李勇和村民李四单方制作,李勇系本案的原告,与本案有利害关系,本案中亦无证据表明李四具有统计其死鱼数量的职责,或受有关政府部门委托指派进行统计,故该统计表不能采信。

四、法官点评

(一)关于举证责任分配

《侵权责任法》(已失效)第66条规定,因污染环境发生纠纷,污染者应当就法律规定的不承担责任或者减轻责任的情形及其行为与损害之间不存在因果关系承担举证责任。环境污染案件适用举证责任倒置,致损者应就是否存在免责或减轻责任的事由承担举证责任,举证不能的,承担不利后果。根据《侵权责任法》(已失效)和《环境保护法》,其免责事由有"不可抗拒的自然灾害并采取合理措施",适当减轻责任的事由有"被侵权人有过错或故意为之"。

实行举证责任倒置并不是意味着原告不用承担举证责任,原告作为诉讼的发起方,应当对被告存在排放污染物行为、原告遭受损失以及二者直接存在关联性承担举证责任。只有在原告完成其举证责任后,才发生举证责任倒置,由被告对法律规定的不承担责任或者减轻责任的情形以及其行为与损害之间不存在因果关系承担举证责任。本案中,被告恰好围绕环境侵权责任案件举证责任的分配准备了充分的证据。被告举示的五份事故发生时间段的水质检验报告均显示,死鱼事件发生期间被告的排污并未超标。两份高山县渔政管理站的情况调查汇报和高山县环境保护局的情况报告证实了被告存在免责事由,即网箱鱼死亡与被告的排污行为不存在因果关系,鱼类死亡是因环境变化缺氧导致。被告举示的农业部渔业环境监测中心长江中上游监测站出具的复函,有效反驳了原告举示的《关于高山县汉水镇网箱养殖鱼类大量死亡的分析意见》。因此,根据本案的证据不能认定被告的排污行为与原告的损害后果之间存在因果关系,被告完成了举证责任,不应承担赔偿责任。

(二)关于备赛思路

1.原告方的备赛思路

(1)原告主体适格。《民事诉讼法》第119条规定了提起诉讼必须符合的四个条件,其中之一为"原告是与本案有直接利害关系的公民、法人和其他组织",李勇应当提供其在案涉网箱进行养殖的材料,以证明其与本案具有直接利害关系,从而具有向被告索赔的原告主体资格。

(2)关于主张的损失项目。环境污染导致的损失,包括对受害人造成的人身损害、财产损失,为防止损害发生或扩大、消除污染、修复生态环境而采取必要措施所发生的合理费用,由于原告在两江交汇处养殖,基于水体的流动性与自净功能,网箱养殖的水体已自然恢复,原告可根据实际主张其渔业损失及应急处理污染物的费用,其诉讼请求应当详细并简洁明了,直截了当写明要谁赔、赔什么、赔多少、怎样赔等问题。

(3)明确各项损失的具体金额。对于渔业损失,应对损失的价值进行量化,可以打捞后统计的重量数据结合当地同期水产品市场价格计算出损失价值,也可申请进行司法鉴定，根据司法鉴定认定的损失金额进行主张。

2. 被告方的备赛思路

（1）关于原告主体是否适格。原告未举示其系案涉养殖权利人的证据，且在河道内养殖也未办理相关许可手续，即使该网箱由原告养殖，也系非法养殖，其非法的权利不应受到法律保护，原告无权提起本案诉讼。

（2）关于证据的分析。本案证据繁多，应围绕其真实性、合法性、关联性进行分析，如原告提交的以证明被告排污行为和原告损害后果之间存在因果关系的关键证据——司法鉴定意见书，该司法鉴定意见书系原告单方委托，应着重审查鉴定机构和人员是否具有相应资质、鉴定检材是否真实及其来源是否可靠、鉴定依据是否有效、鉴定程序是否合法、鉴定过程是否符合规范等，如该司法鉴定意见书不合法，原告还应继续举示存在关联性的证据。

（3）关于渔业损失大小。原告未举示1995年、1996年死鱼及具体损失的重量，对2006年的死鱼损失，只有原告和村民自行制作的死鱼情况统计表，没有其他称重等材料予以印证，原告没有举证证明其损失大小，应承担举证的不利后果。

（4）关于诉讼时效的抗辩。原告称其网箱养殖于1995年、1996年因被告排放污染物发生死鱼，但其于2007年才提起诉讼，没有提供证据证明诉讼时效存在中止、中断的情形，该部分损失已超过诉讼时效期间。

（三）需要注意的问题

关于达标排污是否可以免除责任。污染物排放标准，是为实现环境质量标准，结合经济、技术条件和环境特点，限制排入环境中的污染物或者对造成环境危害的其他因素所作出的规定，是判断污染行为是否违法的客观标准和重要依据。由于环境侵权实行无过错责任归责原则，行政合法性不能成为环境侵权民事责任的免除条件，达标排污只能表明排污单位没有行政违法性，而不能免除其民事责任。

高明市环保局诉高明市西郊油品运输有限公司水污染责任纠纷案

2013年全国大学生环境资源模拟法庭大赛复赛赛题

一、案件基本事实

案由:水污染责任纠纷

诉讼双方:

原告:高明市环保局

被告:高明市西郊油品运输有限公司

2008年6月16日晚8时左右,高明市西郊油品运输有限公司(以下简称西郊公司)委派该公司危险品专用车专职驾驶员宋时雨与高宏伟驾驶危险品专用车辆至高明市乾宏贸易有限公司(以下简称乾宏公司)装载28.58吨煤焦油分离废液(分置于4只罐体内),开至高明市梁清河边,由宋时雨望风,高宏伟开阀门放废水,将全部废水倾倒至梁清河。两人实施违法行为过程中,被当地村民发现并立即举报,两人完成倾倒行为正欲离开时被前来的公安机关现场抓获。

2008年6月16日10时左右,原告委托高明市环境监测站对该受污染河道进行监测,并出具监测报告,报告显示,该河段被严重污染。污染物是煤焦油废水,属于危险废物。

2008年6月17日,原告委托高明市水利工程设计院对河水复清处置进行评估,并设计河流复清方案,该方案显示,要恢复到污染前状态,需经三步处理工序:引长江水冲刷河道、筑坝避免二次污染、冲淤以及水质无害化处理,整体费用大致为

485,000元。

被告具有危险货物运输许可资质,但不具有危险品处理资质。

原告认为,梁清河系长江支流,且连通长江与运河,水质安全直接影响上下游人民生命财产安全,被告倾倒煤焦油分离废液致使梁清河重度污染,严重破坏了该河段水体,造成相关环境公益损失,遂诉至法院,请求判决被告赔偿因污染产生的环境公益损失。

被告辩称,两职工倾倒的煤焦油分离废液属于乾宏公司,已经过乾宏公司处理,对环境没有危害,即使造成污染,也应由乾宏公司承担责任。且倾倒行为非被告所为,而是其职员擅自所为,即使造成污染,也应由两职工承担责任。而且,被告为一家运输公司,没有危险品处理资质,乾宏公司明知其没有该资质,仍与其签订危险品处理协议,应由乾宏公司承担责任。

二、本案争议焦点

本案是一起典型的非法倾倒危险废物环境污染公益诉讼案件,争议焦点相对集中。

(1)诉讼主体资格问题:环保局能否作为本案公益诉讼的启动主体?

(2)污染者、第三人的认定:案涉危险废物系乾宏公司所有,作为运输者的西郊公司是否就不是本案环境污染的污染者?西郊公司能否就此脱责?乾宏公司究竟与西郊公司系共同侵权人?还是侵权责任法中规定的“第三人”?究竟两个公司谁是污染者,谁是第三人?

(3)因果关系的认定:乾宏公司作为危废产生单位,与没有危废处置资质的西郊公司签订废水处置协议,其违法行为是否与本案环境污染之间存在因果关系?是否因此与西郊公司共同就本案环境污染结果承担连带损害赔偿责任?若有明确证据证明乾宏公司和西郊公司已约定案涉废水送往合法的危废处置单位处置,乾宏公司应否承担赔偿责任?

(4)赔偿责任主体的确定:公司授权不明的情况下,员工非法处置所造成的环境损害是否当然由公司来承担?若查明确系员工临时起意超出公司授权所为,公司是否仍旧应承担损害赔偿责任?

三、本赛题辩点

从原告的角度来看,本案的侵权事实相对比较明确,因果关系也是显而易见的,主攻方向依赖于被告的抗辩:虽然侵权行为系西郊公司员工所为,但从员工陈述可知公司本意即为随意处置,实为公司授权,且即便公司没有授权,作为公司之外的人理应信赖公司之外观,故仍应由公司承担相应的损害赔偿责任;虽然乾宏公司系煤焦油分离废液的产出单位,但该废液已交由西郊公司实际控制、管理,也没有证据证明乾宏公司指使西郊公司非法处置案涉危废,故应由西郊公司承担损害赔偿责任;此外,即便乾宏公司未与西郊公司约定合法处置,二者亦构成共同侵权,应对本案污染损害承担连带赔偿责任,其对二者有选择权,且其已锁定西郊公司,西郊公司一人赔偿即让该损害赔偿责任归于消灭,故西郊公司以乾宏公司亦应承担责任为由主张免除或减轻自己责任,明显没有法律依据。

从被告的角度来看,侵权事实不容回避,能够脱责或减轻责任的方式不外乎以下几个方向:环保局无权作为原告提起环境公益诉讼,环保局既无财产受损,也无权代表受损的公益提起诉讼,没有任何现行法的依据;没有任何证据证明其向员工送达了倾倒案涉危废的指令,更没有证据证明其存在非法处置案涉危废的故意,故不应由其承担损害赔偿责任,即便要承担责任,也应由擅自作主的两名员工自行承担;案涉危废的产出单位是乾宏公司,理应由乾宏公司作为处置危废的最终责任人,即便其与乾宏公司签订了处置协议,也未改变乾宏公司的主体责任,其最多是环境污染责任中的第三人,而乾宏公司才是污染者,作为第三人,其为自身的过错承担赔偿责任。

四、法官点评、备赛思路与难点

本案是一起典型的倾倒危废引发的环境污染公益诉讼案件,略有不同的是,危废的来源单位并非倾倒单位,导致案件的法律关系稍显复杂。而在实际案件中,危废的来源单位、倾倒单位均系本案被告,只是因为辩论赛的需要,并未全部列为被告。也正是因为这一简化设计,使案件的走向反而扑朔迷离。

(一)诉讼主体资格问题

虽然这是一个老生常谈的问题,但针对环保部门能否作为环境公益诉讼的启动主体的问题,曾在环境资源审判的发展历史上引发过相对大范围的讨论。原因无他,环保部门自身的优势和法律地位使然。

第一,不同于环保社团的分散性与零散性,由于环境保护行政机关设置普遍,更有利于获取各类污染环境、破坏生态行为的信息,方便于代表不特定群体提起公益诉讼。第二,相较于经济与技术均受到一定限制的公民个人提起的环境公益诉讼,环境保护行政机关拥有环境监管的专业资源,如具备专业技术人员和专业环境监测、检测设备等,在环境公益诉讼过程中更能方便取证和参与诉讼。第三,环境保护行政机关作为社会公共事务的管理者,相较于检察机关应当更能够体现并代表广大公众的利益。第四,环境保护行政机关行使的诉权实际上是政府对违法行为的指控权,能够有效减低执法成本,增加社会控制的效益,是一种法律实施机制和社会控制方式的重大变革。第五,环境保护行政机关提起环境公益诉讼,利用诉讼平等的程序规则,给予行政相对人平等的话语权,能够有效避免行政专制与侵权,不仅能够促进环境违法者自觉遵守企业环境责任,更能够保护行政相对人的合法权益。

因此,在环境资源审判起步阶段,众多试点法院均将环保部门作为引领环境公益诉讼的"排头兵"。目前,从制度的角度来看,环保部门仍非法定的公益诉讼启动主体,特别是生态环境损害赔偿制度独立以来,只有国务院授权的省级、市地级政府才有权就生态损害提起赔偿之诉,即便在试点的情况下,环保部门也只有在省级、市级政府的授权下才能成为公益诉讼的原告,所以至少在未修订法律的平稳期,类似本案以环保部门为原告的公益诉讼案件将较为鲜见。

(二)共同侵权和第三人过错环境侵权

1. 环境共同侵权和无过错责任

在侵权法领域,过错责任是侵权责任归责原则的主色调,即侵权人以其过错程度承担相应的责任。特别是在共同侵权领域,侵权人存在过错与否,直接成为侵权责任细分的关键依据。

而在环境侵权领域,源于共同侵权主体的潜在性、多样性等,共同侵权更是重灾区,因此,又称"复合公害",对个人私利和环境公益等方面的影响较大,然而,在当前的司法实践中,却缺乏相应的审理规范和理论研究。尽管采无过错责任是环境侵权责任的一大特色,即不问环境侵权行为人主观上存在过错与否,侵权行为人是否应当承担责任关键取决于损害事实是否是侵权行为的直接后果。然而,在存在多人环境共同侵权的情况下,不难发现,决定侵权损害赔偿责任大小的关键因素往往还是侵权人的过错程度。因此,应该明确的是,在环境共同侵权中,无过错责任是责任承担主体确定与否的标准,而过错责任则是责任承担大小的决定性因素。

2. 环境侵权责任中的污染者(侵权人)、第三人

在环境侵权领域,除共同侵权外,还有一种较为典型的独特侵权形态,即第三人过错引发的环境侵权。

《侵权责任法》(已失效)第 68 条规定:“因第三人的过错污染环境造成损害的,被侵权人可以向污染者请求赔偿,也可以向第三人请求赔偿。污染者赔偿后,有权向第三人追偿。”最高人民法院《关于审理环境侵权纠纷案件适用法律若干问题的解释》(法释〔2015〕12 号,2020 年已被修改)第 5 条规定:“被侵权人根据侵权责任法第六十八条规定分别或者同时起诉污染者、第三人的,人民法院应予受理。被侵权人请求第三人承担赔偿责任的,人民法院应当根据第三人的过错程度确定其相应赔偿责任。污染者以第三人的过错污染环境造成损害为由主张不承担责任或者减轻责任的,人民法院不予支持。”

上述规定设置了环境侵权责任中第三人过错的不真正连带责任规则,即多数行为人对一个受害人实施加害行为,或者不同的行为人基于不同的行为而致使受害人的权利受到损害,各个行为人产生的同一内容的侵权责任,各负全部赔偿责任,并因某一行为人的履行而使全体责任人的责任归于消灭的侵权责任形态。从该条规定的立法本意来看,实际上赋予了被侵权人以选择权,意在充分保障被侵权人权益,最大限度实现被侵权人优先受偿。一般情况下污染者的赔偿能力比第三人强,规定污染者先代第三人承担责任再追偿的本意是对被侵权人的保护,但在第三人的赔偿能力比污染者强的情况下,应该赋予被侵权人赔偿对象的选择权,被侵权人可以向污染者请求赔偿,也可以向第三人请求赔偿。

在受害人同时起诉污染者和第三人的情况下,也不能径行由承担终局责任的第三人承担责任,不再要求污染者承担责任。这样做既不符合受害人同时诉讼的基本预期,也不符合《侵权责任法》(已失效)第 68 条突出对受害人予以充分救济的基本要求,该第三人清偿不能的风险不能完全由受害人承担。受害人选择的一个请求权实现之后,其他请求权消灭。这就是不真正连带责任的“就近”规则,是受害

人可以选择距离自己最近的法律关系当事人作为被告起诉。就近规则产生的责任,是中间责任,而不是最终责任。污染者赔偿后,有权根据过错程度向第三人追偿。

3. 职务行为与环境侵权

民事法律体系当中的各种制度,其设计目的就是维护社会秩序,维持社会稳定,只有社会稳定,各类主体有机会寻找机遇,才有市场经济的发展空间。而法的可预测性,为各个市场主体在交易中心作出经营决策发挥了重要的指引功能,为他们判断机遇、计算得失提供参考。"职务行为"从正面来看,其目的就是将公司或者单位职员的履职行为归责于公司或者单位。就个案而言,公司或者单位的责任承担能力是高于自然人的,因此将责任归于公司或者单位能够保障交易相对方的利益。在另一个维度上,将责任归于公司或者单位,也是对设立公司的自然人和履行公司职务人员的保护。因为公司制度创设的目的就是建立一种拟制制度,创设一道防火墙,将个人责任与公司责任区分,从而鼓励创业,鼓励创新。因此对于交易双方而言,都具有一定的安全保障。

在环境侵权领域,积极地预防环境受损、恢复生态价值是更为直接、更为根本的目的,因此,优先保障受损的生态受偿是其首要价值取向。如同职务行为优先保障交易安全一样,涉及公司员工环境侵权亦应遵循相同的逻辑。本案中,无论员工是否得到公司授意,并不存在需要被保护的依赖利益,而且"利益之所在,责任之所在",西郊公司因员工的违法行为获得了利益,故应当承担责任,当然这并不否认西郊公司承担责任后向员工追偿。

龙友辉与重庆市电力公司环境污染责任纠纷案

2013 年全国大学生环境资源模拟法庭大赛复赛赛题

一、案情简介

经国家相关职能部门批准，重庆市电力公司于 2011 年 12 月建成并运行重庆市 500KV 输变电工程。该输电工程试运行半年后，重庆市环境保护局通过了该项目的竣工环境保护验收：该项目的电场强度、磁感应强度、无线电干扰和噪声等排放均达到国家标准，各项环保措施符合环评审批要求。该验收结论所依托对沿线各敏感点（不包括龙友辉居住的地点）的监测报告的数据是在非雨天监测的，目前我国的相关监测机构不能在雨天等恶劣天气状况中进行相关监测。该输电线路雨天电流声、风天电线的声音大于晴天。建设过程中，重庆市电力公司根据公司规定对输电线路正投影距居住的房屋水平距离 5 米以内的居民按当地相关标准进行了拆迁。该 500 千伏输电线路距龙友辉（户主）家的房屋 11.25 米。该户有 10 人，世代居住在此。龙友辉 2009 年 9 月开始经营的生风家禽饲养场位于该线路正下方，该饲养场面积 800 平方米，有砖木结构房屋 500 平方米（无建设合法手续）。龙友辉饲养的鸡在 2012 年 1 月初全部死亡。龙友辉即在当地法院起诉。

原告龙友辉认为，被告的 500 千伏线路近距离经过原告的房屋，跨越原告的家禽饲养场，造成原告饲养场的 3000 只鸡全部死亡，且不能正常观看电视及使用移动通信，电线下方的果树、地面带电，用万用表测定有 10 伏，饲养场地面 1.8 米高的铁丝电压有 800～1000 伏，下雨天就可以看到电线上有火苗，雷声更响，雷电更密，让人心生恐惧，提心吊胆。该输电线路超高压产生的电磁辐射和噪声严重侵犯了原告家人的生命健康权、财产安全，致原告家人长期生活在恐惧和危险之中。

原告提出诉讼请求：(1)判令重庆市电力公司立即停止侵害，并对万龙Ⅰ、Ⅱ回500千伏线路进行整改。(2)赔偿损失：按当地县拆迁安置补偿办法安置龙友辉家庭11口人，并对其建构筑物进行拆迁补偿。(3)被告赔偿精神损失50,000元。

被告辩称，被告经批准架设了万龙Ⅰ、Ⅱ回500千伏线路。原告居住地在该线路附近。本线路通电运行后，其电场强度、磁感应强度、无线电干扰、噪声等各项指标均符合国家规定的标准限值，是安全的，且通过了环境保护验收，没有侵害原告家人的财产及健康权，经现场察看，原告的电视能正常观看，移动通信亦正常，应驳回原告的各项诉讼请求。

二、本案争议焦点

(1)案涉500千伏输电线路是否对原告的居住环境造成了损害(侵权事实)?

(2)被告架设的高压线是否符合相应环保要求?

三、本赛题辩点

1. 原告方辩点

(1)本案系环境侵权责任纠纷，原告应当履行初步证明责任，即应当证明被告方实施了侵权行为，包括：一是污染者有污染环境的行为；二是被侵权人有损害事实；三是污染者污染环境的行为与被侵权人的损害有因果关系。被告应承担不存在因果关系的证明责任。原告重点应该就被告存在污染环境的行为及原告因为被告的行为遭受损害之事实承担举证证明责任。

(2)虽然经过鉴定，原告住所地的工频电场强度、磁感应强度、无线电干扰和噪声等污染排放均符合国家有关规定，但是并不能证明输电工程的电场强度、磁感应强度、无线电干扰和噪声等污染不会对原告居住地的环境产生不利影响进而使原告遭受损害；输电工程履行了行政审批手续，只能证明其具有行政合法性，但行政合法性并不能作为环境民事责任的免责事由(符合国家标准不等同于不会造成环境损害)。

(3)天气可能会对鉴定结果产生一定的影响。进行鉴定时的天气是晴天，该份鉴定意见不能证明晴天以外天气条件下工频电场、磁感应强度、无线电干扰值、噪声排放符合国家规定，应重新鉴定。

2. 被告方辩点

（1）根据鉴定意见，原告住所地的工频电场、磁感应度、无线电干扰值、噪声排放符合国家规定标准。输电项目系重大民生项目，经过合法批准建设，各项环保措施均符合国家各项指标和环保要求，并未侵害原告居住的环境及原告人身、财产安全。

（2）原告方未能举证证明其遭受损害的事实，应当承担举证不能的法律后果。

四、法官点评、备赛思路与难点

1. 法律依据

《民法典》第 9 条规定："民事主体从事民事活动，应当有利于节约资源、保护生态环境。"第 294 条规定："不动产权利人不得违反国家规定弃置固体废物，排放大气污染物、水污染物、土壤污染物、噪声、光辐射、电磁辐射等有害物质。"《环境保护法》第 42 条第 1 款规定："排放污染物的企业事业单位和其他生产经营者，应当采取措施，防治在生产建设或者其他活动中产生的废气、废水、废渣、医疗废物、粉尘、恶臭气体、放射性物质以及噪声、振动、光辐射、电磁辐射等对环境的污染和危害。"本案系环境污染责任纠纷。《民法典》第 1229 条规定："因污染环境、破坏生态造成他人损害的，侵权人应当承担侵权责任。"第 1230 条规定："因污染环境、破坏生态发生纠纷，行为人应当就法律规定的不承担责任或者减轻责任的情形及其行为与损害之间不存在应该关系承担举证责任。"《民法典》规定环境污染侵权纠纷案件适用举证责任倒置和无过错责任原则。环境污染侵权责任属特殊侵权责任。其构成要件包括以下三个方面：一是污染者有污染环境的行为；二是被侵权人有损害事实；三是污染者污染环境的行为与被侵权人的损害有因果关系。

2. 原告如何诉

（1）污染行为。随着全国供电网络的全面覆盖，因输电站及高压线缆架设引起的电磁辐射污染纠纷呈高发态势，高压输变电工程具有高度危险性，静电感应是一种环境污染。本案属于典型的电磁辐射污染纠纷。相应建设应当进行环境影响评价，除了应当符合国家标准和行业标准外，还应当考虑电场对人体生态的有害影响和静电效应给日常生活带来的不利影响。电磁环境是人在不易察觉的环境下每时每刻都要接触到的，是生态环境的重要组成部分，高压输变电工程天然地存在电磁污染。

(2)损害事实。①饲养的3000只鸡全部死亡(待举证);②不能正常观看电视及使用移动通信(待举证);③电线下方的柑橘树、地面带电导致生产生活不便(待举证)。

3. 被告如何辩

(1)污染行为。高压输变电工程系电力事业发展的重大民生项目,能够产生巨大经济效益和社会效益,能够推动社会不断进步和经济水平不断增长。项目建设经过了科学合理规划,重视安全性和可靠性,履行了各项审批手续,满足各项国家规定和环保要求,根据项目建设时的环境影响评价结论和诉讼过程中的司法鉴定意见,案涉输电工程的工频电场、磁感应强度、无线电干扰和噪声等环境影响数值均符合国家标准和行业标准。因此不会对环境造成污染。案涉输电工程的电磁辐射满足环保要求,不会对生态环境和人体造成不良影响。

(2)损害事实。根据“谁主张,谁举证”的基本原则,原告应当举证证明自身遭受了上述损失,若不能举证应当承担举证不能的法律后果。

4. 注意事项

(1)原告方的注意事项。

第一,国家规定的排污标准是国家行政机关规范行政相对人的措施,只能作为行政考评的一个依据。环境民事责任则是排污者的发展权与受害者的损害赔偿请求权两个私权利之间矛盾碰撞的结果,公权力对排污者排污限度的许可并不能构成其对私权利侵害的抗辩理由,而且也不能否认其民事侵权的事实,即排污虽然在行政法上以“合法行为”的形式出现,但在民法上仍然要因为对受害者造成了侵害而负损害赔偿责任。

第二,环境污染的事实主要包含了污染环境的行为致使当事人的财产、人身受到损害以及环境受到损害的事实。环境污染侵权的损害后果不同于一般侵权的损害后果,不仅包括显性的损害结果,还包括隐性的损害结果。电磁和噪声污染对人身的伤害具有潜在性和隐蔽性等特点,开始受害时不易察觉,随着时间推移损害会逐渐显露。长此以往是有可能使原告居住的环境权益受损的。

(2)被告方的注意事项。

第一,高压架空送电线工频电场对环境的影响,主要表现在工频电场对人体的生物影响、对邻近电子设备等设施的影响、对易燃易爆等物品的影响。高压输变电工程具有高度危险性,静电感应是一种环境污染。相应建设应当进行环境影响评价,除了应当符合国家标准和行业标准外,还应当考虑电场对人体生态的有害影响和静电效应给日常生活带来的不利影响。随着西电东送工程进展和我国经济的发展,高压线路邻近民房的问题突出。电磁环境是人每时每刻都要接触到的(不易察觉),是生态环境的重要组成部分,减轻电磁污染是保护生态环境的题中之义。

第二,工频电场的限值4千伏/米来自输电线路设计规程,主要由设计线路单位制定,20世纪80年代的情况与今天经济社会的发展状况截然不同。作为重大社会民生项目,同时又是国家垄断项目,基层群众参与不够,标准制定未进行听证,公示透明度不足,存在利益博弈均衡的结果,对输电企业来说往往更具有优势。

A 花卉公司诉 B 街道办事处环境侵权损害赔偿纠纷案

2013 年全国大学生环境资源模拟法庭大赛决赛赛题

一、基本案情

案由:环境侵权损害赔偿

诉讼双方:

原告:A 花卉公司

被告:B 街道办事处

A 花卉公司于 2002 年 7 月 16 日经工商核准注册登记成立,注册资本为 60 万元,经营范围:花卉及种苗、种球的培植、销售。2001 年 12 月 21 日,李某(公司法定代表人)与 K 市某乡某村民委员会签订了一份《土地租赁合同》,约定:李某租用该村民委员会广子路土地及大棚 89 亩作为花卉苗木生产经营用地,租用期 20 年。2010 年 6 月,该乡 B 街道办事处按照 K 市和区人民政府相关文件规定,成立了城中村改造指挥部 G 分指挥部(以下简称 G 分指挥部)并开始启动"城中村"拆迁改造工作,A 花卉公司租用的该村委会 89 亩土地上的构建物被列入拆迁改造范围。为此,G 分指挥部分别于 2010 年 6 月 11 日和 7 月 15 日向 A 花卉公司发出《拆迁通告》《通告》各一份,通告上确定了拆迁的最后期限。但自第一份通告发出至拆迁最后期限届满时,A 花卉公司并未按拆迁通告要求对其组培室内的组培苗进行搬迁。2011 年 12 月,拆迁最后期限届满后,D 拆迁公司等数家施工单位按照与 G 分指挥部签订的建筑施工合同,在 A 花卉公司周边进行了拆迁施工作业。因施工中扬起的灰尘进入A花卉公司的种苗组培室，造成该公司培育的非洲菊、康乃馨组培苗受到污染。根据省农科院司法鉴定中心作出的《组培瓶苗污染原因及污染率鉴定》，结论为：康乃馨与非洲菊组培瓶苗的平均污染率为94.6%；污染的主要原因：组培室周边因近距离工程施工，形成大量带菌灰尘，导致培养室内培养架的玻璃隔板及培养瓶的封口膜上沉积有大量带菌灰尘，造成该组培室内组培瓶苗污染。2011年11月10日，B办事处委托省农科院司法鉴定中心对A花卉公司的生物资产进行价值评估，所形成的鉴定意见书载明：非洲菊繁殖母瓶为5846瓶，每瓶有3株；康乃馨原种瓶为3907瓶，每瓶有20株；康乃馨繁殖母瓶为277,231瓶，每瓶有20株；康乃馨生根瓶为291,757瓶，每瓶有20株。康乃馨组培成品苗的综合成本（含生产、管理、销售等成本）平均为0.25元/株；非洲菊组培成品苗的综合成本（含生产、管理、销售等成本）平均为0.4元/株。康乃馨原种瓶成本价值为463,500元；康乃馨繁殖母瓶成本价值为1,386,155元；康乃馨生根瓶成本价值为1,458,785元；非洲菊繁殖母瓶价值为7015.20元。A花卉公司的组培植物资产成本价值为：3,315,455.20元（康乃馨原种瓶价值+康乃馨繁殖母瓶价值+康乃馨生根瓶价值+非洲菊繁殖母瓶价值）。2012年3月21日，A花卉公司收到G分指挥部合同编号为2010-0937的50%拆迁补偿款，计人民币12,134,328.12元。

二、本案争辩点

1. 本案是民事案件还是行政案件

原告A公司所起诉的对象及行为案件性质分析。

2. A公司、B办事处是不是适格的诉讼主体

本案原告A公司的诉讼主体及被告B办事处的诉讼主体是否适格问题。

3. 环境污染侵权纠纷中损害责任的因果关系认定

污染环境的行为与损害事实之间是否存在因果关系。因果关系是指行为与损害之间引起与被引起的内在必然联系，本案中应考虑，虽然原告A公司没有按照政府拆迁通告要求，在规定的最后时限对其组培瓶苗进行搬迁，以减少和避免损害后果的发生，但按照损害发生前半个多月由被告B办事处委托省农科院司法鉴定中心所作出的《生物资产价值评估鉴定》表明，在损害事实发生前原告A公司培植的组培瓶苗状况良好。损害发生后，由原告A公司委托同一司法鉴定中心作出的鉴

定报告表明，由于原告A公司组培室周边近距离工程施工形成的扬尘，导致原告A公司组培室的花卉种苗受到污染损害并大量死亡，两份鉴定报告证明，本案损害后果的发生与被告B办事处组织实施的近距离施工行为之间存在因果关系，施工所形成的大量带菌灰尘是造成组培瓶苗污染死亡的主要原因。

4. 环境污染侵权纠纷中当事人的举证责任分配问题

分为原告的举证责任和被告的举证责任，被告同时应当对不承担责任和减轻责任的情形承担举证责任。

把握我国《侵权责任法》（已失效）第66条的规定，因污染环境发生纠纷，污染者应当就法律规定的不承担责任或者减轻责任的情形及其行为与损害之间不存在因果关系承担举证责任。采用因果关系举证责任倒置的办法，由污染者证明不存在因果关系，否则法院可直接判定由污染者承担责任。《侵权责任法》（已失效）第三章“不承担责任和减轻责任的情形”包括：被侵权人过错，受害人故意，损害由当事人造成、不可抗力、正当防卫、紧急避险。《环境保护法》（1989年版，已修正）第41条第3款规定：完全由于不可抗拒的自然灾害，并经及时采取合理措施，仍然不能避免造成环境污染损害的，免予承担责任。

5. 无过错归责原则下的损失承担分配问题

无过错归责原则下的过失相抵。我国《侵权责任法》（已失效）第26条规定：“被侵权人对损害的发生也有过错的，可以减轻侵权人的责任。”由此确立了无论是一般侵权损害赔偿案件还是环境侵权损害赔偿案件，只要有证据证明被侵权人（原告）对损害发生也存在过错的，可以适用过失相抵原则，适当减轻侵权人（被告）的赔偿责任。

三、备案思路与要点

本案出题要点之一，在于A公司诉称的损害后果与B街道办事处间因果关系的高度概然性判断。本案《司法鉴定意见书》中载明，A公司组培室的花卉种苗受到损害，主要原因系B街道办事处组织实施的施工所形成的大量带菌灰尘造成组培瓶苗污染，二者之间存在因果关系。综合花卉组培瓶苗对培养室的环境清洁度要求比较严格、现场施工扬尘距离足以污染到A公司花卉组培瓶以及各方当事人当庭陈述的施工作业范围等综合进行分析，可判断A公司所主张的花卉损害的主要原因系施工扬尘所致，花卉损失与被告的施工行为之间存在因果关系。

要点之二，在于本案中过错相抵原则的运用。A 公司在本案中是否存在过错。根据《侵权责任法》（已失效）第 65 条的规定："因污染环境造成损害的，污染者应当承担侵权责任。"针对环境污染适用无过错责任原则。但根据《侵权责任法》（已失效）第 26 条的规定："被侵权人对损害的发生也有过错的，可以减轻侵权人的责任。"就本案而言，原告 A 花卉公司对损害后果的发生存在明显过错，依法可适当减轻上述两被告的赔偿责任。思路为：

（1）原告 A 公司作为花卉及种苗、种球培植、销售的企业，其对花卉培育所需要的技术、环境和其他条件要求相对于本案被告来说是明确知晓的，对其组培瓶苗培养室的清洁度要求具有相关专业知识和实践操作能力，对企业周边施工产生的扬尘可能会给所培育的花卉种苗带来损害也是应当能够预见可能产生的后果并进行相关风险预测、评估的。

（2）原告 A 公司具备对所培育组培瓶苗进行搬迁的条件。同时与该企业相邻的另一花卉企业，在按照政府拆迁要求达成补偿协议并对生物资产进行及时搬迁后并未造成相关财产损失和纠纷发生。故原告 A 公司对本案损失的发生存在放任态度。

（3）政府公布的相关拆迁文件以及 G 分指挥部发布的《拆迁通告》《通告》内容还证实，自 2010 年 6 月开始，B 办事处所辖区域已被纳入"城中村"拆迁改造范围，政府公布施行的"城中村"拆迁补偿政策中，没有对生物资产、可搬迁的其他动产进行补偿的规定，原告 A 公司对其经营场所属于拆迁改造范围、何时拆迁、拆迁政策规定以及工程施工将带来的后果也是明确知晓的，但其并没有及时调整经营决策，及时对组培瓶苗进行搬迁或采取相关有效措施避免和减少损失的发生，其在收到政府拆迁通告后未采取任何补救措施，最终导致组培瓶苗死亡，其行为存在明显过错，依法可以减轻侵权人的赔偿责任。综上，被告 B 办事处应承担对 A 花卉公司的赔偿责任，但因原告在花卉污染中所存在的过失，根据过失相抵原则，应适当减轻被告的损失赔偿责任。

要点之三，本案是一起原告 A 公司因其花卉种苗受到施工扬尘污染、产生损害后果而提起的环境侵权损害赔偿之诉，原告 A 公司所诉请的事实、理由及请求均围绕着侵权损害赔偿进行，其并没有针对政府"城中村"改造涉及的具体行政行为进行诉讼,故本案属于民事诉讼非行政诉讼,当事人双方的诉讼地位平等。

要点之四,本案原告A公司系2002年7月16日经工商核准注册登记成立的有限责任公司,具有对外独立承担民事责任的能力。其由于经营期间所培植的花卉种苗受到污染而依法起诉,其作为本案原告的诉讼主体适格。关于本案被告B办事处的诉讼主体是否适格,由于G分指挥部只是一个临时机构,授权其进行"城中村"改造的责任主体是B办事处。鉴于本案属于民事争议,故因拆迁改造带来的相关民事行为及后果应由授权改造的责任主体B办事处承担,其作为本案被告的诉讼主体适格。

周明与兰海迅捷物流有限公司水污染责任纠纷案

2014 年全国大学生环境资源模拟法庭大赛初赛赛题

一、案例基本情况

2010 年 2 月 10 日,原告周明与某村民小组签订《土地租赁协议》,约定承租该村民小组 72.3 亩土地用于修建鱼塘,承包期限为 17 年。2012 年 2 月 20 日 9 时 50 分许,兰海迅捷物流有限公司(以下简称迅捷物流公司)所属的兰 BM1503 重型挂车行驶在兰海隧原高速公路有限公司(以下简称隧原公司)经营管理下的隧原高速(兰海市—原松市)兰海到清水县路段 365 公里处发生单车事故,导致该重型挂车上装载的两个油罐发生撞击,其中一个油罐被撞坏,油罐内的变压器油发生大量泄漏,致使 12 吨多变压器油顺着高速公路边的排水沟流进原告的鱼塘,原告鱼塘被污染,鱼塘内的鱼大量死亡,清水县政府应急办接到报告后,立即组织安监局、环保局、东城街道办事处、白塔岩社区等部门赶赴现场进行处置,随后东城街道办事处、白塔岩社区根据县应急办的指示,组织民工进行应急处置,原告垫付相关费用。2012 年 5 月 15 日,兰海市交通行政执法支队道路出具交通事故认定书,认定该次交通事故属于不能预见的原因引起的交通意外事故。原告申请对因本次污染事故造成的渔业损失进行司法鉴定,经法院委托,西南大学司法鉴定所作出司法鉴定意见书,认定周明养殖鱼塘在 2012 年 2 月 20 日交通事故导致的变压器油泄漏事故中共损失鱼类存量为 26,762.5 公斤,鱼类经济价值为 357,172.80 元,原告支付鉴定费 22,000 元。原告于 2013 年 1 月提起诉讼,要求被告赔偿渔业损失及应急处理污染物的费用。

二、本案争议焦点

本案的争议焦点共四个，一是原告是否遭受损失及损失的具体金额，二是迅捷物流公司是否承担责任，三是交通事故系意外事故的责任认定是否减轻或免除迅捷物流公司的赔偿责任，四是原告对损害的发生与扩大是否具有过错。

三、本赛题辩点

1. 原告如何诉

（1）原告主体适格。《民事诉讼法》第 119 条规定了提起诉讼必须符合的四个条件，根据“原告是与本案有直接利害关系的公民、法人和其他组织”的规定，周明应当提供其在案涉鱼塘进行经营养殖的材料，以证明与本案具有直接利害关系，从而具有向被告索赔的原告主体资格。

（2）关于主张的损失项目。环境污染导致的损失，包括对受害人造成的人身损害、财产损失，为防止损害发生或扩大、消除污染、修复生态环境而采取必要措施所发生的合理费用，原告可以根据实际情况主张遭受的渔业损失、采取应急措施清理污染物支付或垫付的费用，以及对被污染的鱼塘进行彻底治理以达到养殖条件需要的治理费用，诉讼请求应当详细并简洁明了，直截了当写明要谁赔、赔什么、赔多少、怎样赔等问题。

（3）明确各项损失的具体金额。关于垫付应急处置污染物费用，应提供已实际支付费用的相应证据，尚未实际支付的，应提供该费用金额的相应材料。对于渔业损失，应对损失的价值进行量化，可以打捞后统计的重量数据结合当地同期水产品市场价格计算出损失价值，也可申请进行司法鉴定，根据司法鉴定认定的损失金额进行主张。

2. 被告如何辩

（1）原告主体不适格。原告未举示其系案涉鱼塘养殖权利人的证据，同时按原告陈述，其租赁用于农业生产的农田在未经许可的情况下擅自修建成鱼塘，也未办理相关养殖许可手续，即使案涉鱼塘由原告养殖，也系非法养殖，其非法的权利不应受到法律保护，原告无权提起诉讼。

（2）原告未实际遭受损失。案涉鱼塘并未进行养殖经营，原告也未举示因养殖经营而进行鱼苗、人工、饲料等投入的证据，即使该鱼塘进行养殖，但发生事故时间系年初，根据农村的实际，该鱼塘养殖鱼类也在年底进行了售卖，因此原告并未遭受实际损失；此外，司法鉴定的损失是整个鱼塘养殖鱼类的损失，而本次污染只导致部分鱼类受损，该司法鉴定扩大了损失范围与金额。

(3)本次事故系不可抗力导致。该次交通事故属于不能预见的原因引起的交通意外事故，也就是说，该次事故系不可抗力导致，根据《侵权责任法》(已失效)第29条的规定，因不可抗力造成他人损害的，不承担责任。

(4)污染系隧原公司导致。隧原高速公路存在设计瑕疵才导致事故发生，事故发生地距离鱼塘还有一公里远，运输的油类只是泄漏在高速公路上，隧原公司没有尽到管理义务，事故后仅进行路面通行的应急处理，未对路面油污及时进行处置，导致油污经路边排水沟流入案涉鱼塘。

(5)原告对损害的发生与扩大具有过错。一方面，案涉鱼塘修建在低洼处，与该公路路边排水沟的排水口相连，原告不将该水沟接入鱼塘则泄漏的油类就不会流入鱼塘而造成损失，原告对于其损失的发生具有过错，应由其承担责任；另一方面，在油污流入案涉鱼塘后，原告没有及时采取污染防治措施，将鱼塘内鱼类进行打捞出售或转移，导致其损失的扩大，应由其自行承担责任。

四、法官点评

1. 关于本案定性

《道路交通安全法》第119条第5项规定，“交通事故”，是指车辆在道路上因过错或者意外造成的人身伤亡或者财产损失的事件，因此构成交通事故主要有三个因素，一是主体的一方必须是车辆，二是当事人在主观上有过错或者发生了意外的情况，三是必须造成了双方或一方当事人人身伤亡或财产损失等一定的后果。本案中，兰BM1503重型挂车于2012年2月20日9时50分在隧原高速兰海到清水县路段365公里处发生的单车事故属于交通事故，该次事故泄漏的油类流入鱼塘导致水体被污染，因此本案纠纷存在机动车交通事故责任纠纷与环境污染责任纠纷的竞合，在法律法规、司法解释没有特别规定的情况下，当事人往往根据其提出的诉讼请求选择以机动车交通事故责任纠纷还是以环境污染责任纠纷主张权利。

民事案件案由应当依据当事人主张的民事法律关系的性质来确定。由于兰BM1503重型挂车运输的油罐在高速公路行驶过程中发生撞击导致大量油类泄漏后流入鱼塘造成损失，从事件发生的时间顺序来看，发生单车事故在前，运载油类泄漏并污染环境在后；从事件的因果关系来看，单车事故是油类泄漏的原因，油类泄漏是单车事故的结果，油类泄漏又是鱼塘被污染的原因，现原告基于鱼塘被污染而主张渔业损失及清理污染的应急处置费用，因此本案系交通事故导致运载油类泄漏而引起的环境污染责任纠纷，存在环境污染与道路交通事故责任等相关责任的竞合，应当综合适用我国环境保护法、侵权责任法、道路交通安全法等法律法规进行处理。

2. 关于备赛思路

(1)原告方。

一是关于污染行为。原告负有对被告排放了污染物，且该污染物流入案涉鱼塘进行举证的责任，故原告应当明确高速公司排水沟与鱼塘的地理位置关系，提供被告运输的油类在事故后流入其鱼塘的证据，可通过现场视频、行政主管部门勘察现场等材料予以证明。

二是关于损害后果。关于应急处置污染物费用，根据支付凭证据实主张。关于渔业损失问题，当油类流入鱼塘后，受水体流动、风力、风向等影响四处漂浮，而养殖的鱼类也会到处游动觅食，因此受污染的水域、鱼类并非仅仅局限在油类流入处或者油污漂浮的区域，该鱼塘内的鱼类无论死亡与否均因遭受污染而丧失商品价值，因此该损失系该鱼塘内全部鱼类的损失；同时，鱼类养殖也具有周期性，该鱼塘被污染，在污染物清理完毕前，鱼塘已不适宜继续养殖，在清理完毕后，由于已错失投放鱼苗的时机，该鱼塘在受污染的当年内无养殖产出，因此渔业损失不应以污染发生时鱼塘内现存的鱼类进行认定，而应以当年该鱼塘的产量进行认定，并非仅仅是事故后死亡鱼类的损失，对于损失金额可通过申请司法鉴定进行确定。

三是污染行为与损害存在关联性。根据常识，油类流入鱼塘后会污染水质，影响鱼类生长与安全，二者间存在关联性。

四是原告不应承担责任。该高速公路排水沟流水不是案涉鱼塘养殖水源，在污染发生后原告及时向相关部门报告，并按照要求采取应急措施，由于鱼塘面积较大、流入油污较多，无法转移养殖的鱼，对损害的发生或扩大没有过错，不应承担责任。

(2)被告方。

一是关于责任主体。案涉车辆系大型货运车辆，应当抗辩该车驾驶员与迅捷物流公司的关系，如该车系挂靠关系，则可抗辩该车挂靠人承担连带责任；同时，核实该车投保保险的情况，特别是在投保了机动车第三者责任险的情况下，可申请追加交强险与机动车第三者责任险的承保人为共同被告，要求其在承保的保险范围内先行承担保险责任，保险赔偿后不足部分才由被告承担责任。

二是关于损失大小。审查应急处置费用是否有具体明细表、是否已实际支付、是否有相应支付凭证，该费用明细表中的数量、价格是否符合当地的实际，对渔业损失的司法鉴定意见，着重审查鉴定机构和人员是否具有相应资质、鉴定依据是否有效、鉴定程序是否合法、鉴定过程是否符合规范等。

三是关于原告过错。审查原告是否将该高速公路排水沟流水作为养殖水源，在污染发生后是否及时向相关部门报告、是否按照要求采取应急措施、采取的措施是否合理，从而判断原告对损失的发生或者扩大是否存在过错，以减轻赔偿责任。

3. 需要注意的问题

本次事故发生在隧原公司管理、养护的路段，隧原公司在事故发生后应积极承担其法定义务，避免环境污染的扩大。《水污染防治法》第 68 条规定，企业事业单位发生事故或者其他突发性事件，造成或者可能造成水污染事故的，应当立即启动本单位的应急方案，采取应急措施，并向事故发生地的县级以上地方人民政府或者环境保护主管部门报告。《突发事件应对法》第 56 条规定，受到自然灾害危害或者发生事故灾难、公共卫生事件的单位，应当立即组织本单位应急救援队伍和工作人员营救受害人员，疏散、撤离、安置受到威胁的人员，控制危险源，标明危险区域，封锁危险场所，并采取其他防止危害扩大的必要措施，同时向所在地县级人民政府报告。第 67 条规定，单位或者个人违反该法规定，导致突发事件发生或者危害扩大，给他人人身、财产造成损害的，应当依法承担民事责任。本案中，隧原公司作为事故路段的管理者，应充分了解其控制、管理路产的周边情况，在交通事故导致大量油类泄漏并可能导致水污染事故的情况下，依法应当及时启动应急预案并采取应急措施，控制污染源，防止二次污染的发生、损害的扩大，但该公司在事故发生后仅应急处理路面交通情况，之后才撒沙处理泄漏在其管理路面的油污，并未对该路段周围油污进行清理，隧原公司在事故后未履行法定义务，导致泄漏的变压器油沿高速公路边坡流向外环境，经高速公路边排水沟流入案涉鱼塘，造成渔业损失，致使本次事故损失进一步扩大，可要求该公司承担相应的责任。

平湖科技红豆杉产业发展有限公司与吴其仁土壤污染责任纠纷案

2014 年全国大学生环境资源模拟法庭大赛复赛赛题

一、基本案情

原告:平湖科技红豆杉产业发展有限公司

被告:吴其仁

原告经卧龙县人民政府招商引资,来到卧龙县龙宝乡投资种植红豆杉 20,000 亩。2008 年 1 月 1 日,原告与卧龙县龙宝乡村民吴其周、吴其元、吴其文、吴其明、吴其亮、吴其成分别签订《红豆杉种苗基地建设合同书》,其中约定:原告租用吴其周、吴其元、吴其文、吴其明、吴其亮、吴其成的土地作为原告种植、繁育红豆杉种苗的基地,原告支付土地租金;吴其周等土地出租人对其出租土地上种植的苗木在原告的指导下进行管护和作业管理,包括平整土地、栽苗、拔草、割草、追肥、打药、浇水、排水、管护、上棚、遮阴等,原告按合同约定的金额及方式支付劳务费;红豆杉成活、保存率须在 98% 以上,年末,树龄 2 年的种苗每减少一株由管护人赔偿 5 元,树龄 3 ~ 4 年的种苗每减少一株赔偿 10 元,树龄 5 ~ 6 年的种苗每减少一株赔偿 15 元,树龄 6 ~ 8 年的种苗每减少一株赔偿 30 元。合同签订后,吴其周、吴其元等人即在其出租土地中种植、管护红豆杉种苗。

2001 年,被告吴其仁在相邻原告种苗基地的靠山上方修建养殖场养鸡,2012 年最多时饲养数量达 12,000 只。2008 年前,养鸡场的鸡粪被周边农户取作农作物的肥料,没有遗留。吴其仁养鸡场旁边有一条天然形成的小排水沟,排水沟经过吴其元、吴其亮的红豆杉种植田地旁，到吴其文种植红豆杉的土地旁边的消水坑（山区的一种水流入地下阴河的洞穴入口），水沟不经过吴其成、吴其周、吴其明种植红豆杉的土地。非雨季，小沟里没有流水。

原告2008年租用土地种植红豆杉后，被告养鸡场的鸡粪再无农户利用，被告便向养鸡场旁的小沟排放鸡粪。原告为利用鸡粪作容器育苗肥料并防止鸡粪污染有种苗的土地，于2008年在排放鸡粪的小沟边开挖了四个储粪坑。原告的工作人员吴其明曾请他人对储粪坑管理了一个月，后因原告未支付报酬，再无人管理。

2012年春季，卧龙县出现强降雨天气。被告养殖场排放的鸡粪混入雨水并溢出水沟，流至原告种植树苗的部分田地中。吴其周、吴其元、吴其文、吴其明、吴其亮、吴其成的土地上的红豆杉苗开始出现枯死，原告3月30日、4月29日进行拍照。9月初，原告的员工胡某某等人进行了清点，并拒绝支付有杉苗死亡的管护农户吴其成、吴其元、吴其亮、吴其文、吴其周、吴其明的部分劳务费用。

原告提起诉讼认为，被告吴其仁在其租赁土地的上方修建大型养殖场养鸡，鸡粪直接向旁边水沟排放。原告多次要求被告整改未果。2008年8月，原告花费2500元修建了四个储粪坑。2012年4月，由于被告排放的鸡粪等堆积致水沟排水不畅，鸡粪污水漫延侵蚀周边土地，致种植的红豆杉被粪水浸泡后部分枯死。

经原告组织人员清点，发现枯死的红豆杉共计9000余株。按原告与出租土地农户签订的《红豆杉种苗基地建设合同书》中约定的赔偿方式计算，树龄3～4年的种苗，吴其元土地中枯死1912株、吴其成土地中枯死1894株、吴其文土地中枯死683株、吴其明土地中枯死815株、吴其亮土地中枯死712株、吴其周土地中枯死2744株，共8760株，每株价值10元，合计87,600元；树龄6～8年的种苗，吴其周土地中枯死654株，每株20元，合计13,080元，共计损失100,680元。为此，请求被告赔偿原告苗木损失100,680元及修建储粪坑的费用2500元，共计103,180元。

被告吴其仁辩称，被告于2001年修建养殖场开始养鸡，2008年原告在该村租用土地种植红豆杉。2013年1月被告停止养鸡至今。原告修建储粪坑的目的是利用鸡粪种植树苗。2012年5月27日至29日，龙宝乡下暴雨，山洪暴发浸泡红豆杉基地，系自然灾害。原告主张被告的鸡粪污染致树苗死亡没有证据证实；原告的枯死杉苗统计数据表中吴其成、吴其元、吴其周并未签名确认，不能证实数据的真实性；枯死杉苗是否为3～4年树龄亦无证据证实，杉苗的市场价值无依据。另外，本地原来没有种植红豆杉，是否适宜在本地种植红豆杉未知。

二、本案争议焦点

(1)被告在养鸡场堆放鸡粪并向养鸡场旁的小沟排放鸡粪，是否属于污染环境的行为？

(2)被告的行为与原告红豆杉树苗死亡的事实之间是否存在因果关系？

(3)原告于2008年投资2500元在排放鸡粪的小沟边开挖了四个储粪坑是否属于防止污染的措施？

(4)原告死亡的红豆杉树苗数量是否属实？其价格应如何确定为合理？

(5)2012年卧龙县龙宝乡出现强降雨天气，是否属于不可抗力的自然灾害？是否及时采取了合理措施？

(6)是否存在受害人过错的情形？

三、本赛题辩点

1. 原告主张应由被告承担民事赔偿责任的理由

(1)2008年以后，被告实施了将其经营养殖场的鸡粪直接向旁边水沟排放的污染行为。(2)2012年4月，由于被告排放的鸡粪等堆积致水沟排水不畅，鸡粪污水漫延侵蚀周边土地，导致其红豆杉树苗被粪水浸泡后部分枯死。(3)枯死的红豆杉树苗共计9000余株，按原告与出租土地农户签订的《红豆杉种苗基地建设合同书》中约定的赔偿方式计算，合计损失100,680元，加上修建储粪坑的费用2500元，共计损失为103,180元。

2. 被告答辩不应承担民事责任的理由

(1)被告于2001年修建养殖场开始养鸡在先，原告于2008年租用土地种植红豆杉在后。(2)原告修建储粪坑的目的是利用鸡粪种植树苗，不是为了防止污染。(3)2012年5月27日至29日，龙宝乡下暴雨，山洪暴发浸泡红豆杉基地，系自然灾害。(4)原告主张被告的鸡粪污染致树苗死亡没有证据证实。(5)原告的枯死杉苗统计数据表中吴其成、吴其元、吴其周并未签名确认，不能证实数据的真实性；枯死杉苗是否为3～4年树龄的亦无证据证实，杉苗的市场价值无依据。(6)本地原来没有种植红豆杉，是否适宜在本地种植红豆杉未知。

四、法官点评、备赛思路与难点

根据《侵权责任法》(已失效)第65～66条的规定，本案的分析和处理应注意以下要点:(1)因污染环境造成损害的，污染者应承担无过错的侵权责任。环境污染责任的构成要件:①行为人实施了污染环境的行为;②存在污染环境的损害后果;③污染环境与损害后果之间存在因果关系。(2)举证责任分担:受害人只需要证明行为人实施了污染环境的行为，自己遭受了现实的损害即可;污染者负担行为与损害之间不存在因果关系的举证责任，即就法律规定的不承担责任或者减轻责任的情形承担举证责任。(3)免责事由:①完全由于不可抗力的自然灾害，并经及时采取合理措施，仍不能避免环境污染损害的，免予承担责任;②战争行为;③受害人的过错，即完全由于受害人的过错造成损害发生。

原告诉讼请求:由被告赔偿树苗损失100,680元和修建储粪坑的费用2500元，共计损失为103,180元。

原告备赛思路分析要点:(1)2008年以后至2013年，被告持续实施了将其经营养殖场的鸡粪直接向旁边水沟排放的污染行为。(2)自2012年4月起，由于被告排放的鸡粪等堆积致水沟排水不畅，鸡粪污水漫延侵蚀周边土地，导致其红豆杉树苗被粪水浸泡后部分枯死;同年5月连降暴雨加大了鸡粪污水漫延地点面积，致红豆杉树苗枯死数量增加。(3)专家证人意见和其他证人证言共同证明了排放污染行为与红豆杉树苗枯死之间有一定的因果关系，而且原告为了减少污染花费2500元修建了四个储粪坑。(4)枯死的红豆杉树苗共计9000余株，按原告与出租土地农户签订的《红豆杉种苗基地建设合同书》中约定的赔偿方式计算，合计损失100,680元，加上修建储粪坑的费用2500元，共计损失为103,180元。(5)枯死的红豆杉树苗的数量及损失金额有《苗木损失明细表》《红豆杉种苗基地建设合同书》，对吴其周、吴其元、吴其明、吴其亮的调查笔录相互印证。

被告答辩意见:被告不应当承担民事赔偿责任或者只应承担较小的民事赔偿责任。

被告备赛思路分析要点:(1)被告于2001年修建养殖场开始养鸡在先，原告于2008年租用土地种植红豆杉在后。(2)2008年以后至2011年，鸡场堆放的鸡粪虽然有部分顺小沟随水往下流的情况，但多年来均未造成被告的红豆杉树苗枯死。

(3)原告主张被告的鸡粪污染致死树苗没有证据证实,而且本地原来没有种植红豆杉,是否适宜在本地种植红豆杉未知。所以,鸡场鸡粪的排放与红豆杉树苗死亡之间没有因果关系。(4)卧龙县气象局出具的《证明》证实2012年5月27日至29日,龙宝乡出现强降水天气过程,达到暴雨量级。由此可以证明山洪暴发浸泡红豆杉基地,系自然灾害所致,被告依法免予承担责任。(5)原告于2008年修建储粪坑的目的是利用鸡粪种植树苗,不是为了防止污染,而且只有一名人员管理了一个月就再也无人管理。另外,2012年出现强降雨期间,原告没有采取任何防范措施,自身具有过错。(6)原告的枯死杉苗统计数据表中吴其成、吴其元、吴其周并未签名确认,不能证实数据的真实性;枯死杉苗是否为3~4年树龄亦无证据证实,杉苗的市场价值无依据。(7)卧龙县龙宝乡人民政府、卧龙县龙宝乡上坝村民委员会分别出具的《证明》均证实,2012年出现强降雨后没有收到原告的受灾报告,相反可以证明是属于原告管理不善造成红豆杉树苗死亡。

本案作为一个赛题,作为原告应当注意以下问题:(1)被告排放鸡粪的行为属于实施污染环境的违法行为,出现强降雨情形后,被告未采取有效措施防止污染扩大,具有一定过错;(2)红豆杉树苗死亡的数量和损失金额是客观真实的;(3)污染行为与损害后果之间只存在一定的因果关系,应由被告承担主要赔偿责任;(4)修建储粪坑是为了使用鸡粪而不是防止污染,所以,产生的费用2500元应由原告自己承担。作为被告应当注意以下问题:(1)被告排放鸡粪的行为虽然属于实施污染环境的违法行为,但2012年出现强降雨以前并没有鸡粪水流入红豆杉种植地导致红豆杉树苗死亡的情形;(2)2012年出现强降雨期间虽然有部分鸡粪水流入红豆杉种植地并出现部分树苗死亡,但鸡粪水没有流入的红豆杉种植地死亡树苗更多,所以,红豆杉树苗的死亡主要是属于不可抗力的强降雨浸泡所致,而且,原告也没有采取有效的排涝措施防止损失扩大,具有一定过错;(3)红豆杉树苗死亡的数量虽然是客观真实的,但损失金额缺少有关部门的评估,原告按其与种植户的合同约定的树苗价格计算损失金额不具有合理性;(4)修建储粪坑是为了使用鸡粪而不是防止污染,所以,产生的费用2500元应由原告承担。

从一个法官的角度看,本案或本赛题往往容易被忽视的问题是:(1)针对污染环境损害,污染者和受害者均有防止损害扩大的义务,任何一方不积极防范均应承担相应的民事责任。(2)证明因果关系、损害后果及其经济损失金额的证据,若系专业部门或者专业人员作出的,原则上应予以采信,若系非专业部门或者非专业人员作出的,则应结合其他证据分析判断,没有其他证据相互印证则不应当采信。所以,本案中的专家意见可以采信,证明死亡树苗的证据可以采信,但证明损失金额的证据在不进行证据补强的情况下不应当采信。(3)养鸡场旁边的排水沟只经过吴其元、吴其亮、吴其文种植红豆杉的土地旁,他们三人的树苗死亡合计数是3307株,排水沟不经过的吴其成、吴其周、吴其明种植红豆杉的土地,他们三人的树苗死亡合计数是6107株,前者数量小于后者数量的事实足以说明红豆杉树苗死亡与鸡粪无必然联系(不能排除强降雨情形下,鸡粪水漫延到吴其成、吴其周、吴其明种植红豆杉的土地内),所以,导致树苗死亡的主要原因应当是大量的或者长时间的雨水浸泡。(4)免责事由中的不可抗力,必须是完全由于不可抗力的自然灾害,并经及时采取合理措施,仍不能避免环境污染损害的,才免予承担责任。本案中的强降雨可以认定为不可抗拒的自然灾害,原告也没有采取有效的排涝措施防止损失扩大,是树苗死亡的原因;被告没有采取防止鸡粪流失扩散的有效措施,专家意见能够证明树苗死亡与鸡粪有一定的因果关系,是树苗死亡的主要次要原因。故,原告应自己承担主要责任,被告应酌情承担次要责任。

重庆市绿色志愿者联合会诉恩施自治州建始磺厂坪矿业有限责任公司水污染责任民事公益诉讼案

2015年全国大学生环境资源模拟法庭大赛复赛赛题

一、案例

（一）基本案情

原告重庆市绿色志愿者联合会（以下简称重庆绿联会）对被告恩施自治州建始磺厂坪矿业有限责任公司（以下简称建始磺厂坪矿业公司）提起环境民事公益诉讼，诉请判令被告停止侵害，承担生态环境修复责任。重庆市人民检察院第二分院支持起诉。

法院经审理查明，千丈岩水库位于重庆市巫山县、奉节县和湖北省建始县交界地带。水库设计库容405万立方米，2008年开始建设，2013年12月6日被重庆市人民政府确认为集中式饮用水源保护区，供应周边5万余人的生活饮用和生产用水。湖北省建始县毗邻重庆市巫山县，被告建始磺厂坪矿业公司选矿厂位于建始县业州镇郭家淌国有高岩子林场，距离巫山县千丈岩水库直线距离约2.6公里，该地区属喀斯特地貌的山区，地下裂缝纵横，暗河较多。建始磺厂坪矿业公司硫铁矿选矿项目于2009年编制可行性研究报告，2010年4月23日取得恩施土家族苗族自治州发展和改革委员会批复。2010年7月开展环境影响评价工作，2011年5月16日取得恩施土家族苗族自治州环境保护局环境影响评价批复。2012年开工建设，2014年6月基本完成，但水污染防治设施等未建成。建始磺厂坪矿业公司选矿厂硫铁矿生产中因有废水和尾矿排放，属于排放污染物的建设项目。其项目建设可行性报告中明确指出尾矿库库区为自然成库的岩溶洼地，库区岩溶表现为岩溶裂隙和溶洞。同时，尾矿库工程安全预评价报告载明："建议评价报告做下列修改和补充：(1)对库区渗漏分单元进行评价，提出对策措施；(2)对尾矿库运行后可能存在的排洪排水问题进行补充评价。"但建始磺厂坪矿业公司实际并未履行修改和补充措施。

2014 年 8 月 10 日，建始磺厂坪矿业公司选矿厂使用硫铁矿原矿约 500 吨、乙基钠黄药、2 号油进行违法生产，产生的废水、尾矿未经处理就排入临近有溶洞漏斗发育的自然洼地。2014 年 8 月 12 日，巫山县红椿乡村民反映千丈岩水库饮用水源取水口水质出现异常，巫山县启动重大突发环境事件应急预案。应急监测结果表明，被污染水体无重金属毒性，但具有有机物毒性，COD(化学需氧量)、Fe(铁)分别超标 0.25 倍、30.3 倍，悬浮物高达 260mg/L。重庆市相关部门将污染水体封存在水库内，对受污染水体实施药物净化等应急措施。

千丈岩水库水污染事件发生后，环境保护部明确该起事件已构成重大突发环境事件。环境保护部环境规划院环境风险与损害鉴定评估研究中心作出《重庆市巫山县红椿乡千丈岩水库突发环境事件环境损害评估报告》。该报告对本次环境污染的污染物质、突发环境事件造成的直接经济损失、本次污染对水库生态环境影响的评价等进行评估。并判断该次事件对水库的水生生态环境没有造成长期的不良影响，无须后续的生态环境修复，无须进行进一步的中长期损害评估。湖北省环保厅于 2014 年 9 月 4 日作出行政处罚决定，认定建始磺厂坪矿业公司硫铁矿选矿项目水污染防治设施未建成，擅自投入生产，非法将生产产生的废水和尾矿排放、倾倒至厂房下方的洼地内，造成废水和废渣经洼地底部裂隙渗漏，导致千丈岩水库水体污染。责令停止生产直至验收合格，限期采取治理措施消除污染，并处罚款 1,000,000 元。行政处罚决定作出后，建始磺厂坪矿业公司仅缴纳了罚款 1,000,000 元，但并未采取有效消除污染的治理措施。

2015 年 4 月 26 日，法院依原告申请，委托北京师范大学对千丈岩环境污染事件的生态修复及其费用予以鉴定，北京师范大学鉴定认为：(1)建始磺厂坪矿业公司系此次千丈岩水库生态环境损害的唯一污染源，责任主体清楚，环境损害因果关系清晰。(2)对《重庆市巫山县红椿乡千丈岩水库突发环境事件环境损害评估报告》的评价对水库生态环境没有造成长期的不良影响，无须后续生态环境修复，无须进行中长期损害评估的结论予以认可。(3)本次污染土壤的生态环境损害评估认定:经过9个月后,事发区域土壤中的乙基钠黄药已得到降解,不会对当地生态环境再次带来损害,但洼地土壤中的Fe污染物未发生自然降解,超出当地生态基线,短期内不能自然恢复,将对千丈岩水库及周边生态环境带来潜在污染风险,需采取人工干预方式进行生态修复。根据《突发环境事件应急处置阶段环境损害评估推荐方法》(环办〔2014〕118号),采用虚拟治理成本法计算洼地土壤生态修复费用约需991,000元。(4)建议后续进一步制订详细的生态修复方案,开展事故区域生态环境损害的修复,并做好后期监管工作,确保千丈岩水库的饮水安全和周边生态环境安全。在案件审理过程中,重庆绿联会申请通知鉴定人出庭,就生态修复接受质询并提出意见。鉴定人王金生教授认为,土壤元素本身不是控制性指标,就饮用水安全而言,洼地土壤中的Fe高于饮用水安全标准;被告建始磺厂坪矿业公司选矿厂所处位置地下暗河众多,地区降水量大,污染饮用水的风险较高。

(二)裁判结果

重庆市万州区人民法院于2016年1月14日作出(2014)万法环公初字第00001号民事判决:(1)建始磺厂坪矿业公司立即停止对巫山县千丈岩水库饮用水源的侵害,重新进行环境影响评价,未经批复和环境保护设施未经验收,不得生产;(2)建始磺厂坪矿业公司在判决生效后180日内,对位于恩施自治州建始县业州镇郭家淌国有高岩子林场选矿厂洼地土壤制订修复方案进行生态修复,逾期不履行修复义务或修复不合格,由建始磺厂坪矿业公司承担修复费用991,000元,并支付至指定的账号;(3)建始磺厂坪矿业有限责任公司对其污染生态环境,损害公共利益的行为在国家级媒体上赔礼道歉;(4)建始磺厂坪矿业公司支付重庆绿联会为该案诉讼而产生的合理费用及律师费共计150,000元;(5)驳回重庆绿联会的其他诉讼请求。一审宣判后,建始磺厂坪矿业公司不服,提起上诉。重庆市第二中级人民法院于2016年9月13日作出(2016)渝02民终772号民事判决:驳回上诉,维持原判。

二、本案争议焦点

(一)程序方面

(1)重庆绿联会作为原告就本案提起环境民事公益诉讼是否符合法律规定?

(2)本案由基层人民法院一审管辖是否符合法律规定?

(3)审理法院采信由北京师范大学所作鉴定意见是否符合法律规定?

(二)实体方面

(1)被告建始磺厂坪矿业公司环境污染和生态破坏民事侵权责任是否成立?

(2)法院判决被告建始磺厂坪矿业公司承担环境污染和生态破坏民事侵权责任的方式是否符合法律规定?是否合理恰当?

三、本案辩点

(一)案件审理过程中原、被告的诉辩意见

原告重庆绿联会向一审法院起诉请求:(1)判令建始磺厂坪矿业公司停止侵害,停止侵害的方式为不再生产或者生产不能造成再次污染。对今后可能出现的污染地下溶洞水体和污染水库的风险重新作出环境影响评价,根据环评结论,作出是否搬迁的裁判。(2)判令建始磺厂坪矿业公司恢复原状,进行生态环境修复,并承担相应费用991,000元。(3)判令建始磺厂坪矿业公司在相关范围内平面媒体上向公众道歉。(4)判令建始磺厂坪矿业公司支付重庆绿联会因本案诉讼而产生的律师费及其他费用共计154,644元。(5)判令建始磺厂坪矿业公司承担本案诉讼费。事实及理由:2014年8月10日,建始磺厂坪矿业公司的选矿厂违法生产,将产生的废浆水直接排放到未作防渗处理的洼地,废浆水经洼地底部裂隙渗漏,沿暗河水系进入巫山县千丈岩水库,造成污染。由于被告选矿厂位置高于水库,地下溶洞裂隙较多,被告选矿厂长期存在,致使水库被再次污染的风险较高,需要专业机构重新作出科学论证,继而重新作出环评结论。

重庆市人民检察院第二分院支持起诉称,建始磺厂坪矿业公司选矿厂违反法律规定,擅自进行生产,将废水和尾矿等污染物排放,渗漏流入千丈岩水库,水库饮用水源受到严重污染,约5万人饮水困难,极大地损害了社会公共利益,并造成重大经济损失,重庆绿联会对此提起公益诉讼于法有据,应予以支持。

被告建始磺厂坪矿业公司在一审中辩称,(1)该公司选矿项目合法,通过了环评审批。违法排污属实,但其主观上不是故意,而是管理人员疏忽大意的过失和地质、气象等原因的偶然结合导致。同时,千丈岩水库被确定为饮用水水源并没有公示或告知相邻的建始县,该公司客观上不知道千丈岩水库的存在。事件发生后,通

过应急措施,对周边环境造成的影响已经消除,不存在继续影响生态的行为,现已停止侵害并接受了行政处罚,原告诉请重新作出环境影响评价不应予以支持。(2)北京师范大学未纳入环境保护部《环境损害鉴定评估推荐机构名录》,不具有鉴定环境损害的资质,其作出的鉴定报告中将Fe元素作为评价生态修复依据不妥。Fe元素不是重金属,是对人体和动植物有益的元素,《土壤环境质量标准》(GB 15618)也未将其作为土壤的控制性指标。对洼地土壤的取样不科学,导致结论缺乏严谨的科学推理。巫山县、建始县对直接损失已达成谅解。故无损害社会公共利益重大风险的污染环境、破坏生态的行为,无须后续的生态修复,原告请求恢复原状,修复生态并承担991,000元费用的诉讼请求不应得到支持。(3)结合被告的主观过错程度,事件发生后积极采取的补救措施,履行的行政处罚和将要承担的单位犯罪、主要负责人犯罪的刑事责任,及企业未来的发展环境,请法院根据案件情况确定是否需赔礼道歉。(4)在原告的诉讼请求得到支持的前提下,原告为起诉支出的合理费用可以承担,律师代理费只能按单件收取,请法院酌情确定。

上诉人建始磺厂坪矿业公司向二审法院上诉请求:撤销一审判决,改判驳回重庆绿联会于一审中的全部诉讼请求。事实和理由:(1)原判第一项错误。①一审的时候上诉人提交的证据表明,水库污染是多种原因的偶然结合造成的。上诉人在生产线和尾矿库没有连通的情况下,在调试机器过程中将调试机器产生的尾矿排在厂区洼地,结合气象灾害、特殊地质构造条件造成了水库污染。同时,污染在短时间内就得到了控制,没有对水库造成长期的负面影响。上诉人在被上诉人起诉之前已停止生产,对千丈岩水库饮用水源的侵害已经停止,一审要求上诉人停止对千丈岩水库饮用水源的侵害没有事实基础。②“重新进行环境影响评价,未经批复和环境保护设施未经验收,不得生产”属于行政权范畴,不是民事责任的承担方式,如此判决不符合法律规定。且上诉人在事故发生后委托北京中天润成环保科技有限公司于2015年8月作出《恩施自治州建始磺厂坪矿业有限责任公司磺厂坪硫铁矿选矿项目环境风险评估报告》,该评估报告已充分考虑了对千丈岩水库饮用水源的影响,并提出了改进措施,即使人民法院有权责令上诉人重新进行环境影响评价,上诉人也已经完成,不应再判决上诉人重新进行环境影响评价。(2)原判第二项是根据北京师范大学的鉴定报告作出的,该鉴定报告依法不应当被采信。①北京师范大学无鉴定资格。最高人民法院《关于审理环境民事公益诉讼案件适用法律若干问题的解释》对鉴定主体有明确的规定，一审法院以鉴定人是专家、教授而认定北京师范大学有鉴定能力、技术水平，从而认定鉴定有效，违反、曲解了该司法解释的规定。②鉴定程序违法、鉴定结论不科学。对洼地土壤的取样不科学，导致结论缺乏严谨的科学推理。Fe 元素不是重金属，是对人体和动植物有益的元素，《土壤环境质量标准》(GB 15618)也未将其作为土壤的控制性指标，鉴定报告以 Fe 元素作为生态修复评价指标不妥。(3)判令上诉人在国家级媒体上赔礼道歉错误。是否在媒体上道歉，在什么样的媒体上道歉，应该结合事故发生后上诉人的主观过错，采取的措施，损害后果补救、消除的情况等予以综合认定。污染事故是多种因素造成的，上诉人的主观过错较小，事件发生后亦积极采取各种补救措施，短时间内恢复了水库的生态，且上诉人在庭审中当庭道歉的行为也已被媒体大量报道，故再要求上诉人道歉已无必要。(4)一审支持的 10 万元律师费过高。被上诉人主张的 10 万元律师费远远超过了重庆市律师收费标准，且未证明其合理性。(5)对于鉴定费，在一审的时候未进行质证，希望二审法院进行审理。

被上诉人重庆绿联会在二审中辩称，上诉人的行为造成水库污染的事实清楚，造成的影响和损失比较大，被上诉人根据相关法律对环境污染事件提起环境公益诉讼合理合法，一审判决完全正确，上诉人的上诉请求没有法律依据，其上诉请求不应得到法院的支持，请求二审法院驳回上诉，维持原判。具体理由如下:(1)污染事件虽经应急处理得到控制，但潜在的污染问题依然存在，且上诉人也无证据可以证明以现有工艺、设备、场地条件等，在今后恢复生产的情况下，不会再次发生污染。造成污染事件的原因很大程度上是因为上诉人没有严格执行行政法规的要求而故意或过失造成的，这就使在处理污染环境事件时必然涉及行政法规。在司法改革创新的新环境下，把行政行为与环境公益诉讼一并审理，是一种进步，是发展的要求。环境影响评价是国家对于企业的起码要求，上诉人就是因为没有认真履行环评要求才造成的污染。建议上诉人认真吸取教训，重新进行环境影响评价，并严格执行。(2)根据司法解释的规定，人民法院可以委托具备资格的鉴定人进行鉴定。目前涉及环境案件的鉴定人问题，法律尚无明文规定，只有环保部的推荐意见。环保部也指出，推荐机构名录不属于行政许可，不具备强制力，各级环保主管部门也可以向当事人推荐没有列入该名录的鉴定评估机构从事环境损害鉴定评估工作。

北京师范大学是环保局向一审法院推荐的未列入名录的从事环境损害鉴定工作的评估鉴定机构,主体适格。上诉人对水库的污染是不争的事实,理应承担生态修复等责任。(3)在庭审过程中的当庭道歉行为,不等于上诉人书面正式的媒体道歉。两者在性质上、诚意上、效果上均存在不同。上诉人既然造成了全国性的社会影响,当然也应该在相应的范围内予以消除,所以在相应媒体上赔礼道歉是应该的。(4)为了此次环保公益诉讼,被上诉人花费了大量人力、时间和必要的经费,这还不包括一审期间和至今仍在发生的费用。根据《重庆市律师服务收费标准》,律师办理疑难、复杂和有重大影响的法律事务,律师事务所经与委托人协商,可高于收费标准收取律师服务费。本案属于疑难、复杂和具有重大影响的案件,10 万元律师费合理,符合规定。

支持起诉人重庆市人民检察院第二分院于二审中述称,上诉人违法事实清楚,损害后果明确,应该依法承担相关法律责任。水库属于重庆市人民政府认定的集中饮用水源保护区,上诉人作为在建企业,重生产轻环保,在没有经过申请的情况下擅自生产导致地下水受到污染。一审认定事实清楚,适用法律正确,程序合法,建议驳回上诉,维持原判。

(二)本案辩点归纳

1. 原告

(1)原告提起环境民事公益诉讼符合法律规定。

(2)被告行为成立环境污染和生态破坏侵权,应承担环境污染和生态破坏的民事责任。

(3)被告承担环境污染和生态破坏民事侵权责任的内容包括停止侵害、排除妨碍、消除危险、恢复原状、赔礼道歉、赔偿生态环境造成的损害等。

(4)被告停止侵害的具体履行方式为重新进行环境影响评价,未经批复和环境保护设施未经验收,不得生产。

(5)被告恢复原状的具体履行方式为承担环境修复责任,支付环境修复所需费用。

(6)被告赔礼道歉的具体履行方式为在相应媒体上向社会公众公开致歉。

(7)被告应承担原告为本案诉讼所支出的合理费用,包括诉讼费、律师费、鉴定费等。

2. 被告

(1)被告选矿项目已经过环境影响评价,环境污染和生态破坏损害后果的发生系多种主客观因素偶然结合所致,法院应当综合考虑被告主观过错以及客观生产排污行为所致结果发生的原因力大小,酌情减轻被告的责任。

(2)被告于本案一审起诉前已经停止了相关生产排污行为,原告起诉主张停止侵害已无事实依据,“重新进行环境影响评价,未经批复和环境保护设施未经验收,不得生产”属于行政权行使范畴,超越了民事侵权责任的内容范围。且虽然选矿项目最初的环境影响评价未考虑到对千丈岩水库的影响,但被告已在污染事件发生后主动对选矿项目重新进行环境影响评价,已实际履行了重新进行环境影响评价的义务,法院不应再判决被告重新进行环境影响评价。

(3)北京师范大学未被纳入环境保护部《环境损害鉴定评估推荐机构名录》,不具有鉴定环境污染和生态破坏损害的资质,《土壤环境质量标准》(GB 15618)未将Fe元素作为土壤的控制性指标,北京师范大学将Fe元素作为生态修复评价指标欠妥,其所作鉴定结论不应被法院采信。

(4)污染事件发生后,环境保护部环境规划院环境风险与损害鉴定评估研究中心作出《重庆市巫山县红椿乡千丈岩水库突发环境事件环境损害评估报告》判断该次污染事件对水库的水生生态环境没有造成长期的不良影响,无须后续的生态环境修复,并且被告已被行政机关责令停止生产直至验收合格,再无进一步的生产排污行为,原告所主张由被告恢复原状、承担环境修复责任的请求不成立。

(5)被告于一审审理过程中已当庭赔礼道歉并经媒体大量报道,原告所主张由被告在相应媒体上向社会公众公开致歉已无必要。

(6)在原告的诉讼请求得到支持的前提下,原告为起诉支出的合理费用可以由被告承担,但本案律师费、鉴定费过高,不具有合理性。

四、法官点评、备赛思路与难点

(一)案件分析思路——程序上

1. 重庆绿联会作为原告就本案提起环境民事公益诉讼是否符合法律规定

本案作为社会组织提起诉讼的环境民事公益诉讼案件,按照《民事诉讼法》第55条,第119条第1项、第3项、第4项;《环境保护法》第58条;最高人民法院《关于审理环境民事公益诉讼案件适用法律若干问题的解释》第 1 条之规定，其起诉应当符合以下要件：

（1）该社会组织依法在设区的市级以上人民政府民政部门登记；

（2）该社会组织专门从事环境保护公益活动连续五年以上且无违法记录；

（3）有明确的被告；

（4）有具体的诉讼请求和事实、理由；

（5）属于人民法院受理民事诉讼的范围和受诉人民法院管辖。

在本案中，经法院审查，重庆绿联会完全符合以上 5 项条件之要求，其作为原告就本案提起环境民事公益诉讼符合法律规定。

2. 本案由基层人民法院一审管辖是否符合法律规定

最高人民法院《关于审理环境民事公益诉讼案件适用法律若干问题的解释》第 6 条规定："第一审环境民事公益诉讼案件由污染环境、破坏生态行为发生地、损害结果地或者被告住所地的中级以上人民法院管辖。中级人民法院认为确有必要的，可以在报请高级人民法院批准后，裁定将本院管辖的第一审环境民事公益诉讼案件交由基层人民法院审理。同一原告或者不同原告对同一污染环境、破坏生态行为分别向两个以上有管辖权的人民法院提起环境民事公益诉讼的，由最先立案的人民法院管辖，必要时由共同上级人民法院指定管辖。"可知，第一审环境民事公益诉讼案件原则上应由中级以上人民法院管辖，基层人民法院取得管辖权需满足以下要件：

（1）受理第一审环境民事公益诉讼案件的中级人民法院具有管辖权；

（2）该案交由基层人民法院审理确有必要；

（3）取得高级人民法院批准；

（4）需作出将案件交由基层人民法院审理的裁定。

本案中原告重庆绿联会向重庆市万州区人民法院提起一审环境民事公益诉讼，经该院审查发现对该案并无管辖权，遂将案件移送至污染环境、破坏生态损害结果地中级人民法院即重庆市第二中级人民法院，重庆市第二中级人民法院经审查发现，重庆市万州区人民法院已经成立环境资源审判庭，对环境资源类案件已经积累了丰富的审判经验，且对该案的审理已做了大量准备工作，确有必要将该案交由重庆市万州区人民法院审理，遂在报请重庆市高级人民法院批准后，裁定将该案交由重庆市万州区人民法院审理。因此,本案由基层人民法院一审管辖完全符合上述基层人民法院取得管辖权的4项条件,符合法律规定。

3. 一审中审判组织的组成(容易被忽视的程序问题)

另外,本案在程序上极容易被忽视的一点就是一审中审判组织的组成。本案一审发生在2018年以前,审判组织由2名人民陪审员(专家)和3名法官组成合议庭,不违反当时的法律规定,但是2018年4月27日《人民陪审员法》施行,该法第16条规定:"人民法院审判下列第一审案件,由人民陪审员和法官组成七人合议庭进行:(一)可能判处十年以上有期徒刑、无期徒刑、死刑,社会影响重大的刑事案件;(二)根据民事诉讼法、行政诉讼法提起的公益诉讼案件;(三)涉及征地拆迁、生态环境保护、食品药品安全,社会影响重大的案件;(四)其他社会影响重大的案件。"自此,人民法院审判根据《民事诉讼法》提起的第一审公益诉讼案件,应当由人民陪审员和法官组成七人合议庭进行审理。

(二)案件分析思路——实体上

1. 环境污染和生态破坏责任的类型

环境污染和生态破坏责任规定在原《侵权责任法》(已失效)第65条,现《民法典》第1229条。

《侵权责任法》(已失效)第65条规定:"因污染环境造成损害的,污染者应当承担侵权责任。"

《民法典》第1229条规定:"因污染环境、破坏生态造成他人损害的,侵权人应当承担侵权责任。"

同时,最高人民法院《关于审理环境侵权责任纠纷案件适用法律若干问题的解释》第17条规定:"本解释适用于审理因污染环境、破坏生态造成损害的民事案件,但法律和司法解释对环境民事公益诉讼案件另有规定的除外。相邻污染侵害纠纷、劳动者在职业活动中因受污染损害发生的纠纷,不适用本解释。"由此可知,环境污染和生态破坏责任包括两个类型:

(1)排污导致环境污染;

(2)实施加害行为破坏生态环境,造成损害。

本案从原告重庆绿联会提出的诉讼请求和主张的事实理由来看,被告建始磺厂坪矿业公司实施违法排污行为导致千丈岩水库水体污染,属于上述类型(1),也即排污导致环境污染。

2. 环境污染和生态破坏责任的成立

在归责方式上，环境污染和生态破坏责任系法律明文规定的无过错责任，不以加害人（行为人）主观上具有过错为构成要件，并且，根据最高人民法院《关于审理环境侵权责任纠纷案件适用法律若干问题的解释》第 1 条规定，侵权人以排污符合国家或者地方污染物排放标准为由主张不承担责任的，人民法院不予支持。由此可知，排污行为“符合国家、地方污染物排放标准”，并非侵权责任的免责事由，排污行为是否符合国家、地方污染物排放标准，是认定应否承担行政责任、刑事责任的依据之一。

据此，在民事环境公益诉讼当中，对原告而言，其并不需要向法院举证证明被告主观上具有过错；对被告而言，即使是举证证明自身排污行为已符合国家、地方污染物排放标准，亦不得主张免责。

如上文所述，可将成立环境污染和生态破坏责任的构成要件归纳为：

（1）加害人（行为人）实施了污染环境或者破坏生态环境的加害行为；

（2）造成环境污染致人人身、财产损害或者造成生态环境破坏的损害后果；

（3）加害行为与损害后果之间有因果关系。

同时需要注意的是，《侵权责任法》（已失效）第 66 条规定：“因污染环境发生纠纷，污染者应当就法律规定的不承担责任或者减轻责任的情形及其行为与损害之间不存在因果关系承担举证责任。”《民法典》第 1230 条规定：“因污染环境、破坏生态发生纠纷，行为人应当就法律规定的不承担责任或者减轻责任的情形及其行为与损害之间不存在因果关系承担举证责任。”由此可知，在环境污染和生态破坏责任中，加害行为与损害后果间具有因果关系的认定规则系采“因果关系推定”，根据受害人或者是赔偿权利人所证明的基础事实，推定污染环境或破坏生态的加害行为与损害后果间有因果关系。

但进一步需要注意的是，最高人民法院《关于审理环境侵权责任纠纷案件适用法律若干问题的解释》第 6 条规定：“被侵权人根据民法典第七编第七章的规定请求赔偿的，应当提供证明以下事实的证据材料：（一）侵权人排放了污染物或者破坏了生态；（二）被侵权人的损害；（三）侵权人排放的污染物或者其次生污染物、破坏生态行为与损害之间具有关联性。”由此可知，受害人或者赔偿权利人虽不对因果关系承担证明责任，但仍然需对基础事实承担证明责任，包括：

(1)侵权人排放了污染物或者破坏了生态；

(2)被侵权人的损害；

(3)侵权人排放的污染物或者其次生污染物、破坏生态行为与损害之间具有关联性。

据此，在本案中，对原告而言，需向法院证明如下事实：

(1)被告建始磺厂坪矿业公司排放了污染物；

(2)千丈岩水库水体污染致公共利益遭受损害；

(3)二者之间具有关联性。

另外，最高人民法院《关于审理环境侵权责任纠纷案件适用法律若干问题的解释》第7条规定："侵权人举证证明下列情形之一的，人民法院应当认定其污染环境、破坏生态行为与损害之间不存在因果关系：(一)排放污染物、破坏生态的行为没有造成该损害可能的；(二)排放的可造成该损害的污染物未到达该损害发生地的；(三)该损害于排放污染物、破坏生态行为实施之前已发生的；(四)其他可以认定污染环境、破坏生态行为与损害之间不存在因果关系的情形。"由此可知，环境污染和生态破坏侵权，采因果关系推定，根据受害人或者赔偿权利人所证明的基础事实，推定加害行为与损害后果间具有因果关系，但是，如果加害人能提供反证证明无因果关系的，不成立环境污染和生态破坏责任。

据此，在本案中，对被告而言，可以提供反证证明符合下列情形之一，从而抗辩环境污染和生态破坏责任未成立：

(1)被告建始磺厂坪矿业公司的排污行为没有造成千丈岩水库水体污染的可能；

(2)被告建始磺厂坪矿业公司所排放污染物未到达千丈岩水库；

(3)千丈岩水库水体污染发生在被告建始磺厂坪矿业公司实施排污行为之前；

(4)其他可以认定被告建始磺厂坪矿业公司的排污行为与千丈岩水库水体污染致公共利益遭受损害之间不存在因果关系的情形。

本案根据法院审理查明的事实，被告建始磺厂坪矿业公司使用硫铁矿原矿约500吨、乙基钠黄药、2号油进行违法生产，产生的废水、尾矿未经处理就排入临近有溶洞漏斗发育的自然洼地，最终导致千丈岩水库水体污染，危害社会公众饮用水安全，环境污染和生态破坏民事侵权责任成立。

3. 环境污染和生态破坏责任的内容

最高人民法院《关于审理环境侵权责任纠纷案件适用法律若干问题的解释》第13条规定:“人民法院应当根据被侵权人的诉讼请求以及具体案情,合理判定侵权人承担停止侵害、排除妨碍、消除危险、修复生态环境、赔礼道歉、赔偿损失等民事责任。”最高人民法院《关于审理环境民事公益诉讼案件适用法律若干问题的解释》第18条规定:“对污染环境、破坏生态,已经损害社会公共利益或者具有损害社会公共利益重大风险的行为,原告可以请求被告承担停止侵害、排除妨碍、消除危险、修复生态环境、赔偿损失、赔礼道歉等民事责任。”由此可知,环境污染和生态破坏责任的内容包括:(1)停止侵害;(2)排除妨碍;(3)消除危险;(4)恢复原状(修复生态环境);(5)赔礼道歉;(6)赔偿损失。

结合本案的案情及诉辩焦点,分别作如下分析:

(1)停止侵害。

①针对被告:本案中,被告建始磺厂坪矿业公司关于其已于原告起诉前接受行政处罚,停止相关生产经营并终止了排污行为,法院无须再次判决停止侵害的抗辩意见是否成立?

针对原告:被告建始磺厂坪矿业公司违法排污导致千丈岩水库水体污染,危及千丈岩水库周边社会公众水源饮用安全的事实是清晰的。污染事件发生后,行政机关也对被告建始磺厂坪矿业公司作出了责令停止生产直至验收合格,限期采取治理措施消除污染,并处罚款1,000,000元的处罚决定。虽然被告建始磺厂坪矿业公司已停止了排污、缴纳了罚款,但其“三同时”工作严重滞后,环保设施未建成等违法情形并未实际消除,其随时可能恢复违法生产,同时,被告建始磺厂坪矿业公司也未采取有效消除污染的治理措施,且因其先前排污行为排放到土壤中的污染物质对千丈岩水库饮用水源的污染仍在持续。因此,被告建始磺厂坪矿业公司一直未采取有效消除污染治理措施的行为,符合成立不作为侵权的构成要件:

一是加害人负有采取积极行为防范或者避免他人遭受损害的作为义务,本案中该项义务的来源,源自被告建始磺厂坪矿业公司先前的违法排污行为;

二是加害人具有实施作为义务的能力,本案中被告建始磺厂坪矿业公司具有采取有效消除污染治理措施的能力;

三是加害人的不作为给受害人造成可以救济的损害,二者间有因果关系,本案中被告建始磺厂坪矿业公司的不作为导致污染物质对千丈岩水库饮用水源的污染实际仍在持续。

因此,行政机关所作行政处罚所针对的对象系被告建始磺厂坪矿业公司作为形式的污染行为,而法院判令停止侵害的对象系被告建始磺厂坪矿业公司不作为方式的侵权行为,该不作为侵权一直持续到案件审理过程中,故被告建始磺厂坪矿业公司的该项抗辩意见不成立。

②针对被告:本案中,被告建始磺厂坪矿业公司关于选矿项目已经过环境影响评价,"重新进行环境影响评价,未经批复和环境保护设施未经验收,不得生产"属于行政权行使范畴,超越了民事侵权责任的内容范围,且其已在事故发生后主动对项目重新进行环境影响评价,已实际履行了重新进行环境影响评价的义务,法院不应再次判决重新进行环境影响评价的抗辩意见是否成立?

针对原告:首先,"重新进行环境影响评价,未经批复和环境保护设施未经验收,不得生产"是对被告建始磺厂坪矿业公司重新恢复生产作出的一种约束,是对停止侵害具体履行方式的明确、细化,不违反相关法律规定,停止侵害所针对的对象是其不作为方式的侵权行为,停止侵害的具体履行方式,就是要求被告建始磺厂坪矿业公司积极作为。

其次,千丈岩水库长期以来担负着周边红椿乡、庙宇镇、铜鼓镇、长安乡等5万多人的生活生产保障、防洪蓄水、梯级发电等任务,并于2013年12月6日被重庆市人民政府确定为集中式饮用水水源一级保护区,对当地群众的生存发展具有重大意义,也与三峡库区的生态涵养息息相关,对于周边建设项目,均应将其作为重点环境保护目标纳入建设项目的环境影响评价。千丈岩水库开始建设于2008年,而被告建始磺厂坪矿业公司选矿项目的环境影响评价工作开展于2010年7月,并于2011年5月16日才取得当地环境行政主管部门的批复,考虑到该项目的性质、与水库之间的相对位置及当地特殊的地质地理条件,本应在当时项目的环境影响评价中着重考虑对千丈岩水库的影响,但由于两者分处不同省级行政区域,导致当时的环境影响评价并未涉及千丈岩水库,可见该次环境影响评价是不全面且存在明显不足的。鉴于千丈岩水库的重要性、作为一级饮用水水源保护区的环境敏感性及涉案选矿项目对水库潜在的巨大污染风险,在应当作为重点环境保护目标纳入建设项目环境影响评价而未能纳入且客观上已经造成重大突发环境事件的情况下，考虑到原有的环境影响评价依据已经发生变化，出于对重点环境保护目标的保护及公共利益的维护，责令被告建始磺厂坪矿业公司在考虑对千丈岩水库的环境影响的基础上重新对项目进行环境影响评价并履行法定审批手续显然是必要也是合理的。

再次，由于新增了千丈岩水库这一需要重点考量的环境保护目标，导致原有的环境影响评价依据发生变化，在已发生重大突发环境事件的现实情况下，涉案选矿项目在防治污染、防止生态破坏的措施方面显然也需要作出重大变动。《环境影响评价法》第24条第1款规定："建设项目的环境影响评价文件经批准后，建设项目的性质、规模、地点、采用的生产工艺或者防治污染、防止生态破坏的措施发生重大变动的，建设单位应当重新报批建设项目的环境影响评价文件。"《水污染防治法》（该法于2017年已第二次修正）第17条第3款规定："建设项目的水污染防治设施，应当与主体工程同时设计、同时施工、同时投入使用。水污染防治设施应当经过环境保护主管部门验收，验收不合格的，该建设项目不得投入生产或者使用。"据此判决被告建始磺厂坪矿业公司"重新进行环境影响评价，未经批复和环境保护设施未经验收，不得生产"于法有据。

最后，"重新进行环境影响评价，未经批复和环境保护设施未经验收，不得生产"中的环评、批复、环保设施验收，是相互关联且有机结合在一起的，不应逐项割裂开来孤立看待，被告建始磺厂坪矿业公司在实际履行过程中应全面系统履行环评、批复、环保设施验收等各环节义务。被告建始磺厂坪矿业公司虽在事故发生后曾重新作出环评报告，但该环评报告尚未经批复，能否通过环保行政主管部门审批仍未可知，且报告所附的专家意见亦表明该份报告关于尾矿库发生渗漏及在极端气候条件下发生溢流的环境风险评估仍存在明显不足，尚需进一步修改完善，故不能仅以该份环评报告认定其已实际履行完毕重新进行环境影响评价的义务。

（2）恢复原状（修复生态环境）。

①针对原、被告：关于环境修复责任的法律规定。

"修复生态环境"属于"恢复原状"在环境侵权中的具体适用，关于修复生态环境，有以下几个具体规定：

《民法典》第1234条规定："违反国家规定造成生态环境损害，生态环境能够修复的，国家规定的机关或者法律规定的组织有权请求侵权人在合理期限内承担修复责任。侵权人在期限内未修复的,国家规定的机关或者法律规定的组织可以自行或者委托他人进行修复,所需费用由侵权人负担。”

最高人民法院《关于审理环境侵权责任纠纷案件适用法律若干问题的解释》第14条规定:“被侵权人请求修复生态环境的,人民法院可以依法裁判侵权人承担环境修复责任,并同时确定其不履行环境修复义务时应当承担的环境修复费用。侵权人在生效裁判确定的期限内未履行环境修复义务的,人民法院可以委托其他人进行环境修复,所需费用由侵权人承担。”

最高人民法院《关于审理环境民事公益诉讼案件适用法律若干问题的解释》第20条规定:“原告请求恢复原状的,人民法院可以依法判决被告将生态环境修复到损害发生之前的状态和功能。无法完全修复的,可以准许采用替代性修复方式。人民法院可以在判决被告修复生态环境的同时,确定被告不履行修复义务时应承担的生态环境修复费用;也可以直接判决被告承担生态环境修复费用。生态环境修复费用包括制定、实施修复方案的费用和监测、监管等费用。”

②针对被告:本案中,被告建始磺厂坪矿业公司关于北京师范大学所作鉴定意见不应被法院采信的抗辩意见是否成立?

针对原告:首先,目前环境侵权审判反映最突出的问题之一就是缺乏专业化的、具有公信力的环境损害鉴定机构。由于具备相应资质的司法鉴定机构极少,法院在审理环境侵权纠纷案件对外委托鉴定时,常常难以找到能够适应需要的环境损害司法鉴定机构。同时,因环境损害具有新型、复杂性等特点,能够被委托的鉴定机构也常因没有相应的科学技术设备、环境监测技术以及专业人才,而没有能力实施相关鉴定。在现阶段,考虑到构建专门的环境损害司法鉴定体系尚需时日,在现有司法鉴定机构远不能满足环境司法现实需要的情况下,基于案件审理的需要,法院应当注意发挥各类鉴定、科研机构的优势。在没有专门司法鉴定机构,或司法鉴定机构的鉴定能力不能满足鉴定需要的情况下,可以依法委托具备鉴定能力的科研机构实施鉴定。北京师范大学水科学研究院是专门从事水环境研究的科研机构,主要鉴定人员为国家环境应急专家组专家、教授,有较强的专业技术优势,具有专业方面的权威性及作为第三方鉴定评估机构的中立性,具备对本案进行鉴定评估的相应技术能力及公信力。

其次,本案鉴定评估机构在鉴定评估的受理、实施、鉴定评估结论的出具等方面，均不存在违法的情形，北京师范大学的鉴定评估报告选择洼地土壤 Fe 作为指标，判断其含量超标构成对饮用水水源的潜在污染风险，是有充分科学依据的。我国的《土壤环境质量标准》(GB 15618)虽未将 Fe 作为土壤的控制性指标，但在《地表水环境标准》(GB 3838－2002)、《饮用水水源保护区污染防治管理规定》《生活饮用水卫生标准》中均规定集中式饮用水源 Fe 应低于 0.3mg/L，由此说明 Fe 含量是评价集中式饮用水源是否达标的指标之一。而本案中关于重大污染风险的评判正是针对饮用水安全而言，并非基于对土壤的污染。

最后，根据最高人民法院《关于审理环境侵权责任纠纷案件适用法律若干问题的解释》第 9 条第 2 款的规定，具有专门知识的人在法庭上提出的意见，经当事人质证，可以作为认定案件事实的根据。本案中，主要鉴定人员北京师范大学的王金生教授出庭发表了专家意见并当庭接受了质询，根据前述司法解释的规定，该专家意见可以作为认定案件事实的根据。北京师范大学的鉴定评估报告得到了专家意见的支持与认可，故可以作为认定案件事实的根据，应予采信。

综上所述，法院委托北京师范大学进行鉴定评估并无不当，鉴定评估的程序合法，结论科学，且得到了专家意见的支持与认可，可以作为认定本案事实的根据，应予采信。

(3)赔礼道歉。

针对被告：本案中，被告建始磺厂坪矿业公司关于其在一审审理过程中已当庭赔礼道歉并经媒体大量报道，原告重庆绿联会所主张由被告在相应媒体上向社会公众公开致歉已无必要的抗辩意见是否成立？

针对原告：赔礼道歉是一种人格恢复性责任承担方式，不仅适用于人格权和具有精神价值的财产遭受损害的情形，同样也适用于环境污染、生态环境遭受损害的情形。在环境民事公益诉讼中，污染环境、破坏生态的行为导致损害发生后到恢复原状前生态环境服务功能的损害，包含了社会公众享有美好生态环境精神利益的损失。被告建始磺厂坪矿业公司违法生产造成环境污染，其行为侵害了社会公众的精神性环境权益，应当承担赔礼道歉的民事责任。本次污染事故属于跨省级行政区域的重大突发环境事件，污染后果严重，社会影响较大，被告建始磺厂坪矿业公司虽在庭审过程中进行了道歉，但这种道歉形式不能等同也无法替代在媒体上的正式道歉。

华国平、滨江市华清钢化材料有限公司、陈季连污染环境案

2015年全国大学生环境资源模拟法庭大赛决赛赛题

一、基本案情

2014年4月1日上午，滨江市环境局通知将于4月3日对滨江市长海区化工企业进行突击检查。2014年4月2日上午，出差在外的滨江市华清钢化材料有限公司（以下简称华清公司）法定代表人潘小明为应对突击检查，电话通知分管公司环保工作的副总经理陈季连处理有机溶剂废液，陈季连立即核查库存废液，共有大铁桶15桶。陈季连当即通过网络查询，搜索到滨江兴业化工回收有限公司的法定代表人华国平（该公司声称具有回收废旧有机溶剂资质，后经公安查证并无该公司，网上信息系华国平发布的虚假信息。华国平实际经营一无证个体小作坊，从事化工有机溶剂的稀释和加工），并与之联系，华国平表示这些有机溶剂废液有回收利用价值，可出价每桶50元收购。当天下午，华国平来到华清公司，陈季连将15桶有机溶剂废液交给华国平处置，共收取华国平800元，但未入公司账。华国平明知上述废液是危险废物，仍用三轮车将废液运至滨江市长海区春雷街道左江村外临近一条河流的路边倾倒。华国平在倾倒过程中被周边村民发现，并及时制止和报案。华国平被随后赶来的公安机关当场抓获，公安机关立即查扣了相关车辆和现场装有有机溶剂废液的大铁桶15只，并通知滨江市环境局协助固定证据。经环境监测人员现场查验，每只铁桶含废液重量为200公斤，铁桶不含废液重量为11公斤，即每桶内装废液190公斤；现场查扣的15只铁桶，有14只铁桶尚

完整,有1只铁桶已被打开倾倒,剩留废液重量为136公斤,即现场查扣的废液总重量共计2796公斤。

滨江市环境局协助公安机关随机对2只铁桶内废液进行了取样,其余废液运往华清市良品工业固体废物处置有限公司依法处置。对取样废液,公安机关委托滨江市环境局检测,滨江市环境局又委托邻近的华府市化学品检测技术有限公司进行检测。检测发现有机溶剂废液中含对二甲苯、间二甲苯、甲苯,属于具有浸出毒性特征的危险废物。

2014年4月3日,公安机关赶往华清公司,对其生产车间产生的废液进行取样,并送往滨江市环境监测站进行检测。检测结果表明与案发现场采样结果一致。

华清公司于2006年1月10日成立,经营范围包括新能源电池、高级纤维的制造、销售;新能源电池铝合金框加工、销售。该公司生产项目及工艺流程经过环评,确定该公司主要排放污染物为工业固体废物及危险废液,其中危险工业废液为有机溶剂废液(乙酸乙酯、多氯联苯、甲苯、乙苯等)、废溶剂桶等。经滨江市环境局许可指定华清市良品工业固体废物处置有限公司处理。

二、本案争议焦点

(1)本案是否构成污染环境罪?

(2)华清公司是否构成单位犯罪?

(3)空桶是否属于危险废物?

(4)采样是否符合检测要求?

(5)检测报告是否可以作为刑事诉讼证据?

三、本赛题辩点

2011年《刑法修正案(八)》将《刑法》第338条污染环境罪规定的"造成重大环境污染事故,致使公私财产遭受重大财产损失或者人身伤亡严重后果的"入罪条件修改为"严重污染环境"。根据最高人民法院、最高人民检察院《关于办理环境污染刑事案件适用法律若干问题的解释》(以下简称《环境污染犯罪解释》)第1条第3项规定,"非法排放、倾倒、处置危险废物三吨以上的"应当认定为"严重污染环境"。本赛题中,15只桶废液总重量共计2850公斤,连桶合计3015公斤,是否达到司法解释规定的三吨起刑点,盛放危险废物的器具是否应一并计算在三吨之内?华国平在倾倒有机废液过程中就被查获,实际仅倾倒了数十公斤,其余尚未来得及倾倒,是否达到“严重污染环境”要求的“三吨以上”标准?仅仅倾倒数十公斤就被发现,并未造成严重污染环境的结果,是否构成污染环境罪?华清公司法定代表人潘小明仅指示副总经理陈季连处理废液,并未要求非法倾倒,陈季连的行为是否代表单位,华清公司是否构成犯罪?案发后,环保部门仅随机抽取了2只桶进行采样,是否符合检测要求?环保部门委托第三方检测机构出具检测报告,且未经省级以上环保部门认可,是否可以作为刑事诉讼证据使用?

四、法官点评、备赛思路与难点

司法实践中,非法排放、倾倒、处置危险废物是较为突出的环境污染犯罪行为,需要加大对此类行为的刑事惩治力度,促进危险废物的规范处理。司法解释将“非法排放、倾倒、处置危险废物三吨以上”作为认定“严重污染环境”的情形。之所以将“三吨以上”作为入罪门槛,主要有如下考虑:其一,从实践来看,一些行为人使用平板车或者其他运输工具非法排放、倾倒、处置危险废物,这些运输工具所能装载的危险废物通常在3吨以上。其二,非法排放、倾倒、处置危险废物3吨以上,对环境的危害较大,具有刑事惩治的必要。① 本赛题即针对此项规定进行设计,华国平非法倾倒的废液,净重达不到3吨,连桶刚好3吨。如果以废液计,不符合入罪条件,但如果加上桶正好超过3吨,此时装废液的空桶是否属于危险废物就成了认定是否构成污染环境罪的关键。赛题中环保部门并没有对盛装废液的空桶进行检测,空桶是否属于危险废物是需要在辩论中展开的问题。参赛队可以在赛前准备过程中自行查找国家危险废物名录等相关文献,并咨询相关环保部门。同时考察以下知识点,即认定危险废物是否都需要作鉴定?实践中环保部门认为只要在国家危险废物名录就可以直接认定,但有公安机关坚持要求进行危险废物鉴定,可以鉴定成本又很高。根据司法解释的规定,危险废物是指列入国家危险废物名录,或者根据国家规定的危险废物鉴别标准和鉴别方法认定的,具有危险特性的废物。按此规定,如果已经列入国家危险废物名录,并不需要再作专门鉴定。2019年最高

① 胡云腾主编:《最高人民法院、最高人民检察院环境污染刑事司法解释理解与适用》,人民法院出版社2014年版,第31页。

人民法院、最高人民检察院、公安部、司法部、生态环境部《关于办理环境污染刑事案件有关问题座谈会纪要》(以下简称《环境案件会议纪要》)也对危险废物的认定作了进一步的详细规定。

与此类似的问题是,赛题中环保部门仅仅随机在2只桶中采样,是否符合检测要求?这也要求参赛队在赛前准备中查找环境检测法律法规。根据刑事诉讼证据的证明标准,只采样了2只桶的废液,是否可以认定15只桶的废液均属于危险废物?15只桶均来源于华清公司,华清公司生产车间采样的废液又与案发现场2只桶的采样结果一致,是否满足刑事诉讼证据证明标准的要求?这又需要参赛队准确把握刑事诉讼证据规则。

环保部门委托第三方检测机构出具检测报告,是否可以在刑事诉讼中作为证据使用?参赛双方可以就此进行辩论。实践中一般认为,虽然第三方检测机构不是环保部门所属机构,但只要具有检测资质,且是在环保部门主持下进行相关检测活动,以环保部门名义作出检测报告,可以作为刑事诉讼证据使用。

本赛题设计于2015年,根据2013年起施行的《环境污染犯罪解释》规定,监测数据需要省级以上环境保护部门认可。需要辩论的问题是检测报告是否属于监测数据,是否需要省级以上环境保护部门认可。当然,2016年新《环境污染犯罪解释》已经规定不需要再经过省级以上环境保护部门认可。同时明确规定:"公安机关单独或者会同环境保护主管部门,提取污染物样品进行检测获取的数据,在刑事诉讼中可以作为证据使用。"

华国平仅仅倾倒了数十公斤废液就被查获,客观上没有造成严重污染环境的后果,是否认定非法倾倒废液的数量?是倾倒的数十公斤,还是所有打算倾倒的废液。这个问题考察两个知识点:一是2011年《刑法修正案(八)》修改《刑法》第338条后,污染环境罪是行为犯还是结果犯。一种观点认为,修改前的罪名是重大环境污染事故罪,是结果犯,必须发生重大环境污染事故,致使公私财产遭受重大损失或人身伤亡的严重后果,才构成入罪。① 修改罪名调整为污染环境罪,转化为情节犯,只要有非法排放、倾倒、处置危险废物等行为的,就构成犯罪。另一种观点认为,污染环境罪仍是结果犯。非法处置危险废物以违法造成环境污染为实质要件。污

---

① 胡云腾主编:《最高人民法院、最高人民检察院环境污染刑事司法解释理解与适用》,人民法院出版社2014年版,第25页。

染环境罪保护的法益是环境法益。如果未取得经营许可证处置危险废物，在处置过程中未违法造成环境污染的，未对环境法益造成侵害，不宜以污染环境罪论处。需要注意的是，对于“违法造成环境污染”要件的判断应当采取相对宽泛的标准，即不要求一定达到《环境污染犯罪解释》第1条其他项规定的“严重污染环境”的具体情形。[①] 因为非法倾倒危险废物三吨以上，隐含的结果是必然造成环境污染。如果行为不可能造成环境污染，比如仅仅是贮存危险废物，没有排放到外环境中去，不可能造成环境污染，那就不构成污染环境罪。两种观点在司法实践多有争议，参赛队员可以就此充分辩论。二是对未来得及倾倒的危险废物应当如何认定。之所以设计这个问题，是因为有地方环保部门、公安机关在发现行为人在非法倾倒危险废物，是否及时制止则处于“两难”境地：如果及时制止，则可能行为人所非法倾倒的危险废物尚未达到“严重污染环境”所要求的“三吨以上”标准；而如果不及时制止，放任行为人非法倾倒危险废物达到“严重污染环境”所要求的“三吨以上”标准，则这一执法办案行为明显存在“瑕疵”。[②] 2019年《环境案件会议纪要》认为，对于行为人已经着手实施非法排放、倾倒、处置有毒有害污染物的行为，由于有关部门查处或者其他意志以外的原因未得逞的情形，可以污染环境罪（未遂）追究刑事责任。赛题中，华国平没来得及倾倒的废液2796公斤可以认定为未遂，已经倾倒的数十公斤废液可以认定既遂。对于行为人未遂部分，可以从轻或减轻处罚。

最后一个问题是，华清公司是否构成单位犯罪？环境司法实践中追究自然人犯罪多，追究单位犯罪少，单位犯罪认定难。赛题就此设计了干扰项。华清公司法定代表人潘小明出差在外，其仅要求分管公司环保工作的陈季连处理废液，并未要求陈季连非法倾倒。华国平以滨江兴业化工回收有限公司名义接收废液，其发布的虚假信息显示该公司具有相关资质。陈季连收取了华国平800元但未入公司账。需要参赛队员思考的是，单位犯罪的构成要件是什么？华清公司已规定废液委托华清市良品工业固体废物处置有限公司处理，陈季连作为分管公司环保工作的负责人，为单位利益将废液交由第三方处置的行为能否代表华清公司？陈季连是否尽到查验经营许可的义务？陈季连委托第三方处置，不但不支付处置费用，还收取

① 喻海松：《环境资源犯罪实务精释》，法律出版社2017年版，第55～57页。

② 喻海松：《环境资源犯罪实务精释》，法律出版社2017年版，第62页。

华国平 800 元,是否可以认定陈季连主观上具有过错?这些问题都可以在辩论中展开。

此外,参赛队还可以从几位被告人在共同犯罪中所起的作用,造成的犯罪后果等情节,就定罪和量刑两方面发表。

钟翠萍破坏环境刑事附带民事公益诉讼案

2016年全国大学生环境资源模拟法庭大赛复赛赛题

一、赛题

(一)基本案情

2003年至2013年7月,钟翠萍在未办理征占用林地审批手续的情况下,擅自在安宁市河口镇安灯村蚂蟥箐山上,采取逐年砍伐、清除林地上原生林木及地被植物的方法,获取土地,将生态防护林(地)变更为经济林(地)使用,栽种樱桃树、核桃树、大树杨梅等经济林果并在林间套种玉米、刀豆、辣椒、西瓜等经济农作物,为此,安宁市河口镇林业站曾四次对钟翠萍的非法占用林地行为进行行政罚款,责令其缴纳一定的植被恢复费;一次对钟翠萍的滥伐林木行为进行行政罚款。

2008年12月27日,林改期间,钟翠萍通过向安宁市安灯村每年每亩缴纳5元,一次性缴纳50年的转让费共计750元的方式,有偿取得安宁市安灯村蚂蟥箐地头(山场)31林班20小班其中一部分的林地使用权,林权证登记的面积为3亩,林地范围四至界限为:东至公路,南至小龙潭山场交界,西至农地,北至箐(小龙潭山场交界),使用期限50年,登记林种为经济林,林地所有权属安灯村集体所有。安宁市河口镇安灯村蚂蟥箐地头(山场)29、31林班共计295.3亩,确定林地、林木所有权、使用权人均为安灯村集体,登记林种为防护林,使用期限为长期。

2009年12月至2010年,安宁市政府对提高当地行政区域森林覆盖率提出要求,同时该政府及其相关行政职能部门对安宁市河口镇安灯村蚂蟥箐山地水土保持规划提出报告,审批通过,为防止该地区生态脆弱区扩大必须采取环保措施:在治理区广种林草，改善大地植被，从而减轻雨滴对地面的打击，增加土壤入渗，减少地表径流量，滞缓流速和削弱冲刷力。并且本地区水土保持林以种植栎类、桤木为主，运用科学栽种方式确保植树的存活率。为此安宁市河口镇林业工作站制订了《河口镇林业工作站2020年补植、补种工作方案》。

2013年7月13日，钟翠萍在蚂蟥箐山场开垦林地时，被当地群众发现后向安宁市森林公安机关举报案发。安宁市森林公安机关委托具有资质的安宁市林业调查规划设计队对涉案现场安宁市河口镇安灯村蚂蟥箐山场进行查验。2013年8月22日，安宁市林业调查规划设计队根据现场查验结果，并依据安宁市2007年森林资源二类调查材料、安宁市林地保护利用规划和《陕西省林业资源规划设计调查操作细则》，作出现场查验报告：确定安宁市安灯村蚂蟥箐山场被钟翠萍开垦使用的林地面积为19.1亩，地理位置坐标为0253850、2807776，0253939、2807833，0253881、2807695，0253852、28077475。在19.1亩的范围内，有面积为5.1亩的林地（不含办理过林权证的3亩）种植了苞谷和樱桃树；有面积为14亩的林地，种植了苞谷和核桃树。被开垦的林地属河口镇31林班20小班，地类为混交林，森林类别为生态公益林，事权为国家公益林，亚林种为水源涵养林，林木起源为天然和人工植树，树种为桤木、栎类。2013年7月16日安宁市森林公安局派员在钟翠萍在场情况下进行了现场勘验，作出了现场勘验笔录及现场指认笔录。

（二）案由及控辩双方的情况

本赛题案由是破坏环境纠纷。控方为陕西省安宁市人民检察院，既是指控涉嫌犯罪的公诉机关，又是提起附带民事公益诉讼的原告；辩方为钟翠萍及其聘请律师，钟翠萍本人既是涉嫌破坏环境的刑事被告人又是附带民事公益诉讼被告，钟翠萍聘请两名律师为其进行刑事及附带民事公益诉讼的辩护。

二、本赛题争议焦点

本赛题的争议焦点分布在刑事和附带民事公益诉讼两个部分，刑事部分体现在定罪量刑，附带民事公益诉讼部分体现在经济赔偿和环境修复上。

（1）刑事部分存在的焦点，即罪与非罪的认定问题；若构成犯罪，此罪与彼罪的认定问题；依据所定罪名是否构成连续犯，是否超过了追诉期限及其追诉期限范围的界定；依据定罪量刑，刑事处罚与行政处罚的衔接问题。

(2)附带民事公益诉讼存在的焦点,即检察机关提起附带民事公益诉讼的主体资格法律构思的合法性问题;附带民事公益诉讼经济赔偿主张内容和环境修复行为的探究问题。

三、本赛题辩点

本赛题列控方和辩方,控方代表陕西省安宁市人民检察院作为公诉机关指控犯罪,以及作为附带民事公益诉讼原告提起民事公益诉讼;辩方代表钟翠萍作为被告人及附带民事公益诉讼被告参加诉讼,钟翠萍聘请的律师为其上述行为进行辩护。

(一)控方的主张

1. 公诉机关的起诉

公诉机关指控犯罪事实:2003 年至 2013 年 7 月,被告人钟翠萍在未办理征占用林地审批手续的情况下,擅自在安宁市河口镇安灯村蚂蟥箐山场挖树塘栽樱桃树、核桃树、大树杨梅及种植玉米、刀豆、辣椒、西瓜等农作物。经行政处罚后,仍不思悔改,并继续开挖林地种植农作物,开垦使用林地面积为 19.1 亩,达到了数量较大,造成了防护林地大量毁坏。被告人钟翠萍自 2003 年至 2013 年,连续实施数个相对独立的犯罪行为,触犯了同一罪名的犯罪形态,特别是在接受多次行政处罚后仍继续实施破坏环境的行为,情节严重。被告人钟翠萍连续实施非法占用林地的行为已触犯《刑法》第 342 条规定,属于最高人民法院 2000 年《关于审理破坏土地资源刑事案件具体应用法律若干问题的解释》中规定的“数量较大”的范围,依法应处 5 年以下有期徒刑或者拘役,并处或者单处罚金。

由于非法占用农用地罪最高刑期为 5 年以下有期徒刑,《刑法》第 87 条第 1 项规定:“犯罪经过下列期限不再追诉:(一)法定最高刑为不满五年有期徒刑的,经过五年……”第 89 条第 1 款规定:“追诉期限从犯罪之日起计算;犯罪行为有连续或者继续状态的,从犯罪行为终了之日起计算。”被告人钟翠萍的行为是连续犯罪,在 2003 年至 2013 年其管理、收益栽种的林果,连续非法占用农用地的行为终了之日可以确定在刑事案件案发日,因此诉讼期限的起算时间是 2013 年,2014 年没有超过追诉期限。

考虑被告人钟翠萍曾接受过行政处罚,根据《行政处罚法》(2017 年修正,2021

年1月22日修订)第28条规定,行政处罚依据的事实可以在刑事处罚中重复评价,但对当事人的人身限制和罚金的具体处罚措施应在刑事处罚量刑中考虑折抵。

2. 附带民事公益诉讼原告起诉

附带民事公益诉讼原告认为:最高人民法院《关于适用〈中华人民共和国刑事诉讼法〉的解释》第179条第1款规定:"国家财产、集体财产遭受损失,受损失的单位未提起附带民事诉讼,人民检察院在提起公诉时提起附带民事诉讼的,人民法院应当受理。"对钟翠萍造成集体财产和当地生态环境破坏的砍伐行为,人民检察院可要求钟翠萍赔偿经济损失,同时应当按照当地政府及其相关行政职能部门对安宁市河口镇安灯村蚂蟥箐山地水土保持规划提出的报告内容,要求钟翠萍完成其所砍伐地区林地的补植复绿,且应保证成活,在植树造林和管护期间由当地安宁市河口镇林业工作站负责监督。

(二)辩方主张

1. 针对公诉机关的起诉

被告人钟翠萍陈述:公诉机关指控其犯罪不成立,自己虽然有错,但已经接受行政处罚。2003年其就挖树塘种树,2008年取得3亩的林权证,林权证上载明的林地性质是经济林,其在自己林权证确定的四至界限范围内种植经济林木和部分农作物是合法的,因为有安灯村委会2014年4月17日出具的《证明》。公诉机关按照防护林地指控其犯罪没有法律根据。

被告人钟翠萍律师的辩称:第一,公诉机关指控被告人钟翠萍犯罪事实不清、证据不足,被告人钟翠萍只存在错误。第二,公诉机关提供的查验报告内容与林权证登记内容矛盾,影响查验报告证明力。林权证确定的四至界限和林权证上登记的用途为经济林,查验报告确定为公益林,村集体林权证又登记为防护林,相互矛盾。直接影响公诉机关指控犯罪事实造成的后果。第三,林权证登记面积与实际面积不符的瑕疵责任应当由政府来承担,救济途径也是林业部门自行更正或者利害关系人申请更正,而不应当由公诉机关追究被告人钟翠萍的刑事责任。第四,被告人钟翠萍在林地上并没有实施非林业生产、建设,没有造成林地的原有植被或林业种植条件严重毁坏或者严重污染的行为,没有改变林地用途。第五,公诉机关起诉书指控被告人钟翠萍从2003年就开挖到现在,但2008年之前被告人钟翠萍被林业行政部门处罚过的土地面积不能再计算。如果认定犯罪应当扣除被处罚的面积部分，为此公诉机关的指控已经过了追诉时效。而且依法扣减已处罚过的面积后，在2008年以后开挖的林地没有达到应当追究刑事责任要求的非法占用农地10亩的起点标准。被告人钟翠萍的行为没有犯罪主观方面的构成要件。其既没有“希望或放任结果发生”的主观故意，也没有危害社会的恶意，其主观动机完全是善意的。第六，本案的情况在河口镇当地普遍存在，只针对被告人钟翠萍进行处理不合理。如果法院审判后认为被告人有罪，鉴于被告人钟翠萍实际造成损失较小，系初犯偶犯，社会危害较小，应该对其从轻处罚，建议免予刑事处罚或适用缓刑。

2. 针对检察机关提起的附带民事公益诉讼

钟翠萍陈述：附带民事公益诉讼原告提出的集体财产有损失，对环境造成了破坏的事实不存在，其不应当赔偿损失。

钟翠萍律师辩称：检察机关提出钟翠萍违规砍伐行为造成集体财产损失与事实不符，因为被告人在集体林地上砍伐林木后，自己又出钱种植了经济林，对当地的生态没有造成破坏，不存在损失，也不应当承担继续补植复绿，保证成活的法律责任。

四、法官点评、备赛思路与难点

本赛题被选用时，全国司法领域正处于对环境公益诉讼司法创新实践中，其中包括了刑事附带民事公益诉讼在内，当时全国还没有统一的公益诉讼程序，自然本赛题的争议焦点除了刑事部分存有传统法律焦点问题外，最大的难点就是论证附带民事公益诉讼制度的架构可行性和合法性，下面将逐一点评本赛题的备战点：

（一）刑事部分

1. 构成犯罪和连续犯的认定问题

本案钟翠萍自2003年至公安机关查获期间形成多次破坏环境砍伐行为，因此单个行为不足以构成刑法规定的危害结果，自然不构成犯罪，然而经过长期多次重复同类行为，也曾多次受到行政处罚没有起到教育、禁止的作用，行政管理已失效，达到刑法规定的构成犯罪的危害结果，而且连续实施犯罪行为符合刑法规定的连续犯的构成要件。因此本赛题是否构成犯罪应从是否长期实施同类行为，造成危害后果且已经触犯刑法方面进行论证。

2. 非法占用农用地罪区别其他罪名的问题

依法确定构成犯罪后，控辩双方还要区分此罪与彼罪，即本赛题定罪非法占用农用地罪、盗伐林木罪、故意毁坏财物罪的区别。这三种罪名的构成要件就是控方和辩方的重要辩点。简要说明如下:根据《刑法》第 342 条及 2000 年最高人民法院《关于审理破坏土地资源刑事案件具体应用法律若干问题的解释》中关于"数量较大"的规定,钟翠萍砍伐 19.1 亩林木的行为已经构成非法占用农用地罪。然而,根据《刑法》第 345 条的规定,盗伐森林或者其他林木,数量较大的,构成盗伐林木罪。2000 年最高人民法院《关于审理破坏森林资源刑事案件具体适用法律若干问题的解释》第 4 条规定,盗伐林木"数量较大",以 2 ~5 立方米或者幼树 100 ~200 株为起点。钟翠萍虽有砍伐、清除林地上原生林木的行为,但不符合盗伐林木罪主观上以非法占有为目的的故意,且指控证据没有达到"数量较大"的标准,故不构成盗伐林木罪。另外,根据《刑法》第 275 条对故意毁坏财物罪的规定,钟翠萍砍伐、清除林地上原生林木的行为符合故意毁坏财物罪的构成要件,但钟翠萍行为的目的是获取土地这一生产资料,便于其栽种经济林果,即以非法占用农用地为目的,其实现目的的方法砍伐、清除林地上原生林木又触犯了故意毁坏财物罪,系刑法理论中的牵连犯,一般应从一重罪处断。

3. 案件追诉期限的认定

根据《刑法》第 87 条第 1 项的规定,法定最高刑为不满 5 年有期徒刑的,经过 5 年的不再追诉,同时根据第 89 条对追诉期限计算的规定,本赛题追诉期限没有超过。

4. 村委会出具证明的效力

依照《村民委员会组织法》第 24 条的规定,土地承包经营方案,经村民会议讨论决定方可办理。第 28 条第 3 款规定,属于村民小组的集体所有的土地、企业和其他财产的经营管理以及公益事项的办理,由村民小组会议依照有关法律的规定讨论决定,所作决定及实施情况应当及时向本村民小组的村民公布。故村委会个别领导无权同意承包农民扩大开垦范围。因此村委会出具的证明违法。

5. 刑罚处罚与行政处罚之间衔接的认定

《行政处罚法》(2017 年版,2021 年修订)第 28 条的规定说明行政处罚依据的事实可以在刑罚处罚当中重复评价,但对当事人的人身限制和罚金的具体处罚措施应在后面的刑事处罚中折抵。因此应将钟翠萍曾接受过行政处罚的情况作为指控犯罪法定量刑情节的考虑范围。

(二)附带民事公益诉讼部分

本赛题的法律价值是对刑事附带民事公益诉讼中民事赔偿主张范围问题进行了有益的探索。2016 年模拟法庭大赛时,环境公益诉讼立法还没有出台,组委会在当时的法律框架下,改编实际司法案例,进行周密的论证并确定可行性后入围复赛题目。

1. 在赛题中设立刑事附带民事公益诉讼是一项制度创新

附带民事诉讼是基于被告人的犯罪行为所引起的诉讼活动,其主张范围应不超过刑事犯罪事实部分。然而在破坏环境刑事犯罪案件审查起诉过程中,经常会发现犯罪嫌疑人的犯罪行为侵害环境公益,是否允许检察机关在附带民事公益诉讼程序中主张民事赔偿,在当时实践中存在争议。因此大赛主委会本着不违背当时法律禁止性规定的宗旨,借助司法实践经验,依照《刑事诉讼法》等相关法律、法规的规定,即如果是国家财产、集体财产遭受损失的,人民检察院在提起公诉的时候,可以提起附带民事诉讼,最终确定本赛题的附带民事公益诉讼原告适格主体为检察机关。

本届大赛圆满结束后,2017 年修改后的《民事诉讼法》中也作出了关于检察机关可以提起民事公益诉讼的规定。2018 年 3 月,最高人民法院、最高人民检察院《关于检察公益诉讼案件适用法律若干问题的解释》第 20 条第 1 款规定:"人民检察院对破坏生态环境和资源保护、食品药品安全领域侵害众多消费者合法权益等损害社会公共利益的犯罪行为提起刑事公诉时,可以向人民法院一并提起附带民事公益诉讼,由人民法院同一审判组织审理。"至此,刑事附带民事公益诉讼这一新的诉讼类型通过司法解释正式确立。

2. 附带民事公益诉讼的赔偿范围应当依据民事法律裁判

附带民事公益诉讼的本质是民事侵权行为之诉。当一种行为被刑法规定为犯罪行为,同时又被民法规定为侵犯了国家和社会公共利益的侵权行为之时,刑事法律和民事法律发生竞合,由于两种法律调整的社会关系不同,该行为依照刑法应当追究刑事责任,同时依照民法也应当承担侵权责任。因此,刑事诉讼和附带民事公益诉讼系两种性质不同的诉讼,附带民事公益诉讼作为民事侵权之诉,其赔偿范围和赔偿标准等问题的解决自然应当依据民事实体法和程序法裁判。

3. 附带民事赔偿范围适度超出犯罪事实有利于维护公益

环境资源的犯罪行为,从行为实施到危害结果的产生,具有周期长、隐蔽性强、因果关系难以判定等特点。在行为实施完毕至被追究责任的过程中,证据灭失的风险很大。对于经审理后不足以排除合理怀疑无法追究被告人刑事责任的证据和行为,如果相关证据能够证明被告人实施的侵犯国家和社会公共利益的民事侵权行为已达到高度盖然性,则完全可以判决由被告人承担相应民事责任。在民事司法领域,为保证法律适用的公正,维护当事人的合法权益,一般是允许类推的。因此竞赛双方的备战难点就是民事责任的承担问题。竞赛双方首先要从赛题给出的条件中分析钟翠萍破坏环境的行为是否实际造成经济损失,并且设想出既合法又可行的经济赔偿方式;其次寻找赛题内容存在的矛盾点,借助生态科学知识选择论证方向,组织论证,如是否应承担民事责任,是否应当减轻和免除民事责任,后期的种植是否可以替代被砍伐的树木并具有水土保护的作用。在当时的民法框架下,充分设想附带民事公益诉讼的赔偿和执行问题,就是竞赛双方智慧的展现。

临江市环境保护与发展基金会诉滨江市黄莘区市容管理局、滨江市华清垃圾清洁服务有限公司、陈道成环境民事公益诉讼案

2016年全国大学生环境资源模拟法庭大赛决赛赛题

案由:环境民事公益诉讼

诉讼双方:

原告:临江市环境保护与发展基金会(以下简称临发会)

被告:滨江市黄莘区市容管理局(以下简称市容局)

陈道成:滨江市华清垃圾清洁服务有限公司(以下简称华清公司)

一、基本案情

根据《滨江市促进生活垃圾分类减量办法》要求,2015年市容局在生活垃圾逐年增长的现实情况下须完成生活垃圾逐年压降的目标任务。陈道成遂以具有生活垃圾运输、处置资质的华清公司名义,与市容局签订垃圾承运和处置合同,价格严重低于市场价,合同并约定如有违反国家法律法规及相关规定者,应由华清公司承担责任,与市容局无关。后市容局陆续将生活垃圾交由陈道成运输并处置。陈道成多次通过水路运输将生活垃圾运至邻近城市临江市郊外新华村刘家湾一湿地公园附近,并倾倒填埋,造成周边恶臭不断,生态功能几近丧失。

2015年5月7日,当地派出所接到群众举报,立即控制陈道成的运输船只,共查获三只货船,其中一船装载生活垃圾210吨左右,其中已卸载并填埋了150吨,另

外两船各300吨的垃圾尚未来得及倾倒。经公安部门讯问,陈道成确认前后共倾倒2250吨生活垃圾。因情况紧急,临江市环境局无法立即抵达现场,故委托刘家湾所在镇环保所采集货船和被填埋地块上固体废物及渗滤液水样,送交临江市环境监测站检测。临江市环境监测站的检测报告显示,渗滤液中含有铬、汞、镍、砷等有毒有害物质,已对该区域的土壤、地下水及地表水环境造成污染,须立即进行生态环境修复。

其后,临江市环境局委托临江市环境工程咨询中心制作应急处置评估报告。该报告显示,为消除此次倾倒行为而采取的合理处置措施造成直接经济损失6,880,796元。并组织专家论证会,论证意见显示,污染事件共造成1,052,300元生态系统服务功能损失。

2016年1月,临发会向临江市中级人民法院提起诉讼,要求三被告停止污染,承担消除污染处置费用6,880,796元,承担生态系统服务功能损失1,052,300元,并承担相应检测、鉴定费用和律师费。

临发会系2010年成立的环保社团组织,章程显示其宗旨为广泛动员全社会关心和支持中国环境保护与发展事业,保护国家战略资源,促进生态文明建设和人与自然和谐,构建人类美好家园。业务范围包括建立环保示范基地,开展国际交流与合作、人员培训及业务咨询活动,奖励为生物多样性保护及绿色发展事业做出贡献的团体和个人,开展和资助符合其宗旨的其他项目及活动。临发会提交起诉前连续5年的年度工作报告书,加盖公章和其法定代表人签字近五年无违法记录的声明。

二、本案争议焦点

(1)临发会是否具有公益诉讼主体资格?

(2)市容局、华清公司、陈道成是否构成共同侵权?

(3)监测报告的效力如何认定?

(4)损失认定是否合法,是否应由市容局、华清公司、陈道成承担?

三、本赛题辩点

从原告角度出发,临发会首先应当证明自己符合《环境保护法》第58条和最高人民法院《关于审理环境民事公益诉讼案件适用法律若干问题的解释》第8条规定，具有公益诉讼主体资格；其次要证明市容局、华清公司、陈道成构成共同侵权，市容局以严重低于市场价的价格对外签订生活垃圾运输处置合同，华清公司放任陈道成使用其垃圾运输、处置资质，主观上均有共同故意，应当承担连带赔偿责任；最后要证明因环境污染造成的损失符合法律规定。

从被告角度出发，首先，要从原告诉讼主体资格上进行反驳。例如，章程内容证明临发会并非"专门从事环境保护公益活动"，本案诉讼与其宗旨和业务范围不具有关联性等；其次，要否定构成共同侵权。陈道成违法倾倒生活垃圾是事实，这一点无从可辩，但市容局作为国家机关，是与具有生活垃圾运输、处置资质的华清公司签订合同，主观上不具有违法倾倒垃圾的故意。华清公司的过错是出借生活垃圾运输、处置资质，只是违反行政法规的管理性规定，其不可能预见陈道成会随意倾倒垃圾，出借资质与污染结果之间不具有因果关系；最后，要证明损失认定不合法。镇环保所进行采样程序违法，不具有采样资质。环境监测站出具的监测报告没有经过省级以上环境部门认可，监测数据不具有证明效力。此外，还可以从环保应急处置涉及环保行政部门行政职权的行使，产生的费用应由国家承担，临江市环境工程咨询中心是否具有污染场地调查评估资质，其间损失仅有专家论证意见证据不充分等人手进行辩论。

四、法官点评、备赛思路与难点

本赛题是由真实案例改编而来，赛题设计本身没有对错之分，只要求原被告双方参赛队在辩论中充分论证，言之成理。目的是考察队员对环境公益诉讼程序和环境侵权法律的掌握深度，以及法庭辩论和庭审应变能力。

就本赛题而言，最大的辩点是市容局、华清公司、陈道成是否构成环境共同侵权。污染者因单独或共同污染环境造成损害的，或者有意思联络，或者因第三人过错造成，根据《侵权责任法》（已失效）第八章"环境污染责任"的相关规定承担侵权责任，在环境司法实践中均较容易解决。存在较大争议的是如本赛题设计的情形，陈道成作为污染者，自应承担环境污染侵权责任，但市容局和华清公司是否污染者？实践中不无争议。结合《侵权责任法》第八章和相关环境保护法律的规定，"污染者"是指污染源的控制者与排放者。非法倾倒的生活垃圾来源于市容局，市容局以严重低于市场价的处置价格将生活垃圾交给他人，是否可以认为其主观上存在放任的间接故意,与陈道成构成共同侵权。华清公司违反行政管理规定,将其运输处置生活垃圾的专属资质出借给他人,他人借此便利直接实施污染行为造成同一损害,华清公司是否应承担共同侵权责任。

2020 年修正前的最高人民法院《关于审理人身损害赔偿案件适用法律若干问题的解释》(以下简称《人身损害司法解释》)第 3 条规定,“二人以上共同故意或者共同过失致人损害,或者虽无共同故意、共同过失,但其侵害行为直接结合发生同一损害后果的,构成共同侵权,应当依照民法通则第一百三十条规定承担连带责任。二人以上没有共同故意或者共同过失,但其分别实施的数个行为间接结合发生同一损害后果的,应当根据过失大小或者原因力比例各自承担相应的赔偿责任”,对共同侵权采意思关联共同和行为关联共同兼指说,即意思关联共同指存在共同故意或过失,行为关联共同指即使无共同故意或过失,只要加害行为直接结合发现同一损害后果的,均构成共同侵权。2009 年《侵权责任法》是否采纳《人身损害司法解释》的上述规定,司法理论和实务界存有争议,有观点认为,立法者对审判实务中扩大连带责任适用范围的倾向持谨慎态度,其价值取向更注重责任承担与主观过错的统一,因而对共同侵权的“共同性”要件采取了严格立场,只认可有意思联络的主观共同侵权,而不认可行为关联共同的客观共同侵权。对分别行为造成同一损害的,原则上按过错大小承担按份责任,例外情况下承担连带责任。因此,虽然司法实务中对多数人侵权并不过分强调主观有无意思联络,而更着重于对受害人的损害赔偿救济,同时考虑连带责任承担方式的适度扩张,将数人侵权划分为共同侵权、准共同侵权(共同危险行为)和多因一果,但是《侵权责任法》则以有无意思联络为标准,有意思联络的主观共同侵权适用《侵权责任法》第 8 条,再根据数人的行为与损害结果之间不同的因果关系,将无意思联络进一步区分适用《侵权责任法》第 11 条和第 12 条。

另有观点认为,从法律规范的适用顺序讲,《人身损害司法解释》有关共同侵权的规定并未失效,对于环境共同侵权同样具有适用的效力。《人身损害司法解释》第 3 条第 1 款关于数个“侵害行为直接结合发生同一损害后果的,构成共同侵权,应当依照民法通则第一百三十条规定承担连带责任”的规定,是对《民法通则》第 130 条的扩张解释,明确规定了二人以上共同侵权造成他人损害的,应当承担连带责任。王胜明主编的《中华人民共和国侵权责任法释义》一书中也指出,《侵权责任法》第 8 条关于"共同实施侵权行为"的表述与《民法通则》第 130 条的表述是基本一致的,可以根据社会发展的需要作出相应的限缩或者扩张解释,便于司法实践灵活掌握。由此可见,《人身损害司法解释》第 3 条第 1 款对于共同侵权的解释并未因《侵权责任法》的出台而失效,其与《侵权责任法》的相关规定并不冲突。这是对于共同故意、共同过失或者行为共同的数人无意思联络侵权行为承担连带责任的法律规范基础,对于环境共同侵权当然能够适用。

对此,《民法典》侵权责任编延续了《侵权责任法》的规定,未作修改。从黄薇主编的《中华人民共和国民法典释义》中阐述来看,似乎采纳了第二种观点,共同实施侵权行为这一要件中的"共同"主要包括三层含义:其一,共同故意。其二,共同过失。其三,故意行为与过失行为相结合。上述三种形态均可以构成本条所说的"共同实施"。第三种形态仅要求行为结合,并未要求有共同意思联络。

根据《人身损害司法解释》第 3 条的规定,所谓直接结合是指数个行为结合程度非常紧密,对加害后果而言,各自的原因力和加害部分无法区分。虽然这种结合具有偶然因素,但其紧密程度使数个行为凝结为一个共同的加害行为共同对受害人产生了损害。在理解与适用本条规定的时候还要坚持"数个行为人必须均直接实施了加害行为"的判断标准。尽管将无意思联络的数人侵权中数个行为直接结合的情况扩张规定为共同侵权,但数行为人均实施了加害行为的特征还是不可或缺的。对"间接结合"的理解应当注意这样几个问题。虽然"多因一果"中的多个原因行为的结合具有偶然性,但这些行为对损害结果而言并非全部都是直接或者必然地导致损害结果发生的行为。其中某些行为或者原因只是为另一个行为或者原因直接或者必然导致损害结果发生创造了条件,而其本身并不会也不可能直接或者必然引发损害结果。

对照本赛题,作为原告,可以主张市容局以严重低于市场价的价格对外处置垃圾,华清公司违规出借资质,虽然行为与污染后果的发生之间并不存在必然联系,但是两被告的行为使得国家对垃圾处置失去监管和控制,为污染事件的发生提供了物质基础,具有因果关系,因此必须对污染后果承担共同侵权的连带责任。作为被告,可以主张市容局、华清公司与陈道成之间显然没有共谋(共同故意),虽然对违规处置垃圾存在过失,但对污染行为不存在共同认识或意思联络),所以不属于共同侵权。因市容局、华清公司对污染行为没有共同意思联络,本案只有可能属于无意思联络的数人侵权。退一步讲,即使要承担责任,因为陈道成的非法倾倒行为是造成环境污染的直接原因,市容局低价处置和华清公司出借资质的行为是环境污染的间接原因,两者原因竞合导致环境损害,适用《侵权责任法》第12条承担按份责任更为妥当。

原告还可以主张即使市容局、华清公司与陈道成之间没有意思联络,但依据《侵权责任法》第68条的规定,市容局、华清公司是造成环境污染的第三人,应当承担不真正连带责任。被告可以主张即使市容局、华清公司是第三人,但环境损害并非全部由市容局、华清公司造成,而《侵权责任法》第68条适用于环境损害完全因第三人的过错所造成的情形,因此并不符合该条适用情形。对于市容局、华清公司是否属于第三人?《侵权责任法》第68条规定的第三人过错,是损害发生的唯一原因,还是部分原因?双方可以展开辩论。

上述观点均无定论,不同法院的裁判观点也不尽一致。正因如此,双方参赛队不管是作为原告,还是作为被告,均可以有很大的发挥空间。参赛队员可以在赛题设计的情境下,通过深入学习侵权法理论用于指导实践,从而迅速提升自己的环境司法理论和实践水平。这也正是举办环境模拟法庭大赛的初衷。

某市环境研究所诉某市化工有限公司大气污染公益诉讼案

2017 年全国大学生环境资源模拟法庭大赛初赛赛题

案由:大气污染公益诉讼案

原告:某市环境研究所

被告:某市化工有限公司

一、案例

2016 年 1 月 1 日,原告某市环境研究所提起诉讼:(1)判令被告停止超标排污对大气环境的侵害,消除所有不遵守环境保护法律法规行为对大气环境造成的危险。(2)判令被告支付 2014 年 1 月 1 日起至被告停止侵害、消除所有不遵守环境保护法律法规行为对大气环境造成危险期间,向大气排放污染物所产生的大气环境治理费用,具体数额以专家意见或鉴定结论为准。(3)判令被告在省级以上媒体向全社会公开赔礼道歉。(4)判令被告承担本案诉讼费用,包括案件受理费、鉴定检测费用、专家费、原告律师费等。

经查,被告某市化工有限公司自 2014 年以来持续向大气超标排放污染物,并存在环保设施未验收即投入生产、私自篡改监测数据等环境违法行为。

2014 年至 2015 年,某县环境保护局因超标排放大气污染物、环保设施未经验收投入生产等违法行为对被告进行了 13 次行政处罚;某市环保局对被告进行了 3 次行政处罚;某省环保厅对被告挂牌督办,责成某市环境保护局立案查处,责成被告停产整改、限期建成脱硫脱硝设施。

2015 年 11 月 5 日，国家环保部对被告通报、督查。

2014 年至 2016 年，被告某市化工有限公司承担了当地周边机关单位和居民小区的供暖工作。

原告提交如下证据：

(1)①《社会组织登记证书》一份；②《章程》一份；③2010 年至 2014 年连续 5 年的年度检查结论通知书一宗；④法定代表人签字并加盖公章的无违法记录的声明。

(2)被告企业信用公示信息打印件。

(3)①某县环保局对被告大气污染违法行为作出的行政处罚决定书 13 份；②某市环境保护局对被告大气污染违法行为作出的行政处罚决定书 3 份；③《某省环保厅挂牌督办环境违法案件台账》一份；④《2015 年某省环保厅污染源监督性监测数据》一份；⑤《2015 年 9 月份人民群众和新闻媒体反映的环境案件处理情况》一份。

(4)①2014 年 6 月至 2014 年 10 月、2014 年 12 月至 2015 年 11 月，某县每月的空气质量状况公告；②被告违法排污案数额的评估鉴定报告。

(5)①凤凰网某省新闻某省点名曝光违法排污企业，某化工 SO_2 超标 15 倍的新闻报道；②某网某省某化工、某市滨海热力环境污染违规建设被责令整改的新闻报道；③中国经济网某集团污染严重的新闻报道。

(6)某热电 30 兆瓦环境评估报告书及批复。

(7)委托调查和诉讼代理协议、法律服务合同、律师服务费用票据以及差旅、调查费用票据。

被告提交如下证据：

(1)某省环境保护厅关于贯彻落实鲁环办函〔2014〕165 号文件的函。

(2)某省省控重点监管企业自动监测设备验收合格证。

二、本案争议焦点

1. 某市化工有限公司是否存在向大气超标排污行为

《侵权责任法》(已失效)第 65 条规定，因污染环境造成损害的，污染者应当承担侵权责任。《大气污染防治法》第18条规定,企业事业单位和其他生产经营者建设对大气环境有影响的项目,应当依法进行环境影响评价、公开环境影响评价文件;向大气排放污染物的,应当符合大气污染物排放标准,遵守重点大气污染物排放总量控制要求。第125条规定,排放大气污染物造成损害的,应当依法承担侵权责任。本案中,被告某市化工有限公司从事经营项目的排放物属于对大气环境有影响的项目,其生产运营中产生的大气污染物应当符合国家制定的大气污染物排放标准。且该期间从某县每月空气质量状态公告数据来看,被告某市化工有限公司排放二氧化硫及氮氧化物均存在超标情况。某市环保局和某县环保局也对被告某市化工有限公司超标排放污染物行为多次作出行政处罚决定。综上,被告排放污染物的行为威胁到大气环境的生态服务功能,损害了社会公共利益,其存在向大气超标排污行为,应当依法承担侵权责任。

2. 某市化工有限公司对大气环境侵害治理费用应如何确定

原告提交了被告公司违法排污案环境损害数额的鉴定评估报告,该鉴定报告对鉴定期内被告排污及虚拟治理成本作出认定。根据《环境空气质量标准》(GB 3095-2012)、《环境损害鉴定评估推荐方法》(第2版)、《生态环境损害鉴定评估技术指南总纲》等规定,利用虚拟治理成本法计算得到的环境损害可以作为生态环境损害赔偿的依据。故,该鉴定报告具有证明力,其认定的532万~910万元的被告排污虚拟治理成本,可以作为认定被告承担大气环境治理费用的依据。

三、本赛题辩点(从原告和被告两方的角度分别阐述)

(一)原告方

1. 被告某市化工有限公司存在侵权行为

本部分参见争议焦点部分论述

2. 某市化工有限公司对大气环境侵害治理费用以鉴定报告为依据

本部分参见争议焦点部分论述

(二)被告方

1. 原告是否具有适格的原告主体资格

《环境保护法》第58条第1款规定:“对污染环境、破坏生态、损害社会公共利益的行为,符合下列条件的社会组织可以向人民法院提起诉讼:(一)依法在设区的市级以上人民政府民政部门登记;(二)专门从事环境保护公益活动连续五年以上且无违法记录。”故此,具有适格主体的原告应该为从事环境保护公益活动连续5年以上且无违法记录的社会组织。

2. 排污项目涉及重大公共利益

排污项目任务之一系向居民承担供暖服务,涉及重大公共利益。

3. 自动监测设备验收合格

被告方自动监测设备经验收合格,符合标准,并非未经验收而投入使用。

4. 超标排污非损害结果发生的唯一原因

《侵权责任法》(已失效)第66条规定:“因污染环境发生纠纷,污染者应当就法律规定的不承担责任或者减轻责任的情形及其行为与损害之间不存在因果关系承担举证责任。”该案的损害结果,除被告方超标排污行为外,尚有其他诱因,责任承担比例应予酌减。

四、法官点评、备赛思路与难点

(一)本案的分析思路

1. 原告方面

从本案的角度来看,作为环境污染公益诉讼原告,可以从以下几方面进行准备。首先,诉讼主体资格,《民事诉讼法》(2021年修订)第55条第1款规定:“对污染环境、侵害众多消费者合法权益等损害社会公共利益的行为,法律规定的机关和有关组织可以向人民法院提起诉讼。”《环境保护法》第58条第1款规定:“对污染环境、破坏生态、损害社会公共利益的行为,符合下列条件的社会组织可以向人民法院提起诉讼:(一)依法在设区的市级以上人民政府民政部门登记;(二)专门从事环境保护公益活动连续五年以上且无违法记录。”实体和程序均对环境污染公益诉讼原告的主体资格作了明确规定,原告系利用非国有资产、自愿举办、从事非营利性社会服务活动的社会组织,且2014年起连续经民政部门年度检查合格并无违法犯罪记录。符合法律规定作为环境污染公益诉讼原告的主体资格要求,可以提起本案的诉讼。其次,环境污染类侵权案件,其举证责任不同于一般侵权案件,原告方应着重关注被告方的侵权行为以及其所造成的危害结果,至于二者之间是否存在因果关系,其举证责任并非在于原告。再次,本案应关注责任的承担方式,证明被告存在超标排污行为后，其承担责任之一的治理费用如何计算，应予注意。最后，对于诉请的第4项，最高人民法院《关于审理环境民事公益诉讼案件适用法律若干问题的解释》第22条规定："原告请求被告承担检验、鉴定费用，合理的律师费以及为诉讼支出的其他合理费用的，人民法院可以依法予以支持。"据此可以予以支持，但应注意举证充分。

2. 被告方面

作为被告方，可以从以下几方面予以考量。首先，原告主体资格的审查，理由同前，不再赘述。其次，损害的结果是否与自身行为具有因果关系，基于环境污染案件的复杂性、技术性以及污染者与受害者在能力上的不平衡性、在信息上的不对称性等现实情况，为在整体上实现社会公平正义，《侵权责任法》（已失效）第66条规定："因污染环境发生纠纷，污染者应当就法律规定的不承担责任或者减轻责任的情形及其行为与损害之间不存在因果关系承担举证责任。"故此，本案中关键之一系被告证明排污行为与损害结果之间是否具有因果关系。最后，被告排污项目任务之一系向居民承担供暖服务，涉及重大公共利益，亦是本案的考量因素之一。

（二）本案应予注意的问题

1. 原告方面

作为环境污染类侵权的案件，本案备赛首先应予着重注意的是被告存在超标排污行为，以及该行为所造成的损害结果。其次是大气环境侵害治理费用的合理性及合法性问题。

2. 被告方面

《侵权责任法》（已失效）第67条规定："两个以上污染者污染环境，污染者承担责任的大小，根据污染物的种类、排放量等因素确定。"第68条规定："因第三人的过错污染环境造成损害的，被侵权人可以向污染者请求赔偿，也可以向第三人请求赔偿。污染者赔偿后，有权向第三人追偿。"被告应着重关注自身超标排污行为是否系损害结果的原因，系一因一果，还是多因造成一果，这是被告在本案中承担责任的关键点。

（三）容易被忽略问题

1. 原告方面

原告将被告多次受到县级及市级环保部门的行政处罚作为被告侵权的证据之

一，也是有力证据之一。但除此之外，该组证据还表明，尽管本案中的被告已受过行政处罚，但依然超标排放，表明违法者的违法成本过低，行政手段和效力穷尽仍不足以制止违法排放行为，此时，环境公益诉讼便成为唯一的选择。

2. 被告方面

首先，被告在多次受到县级及市级环保部门的行政处罚以及被函告后，有无采取整改措施，改进技术，消除影响。其次，被告方自动监测设备经验收合格，符合标准予以使用。最后，被告公司主观过错较小，造成大气污染物排放不达新标存在难以克服的客观原因，并且一直在努力实现达标排放。

张大民、王春丽非法收购、运输、出售珍贵、濒危野生动物案

2017 年全国大学生环境资源模拟法庭大赛复赛赛题

一、案例

案件基本事实如下：

案由：非法收购、运输、出售珍贵、濒危野生动物

诉讼双方：

公诉机关：江苏省某市某区人民检察院

被告人：张大民，男，住江苏省某市。被告人张大民因涉嫌犯非法收购、出售珍贵、濒危野生动物罪于 201×年×月×日被刑事拘留，201×年×月×日被逮捕，现羁押于××市××区看守所。

被告人：王春丽，女，某职业技术学院学生，住陕西省某市。被告人王春丽因涉嫌犯非法运输珍贵、濒危野生动物罪，于 201×年 12 月 16 日至 18 日被临时羁押于××市××区看守所，同年 12 月 19 日被刑事拘留，现羁押于××市××区看守所。

辩护人：魏民，江苏亚光律师事务所律师。

2015 年 5 月，被告人张大民以人民币 6000 元（每只 3000 元）的价格从李某某（另案处理）处购买金雕两只，在被告人张大民支付定金人民币 4000 元（每只 2000 元）后，李某某将从他人处收购的金雕通过长途客运车辆从甘肃省某市运输至陕西省某市，被告人张大民安排被告人王春丽在陕西省某市帮其接收金雕。被告人王春丽在陕西省某市帮被告人张大民接收该金雕后，将其中一只金雕转交给张大民。

被告人张大民接收该金雕后，因金雕腿部有伤而上交给陕西省某市森林公安局。另一只金雕，被告人王春丽称是洁白雕而非金雕，被告人张大民遂向李某某表示不再购买。此后，被告人王春丽支付给李某某余款人民币1000元，给付被告人张大民其已支付的定金人民币2000元，购买了该只金雕，又将该只金雕以4000元的价格出售给孔某（另案处理）。后孔某购买的该只金雕死亡。经鉴定，上述两只金雕均为国家一级重点保护野生动物。

2015年8月，李某某通过网络平台以人民币1000元的价格从被告人张大民处收购大鵟一只，被告人张大民通过长途客运车辆将该大鵟从江苏省某市运输至广东省某市李某某处。

2015年10月，李某某通过网络从郭某（另案处理）处以每条人民币250元价格购买球蟒5条，后以人民币1500元的价格出售给被告人张大民，并安排郭某将该球蟒直接通过长途客运车辆运输的方式运至江苏省某市张大民处。2016年3月，公安机关在江苏省某市张大民的租住处将该5条球蟒查获。经鉴定，球蟒为《濒危野生动植物种国际贸易公约》附录二中的物种。该5条球蟒系人工繁殖、培育。

2015年12月的一天，被告人张大民在其居住的江苏省某市家中的鸽子棚内猎捕猎隼一只。2016年3月，公安机关在被告人张大民上述居住地点将该只猎隼查获。经鉴定，该猎隼为国家二级重点保护野生动物。

二、本案争议焦点

（1）被告人张大民收购金雕后因金雕腿部有伤而上交给陕西省某市森林公安局，未造成严重后果，其收购行为是否应当认定为犯罪？是否即遂？

（2）在王春丽告知张大民购买的雕是洁白雕后，张大民决定不再继续购买，是否构成犯罪，如构成犯罪属于犯罪中止还是犯罪未遂？

（3）张大民将飞至其鸽子棚内捕食鸽子的猎隼抓获并在家中饲养的行为是否构成犯罪？如构成犯罪，构成何罪？

（4）张大民从李某某处购买的球蟒系人工繁殖、培育，该行为是否构成犯罪？

（5）张大民的定罪问题？

（6）被告人王春丽是否与张大民构成共同犯罪？如构成共同犯罪，其是主犯还是从犯？

三、本赛题辩点

（一）原告诉讼理由及观点

公诉机关指控认为，被告人张大民非法收购、运输、出售珍贵、濒危野生动物，情节特别严重；被告人王春丽非法收购、运输、出售珍贵、濒危野生动物，情节严重，其行为均触犯了《刑法》第341条第1款的规定，犯罪事实清楚、证据确实充分，应当以非法收购、运输、出售珍贵、濒危野生动物罪追究被告人张大民、王春丽的刑事责任。

（1）关于犯罪中止和犯罪未遂的区别以及犯罪未遂的认定。

张大民与李某某约定购买金雕后，先行支付了2000元定金，并安排王春丽在西安帮助其接货，证明张大民已经着手实施了犯罪行为。其决定不再继续购买的原因，系王春丽告知其购买的雕是洁白雕，张大民出于对该雕种类的认识错误，认为该雕不是自己想要的品种，决定拒绝继续收购。由此可见，导致犯罪处于停止形态并非张大民主观上放弃犯罪的主动性，系其意志以外的原因而使其犯罪行为未完成，属于犯罪未遂。故该起犯罪事实应当认定为张大民非法收购珍贵、濒危野生动物未遂，依法可以对其从轻处罚。

（2）非法猎捕珍贵、濒危野生动物罪的认定。张大民明知猎隼为国家重点保护野生动物，在发现自己鸽棚有猎隼时仍对其进行猎捕，放置在家中饲养，犯罪动机并不影响犯罪成立，其行为应当认定为非法猎捕珍贵、濒危野生动物罪。

（3）非法收购珍贵、濒危野生动物罪的认定。根据最高人民法院《关于审理破坏野生动物资源刑事案件具体应用法律若干问题的解释》第1条规定，《刑法》第341条第1款规定的“珍贵、濒危野生动物”包括列入国家重点保护野生动物名录的国家一、二级保护野生动物、列入《濒危野生动植物种国际贸易公约》附录一、附录二的野生动物以及驯养繁殖的上述物种。

（4）非法收购珍贵、濒危野生动物罪犯罪既遂的认定。收购行为已经完成，犯罪已经既遂，上交行为不影响犯罪行为的认定。

（5）数罪并罚的认定。《刑法》第341条第1款的规定包含非法猎捕、杀害珍贵、濒危野生动物罪和非法收购、运输、出售珍贵、濒危野生动物、珍贵、濒危野生动物制品罪两个独立的罪名，张大民分别实施了不同的犯罪行为，同时触犯了两个罪名，应以非法猎捕珍贵、濒危野生动物罪和非法收购珍贵、濒危野生动物罪数罪并罚。

(6)共同犯罪的认定。被告人王春丽在与被告人张大民的共同犯罪中，作用相当，不符合从犯的构成要件。

(二)被告观点及理由

1. 被告人张大民的辩点及理由

被告人张大民认为：其收购金雕后因金雕腿部有伤就上交给陕西省某市森林公安局了，还有在王春丽告诉其购买的雕是洁白雕后，就没再买了，不能认定其犯罪。还有，其是将飞至其鸽子棚内捕食鸽子的猎隼抓获并在家中饲养，没有捕获的故意，不能认定其是犯罪。最后，其购买的球蟒是人工饲养的，不是野生的，不是收购珍贵、濒危野生动物，对公诉机关的指控其不认可。

2. 被告人王春丽的辩点及理由

被告人王春丽的辩护人认为：(1)王春丽在实施公诉机关指控2015年5月的犯罪行为时，系未成年人，依法应当从轻或减轻处罚。(2)关于公诉机关指控王春丽非法收购、运输、出售金雕的犯罪事实，王春丽是受张大民的指使、安排，帮助张大民非法收购、运输、出售珍贵、濒危野生动物，在共同犯罪中系从犯。(3)王春丽归案后如实供述自己的犯罪事实，系坦白。(4)王春丽归案后，向公安机关提供其所掌握的其他非法收购、出售珍贵、濒危野生动物犯罪嫌疑人的信息，且都经查证属实，故王春丽具有立功情节。(5)经王春丽出售的野生动物最终被公安机关查获，未造成死亡的严重后果，故王春丽犯罪行为的社会危害性较小。

四、法官点评、备赛思路与难点

(一)法官点评

1. 本案利益衡平

行为人非法收购国家重点保护野生动物后，即使未予以出售获利而是自行饲养，或者在非法运输、出售国家重点保护野生动物的过程中没有获利，但其行为均侵害了珍贵、濒危野生动物资源，应以犯罪论处。如果想要驯养野生动物，根据我们国家的法律规定，应当根据行政许可制度，向有关的行政机关去办理行政审批手续，否则个人饲养也是违法犯罪的。

野生动物资源属于国家所有，是全人类的共同财富，具有较高的生态、经济和科研价值。保护、合理利用野生动物资源，对于维护生态平衡、改善自然环境、促进经济社会全面协调可持续发展具有重要意义。但由于过度狩猎、栖息地丧失、黑市交易等，野生动物的灭绝速率呈逐步上升趋势。案涉金雕、猎隼等珍贵、濒危野生动物，本身属于生物链顶端的物种，且繁殖率低、数量稀少，极易受环境影响，如再乱捕滥猎、非法交易，更易使其濒临灭绝，导致生物链的完整性和生物多样性被破坏，进而破坏整个生态环境，因此更需刑事司法保护。

2. 案外社会价值

本案来源于真实案例，原型是迄今查获的全国最大网络贩卖野生动物案，涉及10个省级行政区23个地市。本案入选《人民法院报》评选的“2016年度人民法院十大刑事案件”。当前，随着人民群众物质生活水平的不断提高，不法分子越发热衷于珍贵、濒危野生动物的非法收藏、贩卖与食用，同时，网络平台和物流业的发展无形中为犯罪分子打开了方便之门。野生动物走私已成为世界上仅次于毒品、军火的非法贸易，严重威胁到自然生态平衡与人类社会的可持续发展，对此类违法犯罪行为的惩治已刻不容缓。本案原型被中央电视台《新闻联播》《今日说法》《新华日报》《法制日报》《人民法院报》等全国30多家媒体报道，有效提高了民众的法治意识和环保意识，彰显了我国坚决打击有关野生动物类犯罪，致力于维护生态平衡、保障国家生态稳定与安全的态度和决心。

（二）备赛思路与难点

1. 从控方角度看如何分析该案，以及应当注意的问题

（1）根据各被告人的犯罪事实、犯罪性质、情节和对社会的危害程度，以及各被告人在犯罪中的地位、作用和认罪态度，如何准确指控是控方应当重点把握的内容。具体涉及犯罪中止和犯罪未遂的区别，以及犯罪未遂、犯罪既遂、数罪并罚的认定。

（2）证实是否为濒危野生动物的知识储备是控方必备的基本功。在这个过程中可能涉及国家林业局森林公安司法鉴定中心鉴定人、专家证人出庭，来证实本案涉及的金雕为国家一级重点保护野生动物的犯罪行为，猎隼为国家二级重点保护动物；球蟒为《濒危野生动植物种国际贸易公约》附录的物种，相当于国家二级保护动物。

(3)本案涉及的收购、运输、出售珍贵、濒危野生动物的犯罪行为,是在网络上交易的,身后是一个庞大的贩卖网络涉及错综复杂的上线、下线等信息,而网络上网名和信息都是虚拟的,他们是谁,他们在哪里,怎么弄到这些濒危野生动物的,都是控方指控时应注意的细节。

2. 从辩方角度看如何分析该案,以及应当注意的问题

(1)从案件本身角度分析。

被告人张大民收购金雕后因金雕腿部有伤就上交给陕西省某市森林公安局,第二只金雕因为王春丽告诉他是洁白雕后就没再买,能否认定为犯罪。将飞至其鸽子棚内捕食鸽子的猎隼抓获并在家中饲养,没有捕获的故意,能否认定为是犯罪。购买的球蟒是人工饲养的,不是野生的,不是收购珍贵、濒危野生动物,能否认定为犯罪。被告人王春丽身份系未成年人,是否有坦白、立功情节,社会危害性程度。辩方可以重点从犯罪事实、犯罪情节和对社会的危害程度,以及在犯罪中的地位、作用和认罪态度方面,作无罪或罪轻的辩护。

(2)从公众角度分析。

“没有买卖就没有杀害”,在大多数人的认知中,伤害野生动物是犯法的,那么,因为极其爱所以捕来或者买来饲养,对其悉心照顾,并且遵循规律“秋抓春放”,这种行为该怎么界定。一手捕猎人员、二手倒卖贩子、中间地区转运玩家和一般玩家等各个级别的被告人,他们有的是职业玩家,有的是野生动物爱好者,有的仅仅是买来当宠物饲养,如案件中的王春丽,系帮助张大民转运金雕的女学生,她本身热爱动物,被一朋友拉进了一个聊天群,以为找到了许多酷爱动物的“知音”,但却踏上犯罪的歧途,让人感到同情和遗憾。这是辩方可以博得同情、赢得支持的辩点。

黔林省绿色生态发展基金会诉黔林家和矿业有限公司环境民事公益诉讼案

2017 年全国大学生环境资源模拟法庭大赛决赛赛题

案由:环境民事公益诉讼

原告:黔林省绿色生态发展基金会

被告:黔林家和矿业有限公司(以下简称黔林家和公司)

一、简要事实

因公司发展需要,黔林家和公司拟在筑清市建设第二铝矿沙平矿区坑内开采项目,并分别于 2003 年、2005 年委托编制可行性研究报告、初步设计等。2007 年 5 月,黔林省环科院受该公司委托编写了《黔林家和公司第二铝矿沙平矿区坑内开采工程(50 万 t/a)环境影响报告书》。2007 年 6 月 13 日,黔林省环境保护局(已更名为环境保护厅)向黔林家和公司作出《关于对黔林家和公司第二铝矿沙平矿区坑内开采工程(50 万 t/a)环境影响报告书的批复》。环评批复要求建设单位对距离 2 号废石场 500 米范围内的沙锁村、沙锁小学及卫生防护距离内的居民进行搬迁,做好矿山的生态保护,维护好群众利益,切实防止水土流失,在此前提下同意该项目的建设。黔林省发改委于 2008 年 3 月 25 日批复核准黔林家和公司第二铝矿沙平矿区坑内开采工程(50 万 t/a)项目。

黔林家和公司建设投产后,数年来,不断有村民反映房屋出现开裂问题,当地村民与黔林家和公司多次发生纠纷。为解决相关问题,当地政府(远山镇人民政府)在2009年至2015年,多次委托鉴定机构对村民的房屋进行安全性鉴定。黔林家和公司通过当地政府协助先后对井田范围内的龙滩坝27户、上龙井24户、沙锁小学以及井田范围外的63户村民进行了搬迁或货币补偿安置。截至2015年7月28日,井田范围内外还有数十户村民的房屋受损,鉴定处理意见为维修,但村民不同意部分维修处理,要求整体搬迁,黔林家和公司不同意搬迁,仅同意作维修处理;井田范围外,附近还有未经鉴定的数十户村民的房屋有不同程度的裂痕,有30户明确要求整体搬迁,其余农户尚未提出意见。

2015年上半年,经鉴定房屋受损(鉴定意见为维修)但未搬迁的10户村民分别向法院提起私益诉讼,要求黔林家和公司停止侵害(注:判决还未作出)。

2015年,黔林省绿色生态发展基金会提起本案的公益诉讼。诉讼中,2016年8月,黔林家和公司委托环评机构编写了《黔林家和公司第二铝矿沙平矿区坑内开采工程(50万t/a)环境影响报告书》。报告的环境保护目标表明确:取消2号废石场,同时取消废石场500米范围内的居民搬迁要求。黔林省环保厅于2016年12月24日作出批复,明确工程变更主要内容为建设期废石回运至井下充填采空区,取消2号废石场,营运期废石不出井,全部回填采矿区。

2016年4月8日,远山镇人民政府编制搬迁安置方案,以大约搬迁210户进行搬迁资金概算,计算方式为:每户房屋面积按280平方米计算,房屋价值(含货币一次性补偿部分)为1860元/平方米,签约奖励20,000元/户,装修及附属设施为400元/平方米,过渡费为8元/平方米,搬家费为24元/平方米,其他经费为30万元,工作经费为前述费用的4%。

黔林省绿色生态发展基金会提供的证据:

(1)2007年5月,省环境科学研究设计院出具《第二铝矿麦坝矿区坑内开采工程环境影响报告书》,报告书的《环境保护目标表》如下表1所示:

表 1 环境保护目标表

环境要素	环境保护目标	位置	保护措施
生态环境	上龙井(24 户、96 人)、龙滩坝(27 户、108 人)、下龙井(36 户、144 人)、杨老寨(32 户、128 人)	井田范围内村寨	搬迁
	沙锁村(123 户、570 人)	井田范围外附近村寨	设置长期观测点,如果产生影响,立即根据影响情况进行维修,或者搬迁
	沙锁小学	工业场地东约 50 米	搬迁
	运矿公路(包括新建运矿公路、扩建运矿公路)	部分路段位于井田范围内	做好道路两旁边坡处理,防止滑坡、崩塌等地质灾害
	耕地、林地	井田范围内村寨	对裂缝、坡坎进行填堵、整平土地,然后复垦

(2)2007 年 6 月 13 日,省环境保护厅对《黔林家和公司第二铝矿沙平矿区坑内开采工程(50 万 t/a)环境影响报告书》作出批复,批复认为:"报告书内容全面,结论明确,污染防治措施基本可行,可作为工程设计、施工和环境管理的依据。"批复同时认为"建设单位在认真落实报告书提出的严格的污染防治措施,并对距离 2 号废石场 500 米范围内的沙锁村、沙锁小学及卫生防护距离内的居民进行搬迁。同时做好矿山的生态保护,维护好群众利益,切实防止水土流失,在此前提下,同意该项目在该地进行建设。对易发生地质灾害的区域做好前期勘察和预测、预报工作,对居住在地质灾害易发区域的村民实施搬迁等。

(3)2007 年 8 月 10 日,黔林家和公司出具《承诺书》,主要内容为:"如因矿体井下开采后易发生漏水、地面塌陷,从而导致人畜饮水困难、农田干旱、房屋开裂等影响,而使当地住户要求进行移民搬迁的,承诺依据国家有关法律法规进行移民搬迁工作,并已在项目投资概算中安排了专项资金;如因矿山开采后使人畜饮水及耕地灌溉用水受到影响,黔林家和公司承诺与受损方协商补偿方案并按照国家有关政策和标准进行补偿。"

(4)2011 年 12 月,黔林地质工程勘察院出具的《筑清市远山镇沙锁村村民房屋开裂、地面塌陷与黔林家和公司和谐矿区平龙矿段采矿活动关系技术鉴定报告》,

该报告系因村民2008年以来陆续反映房屋出现开裂,村民与企业方多次发生纠纷,远山镇人民政府委托所作。具体意见如下:①远山镇沙锁村123户村民的住宅均处于黔林家和公司采矿施工放炮震动影响范围外,其房屋开裂与黔林家和公司井巷施工放炮活动无关;②分布于地面塌陷高易发区内的筑清市远山镇上龙井24户村民房屋开裂(其中部分村民房屋未设地圈梁,房屋抗沉降能力差),由黔林家和公司巷道掘进施工工程活动引发;③调查区内地面塌陷地质灾害系黔林家和公司巷道掘进施工工程活动造成。

(5)2014年6月5日,黔林地质工程勘察院《筑清市远山镇沙锁村村民房屋开裂、地面塌陷与黔林家和公司采矿活动关系技术鉴定报告》。该报告系因黔林省筑清市远山镇沙锁村村民反映2012年以来,其房屋出现开裂变形加剧现象,村民与企业方多次发生纠纷,远山镇人民政府委托所作。鉴定意见为:沙锁村150户(2007年为123户,后新建了27户)村民房屋均处于采空区影响范围以外,其村民房屋开裂与黔林家和公司开采活动无关;处于地面塌陷高易发区内的上龙井、龙滩坝51户村民房屋及沙锁小学教学楼开裂系黔林家和公司巷道采矿活动及巷道疏排地下水所致;调查区内地面塌陷地质灾害系黔林家和公司巷道及附属巷道疏排地下水所致。

(6)部分房屋开裂、地基、道路、农田塌陷照片。

(7)出庭作证的专家证言:炮采法是打洞,置雷管、炸药,放炮开采的方法;爆破会造成裂隙扩张及贯通,可能造成岩土变形,地表有些塌陷;有可能导致岩土马上塌陷,有突发性,后期也可能有一个长期渐变性;采矿点处于居民的下方,会通过不均匀引起地基沉降。矿山开采因其所处地质构造部位及受地震活动影响,整个矿区存在岩土松动、裂隙扩张;根据现场踏勘,道路有修复的可能性,但是治标不治本,现场整个地形处于溶蚀状态。地面塌陷、地下水的漏失、泉水井水枯竭等都与开采活动密切相关;如果不开采可以做一定修复,但是效果不是很好。地下水的通道阻断后,后期补救很难。

黔林家和公司提供的证据:

(1)《黔林家和矿业有限公司和谐矿区坑内开采工程(50万t/a)变更环境影响报告书》《黔林省环境保护厅关于对黔林家和矿业有限公司和谐矿区坑内开采工程(50万t/a)变更环境影响报告书的批复》(注:此证据与黔林省绿色生态发展基金会提供的证据相同);

(2)2016年8月,黔林大学《第二铝矿沙平矿区坑内开采工程变更环境影响报告书》,主要内容如下:建设期废石回运至井下充填采空区,营运期废石不出井,全部回填采矿区,取消龙滩坝2号废石场(注:2007年设计时有建2号废石场计划,但在实际施工中,因工艺调整,废石不出井,故一直未建,本次环评明确取消)。取消2号废石场后,同时取消上述废石场500米范围内的居民搬迁要求。变更后的《环境保护目标表》如表2所示:

表2 环境保护目标表

影响因素	保护目标	原环评保护目标情况	变更后保护目标情况	保护措施及要求
地面塌陷	村寨	搬迁上龙井(24户、96人)、龙滩坝(27户、108人)、下龙井(36户、144人)、杨老寨(32户、128人)	与原环评一致	搬迁上龙井24户和杨老寨32户。其余已搬迁
		沙锁村(150户、640人)	与原环评一致	每年进行危房评估鉴定,视情况采取维修加固或搬迁
	耕地、林地	井田范围内	与原环评一致	对裂缝、坡坎进行填堵、整平土地
废石场	村寨	2号废石场500米范围内	取消龙滩坝2号废石场,消除废石场的影响	废石不出井,回填采空区,消除废石堆入废石场对环境的影响

(3)2016年12月24日,黔林省环境保护厅向黔林家和公司黔林家和公司作出变更环境影响报告书的批复:“原则同意《第二铝矿沙平矿区坑内开采工程变更环境影响报告书》。”

(4)2009年12月5日,远山镇人民政府委托鉴定机构对采矿区井田范围内上龙井10户民房进行鉴定,现场查看,村民房屋裂缝多集中在门窗口及山墙位置,多为斜向裂缝,部分墙体裂缝已贯穿,屋面板局部裂缝伴有渗水迹象,鉴定机构结论及建议为:“5户村民房屋部分墙体损坏严重,缝宽已大于限值,构成局部危房,建议自行对结构补强加固处理;另5户村民房屋墙体中度损坏,缝宽小于规范限值,对房屋的整体安全性无影响,但影响其房屋耐久性及使用功能,建议自行对墙面及屋面进行修复处理。”

(5)2011年9月20日,远山镇人民政府委托鉴定机构对黔林家和公司采矿区周边46栋民房(其中井田范围内上龙井16户、龙滩坝14户,井田范围外沙锁16户)进行鉴定,鉴定报告记载:“经现场检查,房屋大多数在门窗洞口转角、横墙、楼、屋面板及地坪等部位出现开裂及破损现象,部分房屋室内墙体及地坪开裂较为严重,有下陷迹象。”鉴定机构建议拆除其中的8栋房屋(其中井田范围内上龙井5户,井田范围外沙锁3户),对其余房屋建议修复裂缝。

(6)2012年10月18日,远山镇人民政府委托鉴定机构对黔林家和公司采矿区周边136栋(其中井田范围内上龙井17户、龙滩坝共计24户,井田范围外沙锁95户)民房进行鉴定,鉴定报告记载:“经现场检查,房屋大多数在门窗洞口转角、横墙、楼、屋面板及地坪等部位出现开裂及破损现象,部分房屋室内墙体及地坪开裂较为严重,有下陷迹象。”鉴定机构建议拆除其中的12栋房屋,对其余房屋建议修复裂缝。

(7)2013年4月26日,远山镇人民政府委托鉴定机构对黔林家和公司采矿区井田外沙锁5户民房进行鉴定,经现场查看,房屋大多数在门窗洞口转角、横墙、楼、屋面板及地坪等部位出现开裂及破损现象,鉴定机构建议对裂缝进行修复处理,建议施工方在后续开采过程中,做好对村民房屋变形的监测。

(8)2014年6月5日,黔林地质工程勘察院《筑清市远山镇沙锁村村民房屋开裂、地面塌陷与黔林家和公司采矿活动关系技术鉴定报告》(注:与原告提供的证据相同)。

(9)2014年8月20日,黔林家和公司委托鉴定机构对沙锁小学教学楼进行鉴定。该建筑鉴定机构鉴定结论为:建筑的既有裂缝及地面脚踏空响对其主体结构安全性无影响,该建筑应在正常条件下使用,并应在后续使用过程中做好常规维护、维修工作。

(10)2014年11月25日,远山镇人民政府委托鉴定机构对黔林家和公司采矿区井田外沙锁20栋民房进行鉴定,鉴定报告记载2011年、2012年,鉴定机构受远山镇人民政府委托,对该矿区周围部分村民房屋主体结构安全性进行检测鉴定。2014年10月,远山镇人民政府反映该地区20栋已检民房房屋裂缝有了新的增长情况,经现场检查,房屋大多数在门窗洞口转角、横墙、楼、屋面板及地坪等部位出现开裂及破损现象,部分房屋室内墙体及地坪开裂较为严重,有下陷迹象。鉴定机构建议拆除其中的3栋房屋,对其余房屋分别提出加固处理,或者进行裂缝修复的建议。

(11)2015年11月24日,远山镇人民政府委托鉴定机构对黔林家和公司采矿区周边沙锁7户民房进行鉴定,鉴定报告记载2012年、2014年,鉴定机构受远山镇人民政府委托,对该矿区周围上部主体结构安全性进行检测鉴定。2015年10月,远山镇人民政府反映该地区7栋已检民房房屋裂缝有了新的增长情况,经现场检查,房屋大多数在门窗洞口转角、横墙、楼、屋面板及地坪等部位出现开裂及破损现象,部分房屋室内墙体及地坪开裂较为严重,有下陷迹象。鉴定机构建议该7户房屋均拆除。

(12)2009年12月至2011年11月,黔林家和公司与13户村民签订的搬迁安置协议(其中龙滩坝10户、沙锁3户)。黔林家和公司对该13户村民提供了安置房进行集中安置或者进行了货币补偿搬迁安置。

(13)2012年10月至2015年2月,黔林家和公司与51户(其中龙滩坝户17户、上龙井24户、沙锁10户)村民签订的搬迁安置协议。黔林家和公司对该51户村民提供了安置房进行集中安置或者进行了货币补偿搬迁安置。

(14)矿山列表,记载了年生产规模分别为6万吨、30万吨、10万吨的3家矿山(铝宝铝铁矿山、王家山矿山、龙滩前明铝铁矿山),开矿方式均为与黔林家和公司开采方式相同的地下开采。

(15)2009年12月7日,黔林家和公司(甲方)与黔林有色地质工程勘察公司(乙方)签订的《矿区坑内开采工程地质灾害调查及综合治理工程承包合同书》,主要内容为:由乙方为甲方新建两口取水井及配套设施为已受影响的矿区范围内居民提供人畜饮用水和农灌用水,按批准的方案实施井点降水,对矿区移动范围内的建、构筑物和山体因井巷施工引起的地质灾害进行综合整治,对地表沟渠进行排查,寻找可能的渗漏点并进行疏浚和封堵,尽量防止地表水渗入地下巷道等。工期360天,合同价款360万元。双方还约定了其他诸多技术性事项。

(16)2014年6月15日,沙星监理公司出具的矿区坑内开采工程地质灾害调查及综合治理工程(塌陷治理)监理工作总结,主要内容为:"根据《建筑工程质量验收评定标准》等相关评定标准,监理工程师通过对各个分项、分部、单位工程的质量等级、施工质量保证资料、观感质量进行了评定,此次塌陷治理工作共检查78个分项、26个分部,施工质量和质量保证资料完整,达到了施工合同约定的要求,评价为合格。"

(17)2013 年 9 月 1 日,黔林家和公司(甲方)与九远有色冶金设计研究公司(乙方)签订的《技术开发(委托)合同》,主要内容为“由乙方充分收集矿区及外围地区的水文气象、水文地质、矿山设计、基建开拓工程等资料,加强综合研究,提高数据的二次开发利用水平;建立矿区完善的地下水位观测系统,研究地下水流场,以指导矿山基建和生产期间采掘工作安全,同时为地面及井下防水工作提供及时预警;对突水、突泥、涌砂等地质灾害问题揭示其产生机理,研究其地质成因,为矿山基建开拓及采掘工程提出全面、具体、有效的防治技术措施;针对矿山开采过程中出现的地表塌陷,通过一定量的钻探工程等工作,大致查明第四系分布特点及规律、浅层岩溶分布,研究其产生机理及地质成因,并对塌陷进行预测分区,提出合理的预防及治理措施;对矿山基建和生产期间日常水文地质工作提出具体的建议和方法,为了解矿区水文地质工作提出具体的建议和方法,为了解矿区水文地质条件提供全面可靠的资料,以指导矿山的安全生产。2013 年 12 月 31 日前完成研究成果总结及课题验收”。双方还详细约定了其他技术性事项。

(18)2015 年 5 月 29 日,黔林家和公司(甲方)与黔林铝兴建筑工程有限公司(乙方)签订的《建设工程施工合同》,约定由乙方为甲方对沙锁 28 个塌陷坑、中坡及龙滩坝新增塌陷坑进行治理;包工包料浆砌毛石沟渠、挡土墙修复。合同金额 158 万元。

(19)2011 年、2015 年、2016 年远山镇人民政府关于黔林家和公司沙平矿区因地下作业引起远山镇龙滩、沙锁村田、土塌陷补偿费的专题会议纪要、处理相关问题的会议纪要、地质塌陷第二期“水改旱”专题会议纪要,黔林家和公司与当地村民委员会签订的补偿协议 10 份,汇款凭证等。主要内容为:针对黔林家和公司采矿过程中发生的塌陷问题,黔林家和公司于 2011 年 3 月 23 日启动治理,陆续于 2011 年 3 月、2012 年 5 月、2014 年 6 月、2015 年 6 月,分 4 批次开展治理工作,其中对塌陷坑治理涉及 12.045 亩,支出土地补偿费 382,703.5 元,治理过程中涉及的青苗面积 60.708 亩,发生费用 393,027.8 元。

二、本案争议焦点

(1)环评报告除了行政机关监管外(事实监督上不可能完全到位),如果环评报告未得到完全的执行,是否可以通过公益诉讼作为解决问题的一种手段?

(2)环评报告的执行谁来监督的问题(报告要求对井田以外的村寨设置长期观

测点,这个观测点如何设?由谁来设?谁来监督?这个观测点适用什么规则操作?另外新的环评确定每年对危房进行鉴定,这个义务怎么来执行?每年什么时间来鉴定?谁来组织?怎么样进行监督?)。

(3)新环评报告与旧环评报告不一致的时候(都是经过批复的),旧环评报告的约束力问题?

(4)公益诉讼与私益诉讼的统筹协调问题,公益诉讼中,附带解决私益问题是否可行?

(5)如何协调经过审批的项目与环境保护的关系问题,经过行政审批的项目能不能停止执行的问题?企业的发展与公民的容忍义务之间的关系问题?

(6)经过行政审批的项目涉不涉及生态功能损失的问题?是否需要道歉的问题。

三、本赛题辩点

该赛题系2017年决赛题,题目仅给出确定的部分事实和证据,题设要求各参赛队根据给出的事实和证据,围绕环境民事公益诉讼,自行拟写诉状及答辩状,故该题的争议焦点及辩点存在高度的随机性,上述给出的争议焦点供参考,需要参赛队在备赛时就案件涉及的所有争议焦点进行准备,再结合比赛庭审实际予以应对,该赛题作为决赛赛题难度系数较高。关于本赛题的辩点,除上述提及可能涉及的焦点外,更多需要围绕比赛双方庭审的诉辩意见展开,现给出部分思路,供参考。

原告所提诉讼请求:(1)被告立即完全按照"环评报告"以及"环评报告批复"中规定的开展采矿活动前提条件要求,对受其采矿影响的居民实施搬迁安置,在该搬迁安置工作完成之前,依法判令被告停止一切采矿活动;(2)被告对已经受到采矿影响致使房屋开裂、房屋地基开裂,或者因为道路塌陷等地质灾害而无法在原地继续生活的所有居民实施搬迁,异地安置,以消除对当地居民和可能居住其中的其他人的生命财产安全威胁;(3)修复因为其采矿行为而造成的道路、农田等处的塌陷地段,以确保当地居民和可能来此短暂居留、旅游的路人的生命安全;(4)被告对采矿活动中产生的固体废物严格按照国家标准堆放管理,防止因雨水冲刷等原因对周边环境造成损害;(5)被告赔偿生态环境受到损害至将生态环境修复到受损发生之前的状态期间生态服务功能的损失(具体损失数额以鉴定评估结果为准);

(6)被告承担因其破坏生态环境而产生的修复费用(修复费用以鉴定结果为准);

(7)被告在全国性媒体上赔礼道歉。

被告答辩意见:第1项诉讼请求,被告的环评已经进行调整,环保厅已经批准,被告已将红线图缩小,环评已经变更;第2项诉讼请求,被告已经进行了相应的搬迁,由于矿山上还有其他三家矿山,在法庭作出裁判前,请法庭委托有资质的专家对涉案的采矿范围进行鉴定,待鉴定结果出来后,可根据鉴定结果,该搬迁的搬迁,该修复的修复;第3项诉讼请求,被告已经进行,相关塌陷已经治理;第4项诉讼请求,在采矿活动中,被告在原来的环评里面是有堆场,但被告的环评已经变更,现在这项诉讼请求已经不存在;第5项诉讼请求,对于损害要有证据,请法院裁判;第6项诉讼请求,请法院委托第三方进行鉴定是否有破坏;第7项诉讼请求,被告达不到在全国媒体道歉。

四、法官点评、备赛思路与难点

关于备赛,需要强调的是,一要认真阅读环境资源模拟法庭大赛工作方案,从方案中把握比赛目的和内容、赛程安排、提交材料要求、庭审规则、评分表评分事项等重点内容(工作方案结合每年赛题实际都会稍做调整);二要通读赛题给出的所有材料,注意赛题题设要求,结合案由、事实、证据分析材料,拟写文书(诉状、答辩状);三要利用好赛题答疑机会,就赛题中存在的疑点和问题积极提问。

关于本案,题设中已经给出系环境民事公益诉讼案件,故备赛需围绕环境民事公益诉讼进行,就给出的诉讼主体而言我们不难发现本案为社会组织提起的环境民事公益诉讼案件,备赛当然也要围绕社会组织提起的环境民事公益诉讼进行。本案给出了部分案件事实和真实性无异议的相关证据,要求参赛队结合给出的材料拟写诉状及答辩状,在梳理材料的时候首先要把握好环境民事公益诉讼立法宗旨,带着通过提起该公益诉讼能解决什么环境问题,达到什么样的法律效果、社会效果的疑问分析材料和证据。给出的材料系确定的事实,需要提炼总结便于诉状及答辩状的拟写,给出的证据真实性无异议,合法性和关联性需要进行筛选和判断,赛题侧重考察对证据关联性的分析、判断、运用。本案拟写诉状及答辩状的过程实际是为后续比赛夯实基础。就本案诉状、答辩状拟写可以参照上述给出的诉讼请求、答辩意见,也可在此基础上进行完善、增减,择几条重点,建议但凡材料涉及的各个焦点、辨点,在拟写材料的过程中尽可能梳理,以便后续在比赛中能很好地把控庭审环节的节奏。

通过比赛我们不难发现很多参赛队在备赛的时候非常重视对初赛及复赛相关案例的准备,往往忽视对决赛案例的准备,或者直接临场发挥,决赛反而没有初赛、复赛精彩。所谓不打无准备之仗,方能立于不败之地,可见准备的重要性,正如前文所述,拟写诉状、答辩是非常重要的。本案我们不难发现给出的事实材料已告知我们被告企业生产是取得了相关审批手续的,也取得了相应环境影响报告书批复,但是投产后,周边部分村民房屋出现不同程度开裂、地基塌陷,乡村道路、农田出现塌陷、开裂等。企业和当地政府为此也做了不少工作,有委托鉴定机构对村民的房屋进行安全性鉴定,也有对井田范围内的龙滩坝 27 户、上龙井 24 户、沙锁小学以及井田范围外的 63 户村民进行搬迁或货币补偿安置等。当然,现在井田范围内外依旧还有数十户村民的房屋受损,鉴定处理意见为维修,但村民不同意部分维修处理,要求整体搬迁。被告企业不同意搬迁,仅愿意维修。企业在生产过程中是否存在相关环境问题,是否完全执行环评报告要求的相关内容,本案证据涉及两个环评报告,该如何采用。企业生产造成村民房屋受损,房屋受损的村民是确定的,村民的损失可否在本案一并解决,或者需另行提起侵权诉讼等。总之,通过本案诉讼,解决环境问题或者维护好不特定的人的环境利益,达到社会效果和法律效果的统一,这是拟写诉状、答辩状的落脚点,也是公益诉讼的落脚点。

很多参赛队在对本案的准备中基本忽略了远山镇人民政府的作用,未曾提及是否考虑将其追加为第三人,忽略了行政机关的监督管理作用。也有的参赛队一味强调被告的环境责任,未曾提及环境利益与经济利益兼顾统 。本赛题的部分争议焦点比较开放,无统一标准答案,凡是在比赛中能很好地将争议焦点与法律适用、事实认定有机结合的都是得分项。模拟法庭兼顾辩论赛的性质,参赛队都能很好地把控比赛的时间分配规则,但容易忽略庭审的节奏,忽略双方的争议焦点,为更好地准备比赛,建议可以观看部分庭审直播视频或参与部分司法实践,中国裁判文书网、最高人民法院相关典型案例也可供参照。

湖城农业有限公司诉湖城高速公路集团有限公司、湖城公路工程局有限公司水污染责任案

2018 年全国大学生环境资源模拟法庭大赛初赛赛题

案由:水污染责任纠纷案

原告:湖城农业有限公司

法定代表人:李某,系该公司董事长。

被告:湖城高速公路集团有限公司

法定代表人:张某,系该公司董事长。

被告:湖城公路工程局有限公司

法定代表人:王某,系该公司董事长。

一、简要事实

原告是一家以养殖鲑鳟鱼为主的养殖企业,2011 年 6 月登记成立,位于湖城 A 区 B 镇 C 村,依法取得水域滩涂养殖证和水产苗种生产许可证。公司成立后,建成流水养殖池近 5000 平方米,2011 年 9 月投入运行,至 2015 年形成年产 15 万 ~ 20 万斤鲑鳟鱼的规模。先后获得农业部颁发的《健康养殖示范场》称号、《无公害农产品证书》及省农委颁发的《无公害农产品产地认定证书》。养殖场用水为 C 村龙滩出路口流出的地下水(地下暗河),通过渠道输送至养殖场。

2014 年年底,业主单位为湖城高速公路集团有限公司的湖城高速复线 B 镇段开始由湖城公路工程局有限公司施工建设。

原告认为，被告施工段位于原告养殖水源地上游，施工造成周边植被大面积破坏，下雨时形成泥浆流入施工处的D村落水洞，该落水洞与C村龙滩路口水源相连通，造成原告养殖场被污染。污染发生后养殖场被迫在村委会帮助下进行自救，从门口马洛河接入管道抽取部分河水进行自救。自2015年5～11月，共死亡各种鱼50,088斤、鱼苗29.6万尾，直接经济损失182.2万元。2016年1～9月死鱼41,356斤，直接经济损失1,240,680元。遂向法院提出诉讼请求：(1)依法判决被告停止对原告养殖场的侵害，排除对原告养殖场的妨碍，使水质恢复至适宜养殖鲑鳟鱼的状态；(2)赔偿对原告养殖场造成的直接经济损失：2015年5月17日至2015年11月30日计182.2万元，2016年1～9月计124.068万元；(3)后期至水源水质恢复到适宜养殖鲑鳟鱼的状态前的损失由被告承担；(4)本案的诉讼费和评估鉴定费由被告承担。

原告为证明其诉讼主张提交如下证据：

(1)原告营业执照、企业组织机构代码证，证明原告主体资格；

(2)被告湖城高速公路集团有限公司和湖城公路工程局有限公司工商登记信息，证实被告诉讼主体资格；

(3)水域滩涂养殖证、苗种生产许可证，证实原告养殖的合法性；

(4)《健康养殖示范场证书》《无公害农产品证书》《无公害农产品产地认定证书》，证实原告养殖场对水源的标准要求较高和产品价格高于市场同类产品；

(5)灾情统计说明，证实原告养殖场受损统计的要求；

(6)湖城农业有限公司2015年灾情汇报，证实2015年原告损失情况；

(7)关于原告养鱼场水源污染导致鱼死亡情况现场调查统计，证实2016年原告养殖场的鱼继续死亡和6月9日当天的情况；

(8)原告水质污染事故现场勘验情况，证实2016年8月9日养殖场受污染和死鱼的情况；

(9)2016年1～9月死鱼记录，证实2016年1～9月原告损失情况；

(10)A区人民政府关于《湖城农业有限公司申请处理遭受不明浑水严重影响生产事宜的情况说明》，证实原告受污染情况、损失情况及污染的初步原因系与被告建设施工有关；

(11)A区落水洞连通实验，证实落水洞与原告养殖场的水源地C村龙滩出路口连通，被告的施工对落水洞处水的污染能够到达原告的养殖场，原告的损害与被告的污染具有关联性；

（12）原告C村流水养殖场鲑鳟鱼死亡原因分析报告，证实原告养殖场的损害与被告的污染具有因果关系，养殖场的水源已不适宜继续开展鲑鳟鱼类养殖；

（13）污染、受损的照片，证实污染和损失的情况；

（14）微店销售的图片，证实鲑鳟鱼销售的价格；

（15）湖城晚报报道2014年7月18日报道《湖城降雨量创下有观测记录以来单日最大雨量》，证实当时出现大雨，养殖场没有出现死鱼，冒龙井没有出现浑浊，原告死鱼是被告施工造成；

（16）村委会证明，证明2016年3月20日，在村委会帮助下原告养殖场接通了马洛河取水管道进行自救。

被告湖城高速公路集团有限公司提交如下证据：

（1）①湖城高速复线水土保持方案报告书；②环境影响报告书；③水利部关于湖城高速复线水土保持方案的批复（系水利部文件，水利部批复同意该水土保持方案）；④环境保护部关于湖城高速复线环境影响报告书的批复（系环境保护部文件，环境保护部批复同意湖城高速公路集团有限公司报告书中所列建设项目的性质、规模、地点和拟采取的环境保护措施）。证实湖城高速复线（含B镇段）的修建在水土保持和环境保护上都得到了国家批复。

（2）湖城公路工程局有限公司《环水保专项施工方案》，证实施工单位的制度和具体落实情况，被告均是按照环水保和批复的要求来制定制度和落实、执行三同时制度的。

（3）交工验收证书（交工验收时间为：2015年12月28日，施工单位为湖城公路工程局有限公司，合同段监理单位、设计单位、总监理工程师、项目法人均签字盖章同意主线交工验收），证实2016年交工验收后不产生施工行为。

被告湖城公路工程局有限公司提交如下证据：

（1）①水利部关于湖城高速复线水土保持方案的批复；②环境保护部关于湖城高速复线环境影响报告书的批复；③由湖城高速公路集团有限公司批复同意的湖城公路工程局有限公司《环水保专项施工方案》；④由湖城高速公路集团有限公司批复同意的湖城公路工程局《环水保危险源管理方案》；⑤由湖城高速公路集团有

限公司批复同意的湖城公路工程局《环水保事件应急预案》。证明湖城高速复线是省重点项目,国家环保部、水利部对该工程建设都提出了非常具体的环保要求,审查同意了湖城高速公路集团有限公司报审的《湖城高速复线环境影响报告书》和《湖城高速复线水土保持方案报告书》;被告根据湖城高速公路集团有限公司要求制订了《环水保专项施工方案》、《环水保危险源管理方案》和《环水保事件应急预案》,并得到湖城高速公路集团有限公司的批准实施,被告是按照图纸施工;被告服从湖城高速公路集团有限公司的严格管理,严格按照设计图纸施工,严格按照上述三个方案进行实施;被告施工全过程没有产生任何污染源。

(2)交工验收证书,证明被告工程 2015 年 12 月 28 日通过交工验收的事实,且证书明确载明绿化与环境保护主要工程量已完工。坡面种草 520,636.15 平方米,灌木栽植 176,747 株,乔木栽植 9773 株,垂钓植物 5815 株。

(3)被告开庭前(2017 年 1 月 11 日拍摄)落水洞、龙滩出路口、养鱼场过滤池照片及落水滩瀑布水及养鱼场门口马洛河水,证明落水洞在平时是干枯的,只有在持续强降雨的情况下,溪水水量才增大,流入落水洞。在大暴雨冲刷的情况下,汇集的溪流水变浑了属于自然现象,与被告施工无关。龙滩出路口水质浑浊,水土污染严重,上面有很多蓝藻,养鱼场过滤池也有很多蓝藻,可能是其他原因导致养鱼场鱼死亡。落水谭瀑布水及养鱼场门口马洛河水,在下雨后水质浑浊。

(4)被告绘制原告养鱼场与周边水系管道连接示意图三张,证明原告公司为了取水,安装了三个管道或灌渠,分别连通马洛河主河道(养鱼场门口)、落水潭瀑布溪流水和龙潭出路口地下水,原告并非只使用龙潭出路口地下水。鲑鳟鱼对水质要求很高,瀑布水及河水属于地表水远没有龙潭出路口地下水恒温,只要下雨地表水肯定浑浊。

(5)C 村自然环境介绍,证实 C 村分布着许多地下泉水,并非龙滩出路口一个。而且地下水是以岩溶水为主,基岩裂隙水次之。岩溶泉及地下河众多,由于地层以碳酸盐岩为主,岩溶裂隙及管道发育,地表水、地下水交替频繁。

(6)2015 年 7 月 6 日,湖城晚报报道《暴雨袭击湖城 10 县 46 乡镇》;2016 年 5 月 21 日,湖城晚报报道《湖城遭遇今年最强降水》,证明原告损失系不可抗力,与被告无关。

二、本案争议焦点

1. 被告的行为与原告鲑鳟鱼死亡是否存在关联

认定二被告的行为是否与原告鲑鳟鱼死亡存在关联，主要需审查二被告是否实施了损害行为以及损害行为与原告鲑鳟鱼的死亡之间有无因果关系。具体到本案中，被告湖城公路工程局有限公司承建湖城高速公路集团有限公司的湖城高速复线 B 镇段工程，其施工产生的泥浆水是否流入原告养殖水域。对此，一方面，经 A 区落水洞连通实验报告，证实马洛河落水洞与 C 村龙滩出路口连通，同时水文地质图中也可见其他落水洞，亦即落水洞为龙滩出路口补给来源之一；另一方面，《湖城农业有限公司 C 村流水养殖场鲑鳟鱼死亡原因分析报告》证实水体浑浊发生过程与异常死鱼过程基本吻合。又依照《侵权责任法》（已失效）第 66 条规定："因污染环境发生纠纷，污染者应当就法律规定的不承担责任或者减轻责任的情形及其行为与损害之间不存在因果关系承担举证责任。"被告所举证据尚不足以证明二者并无因果关系。结合原告鲑鳟鱼死亡时间段及被告施工时间段，可以认定被告的行为是原告鲑鳟鱼死亡的原因之一。虽然《侵权责任法》（已失效）第 67 条规定："两个以上污染者污染环境，污染者承担责任的大小，根据污染物的种类、排放量等因素确定。"但本条规定的"两个以上污染者污染环境"是《侵权责任法》（已失效）第 12 条规定的竞合侵权在环境污染中的具体表现，本条仅适用于两个以上污染者没有共同意思联络的一般情形，本案中，被告湖城公路工程局有限公司向被告湖城高速公路集团有限公司承建工程，湖城高速复线（含 B 镇段）的修建在水土保持和环境保护上都得到国家批复，被告湖城高速公路集团有限公司并无实际侵权行为，依照《合同法》（已失效）第 282 条规定："因承包人的原因致使建设工程在合理使用期限内造成人身和财产损害的，承包人应当承担损害赔偿责任。"被告湖城公路工程局有限公司作为工程承包人才是直接行为实施人，故被告湖城公路工程局有限公司的行为与原告鲑鳟鱼死亡存在关联。

2. 被告是否应当对原告养殖的鱼死亡承担责任以及责任大小

《侵权责任法》（已失效）第 65 条规定："因污染环境造成损害的，污染者应当承担侵权责任。"《合同法》（已失效）第 282 条规定："因承包人的原因致使建设工程在合理使用期限内造成人身和财产损害的，承包人应当承担损害赔偿责任。”被告湖城公路工程局有限公司与原告鲑鳟鱼死亡具有因果关系，依法应对原告鲑鳟鱼死亡承担赔偿责任。至于其承担责任的大小，应考虑本案中其对原告鲑鳟鱼死亡原因力大小按比例予以酌定，本案《湖城农业有限公司C村流水养殖场鲑鳟鱼死亡原因分析报告》表明每次大雨后数日，水质浑浊加剧，对鱼体影响加重，伴随鱼体死亡增加，被告行为并非致死唯一原因力，且该期间内亦有新闻报道暴雨等天灾现象，结合被告按照工程设计予以施工等综合考量，其承担次要责任为宜。

3. 原告损失的价值认定

本案中，原告提交证据证明，2015年5～11月，原告共死亡各种规格鲑鳟鱼50,088斤，鱼苗29.6万尾，2016年1～9月共死亡41,356斤，该数据经黄连村委会和当地农业部门核实，可以予以认定。至于鱼的价格，可以结合原告微店销售情况及市场价格予以确定。

4. 被告是否应承担停止侵害、恢复原状的责任

本案中，依据前述争议焦点的分析，落水洞为龙滩出路口补给来源之一，被告侵权行为所造成的原因力属于次要作用，且现被告工程已经施工完毕，不存在继续侵权行为，故无须再承担停止侵害、恢复原状的责任。

5. 被告是否应承担水质恢复期间原告的损失

同理据前分析，被告的损害行为并非原告鱼死亡的主要原因力，且类比参照《合同法》(已失效)第119条第1款规定：“当事人一方违约后，对方应当采取适当措施防止损失的扩大；没有采取适当措施致使损失扩大的，不得就扩大的损失要求赔偿。”被告承担损害赔偿责任后，不宜过度承担水质恢复期间原告的损失。

6. 被告是否应承担本案诉讼费和评估鉴定费

本案中，评估鉴定费由被告湖城公路工程局有限公司负担符合法律规定，至于诉讼费，依法按比例由原、被告分别负担。

三、本赛题辩点

(一)原告方

综合本案，原告方主要辩论点在于被告实施了侵权行为，以及其养殖鱼死亡所遭受的损失，能举证二者之间具有因果关系甚佳，具体可参阅争议焦点部分论述。

(二)被告方

本案中,被告湖城高速公路集团有限公司应主要围绕其是发包方,所发包工程符合规定,不应承担责任。被告湖城公路工程局有限公司应主要围绕其侵权行为与原告养殖鱼之间的死亡原因力大小进行答辩。具体可参阅争议焦点部分论述。

四、法官点评

(一)本案的分析思路

1. 原告方面

原告诉请主张被告承担侵权赔偿责任,依照最高人民法院《关于审理环境侵权责任纠纷案件适用法律若干问题的解释》第6条规定:"被侵权人根据侵权责任法第六十五条规定请求赔偿的,应当提供证明以下事实的证据材料:(一)污染者排放了污染物;(二)被侵权人的损害;(三)污染者排放的污染物或者其次生污染物与损害之间具有关联性。"原告应着重从三个方面予以准备,即被告实施了损害行为,原告养殖鱼死亡事实及价值,养殖鱼死亡与被告侵权行为之间具有因果关系。

2. 被告方面

本案的被告有承包方与发包方,二被告答辩侧重点应有所不同,发包方应侧重其发包行为的合法性,以及侵权行为系由承包方所为。承包方应侧重其实施行为与原告养殖鱼死亡之间有无因果关系,若有因果关系,其原因力大小如何,应着重予以考量。此外,对原告的其他诉请,也应一一予以答辩回应。整体答辩中应注重法律规定及客观事实的分析认定。

(二)本案应予注意的问题

1. 原告方面

作为侵权类的案件,本案备赛首先应予着重注意的是被告存在侵权行为,以及所造成的损害结果。其次是诉请损害赔偿的价值认定及其合法性。

2. 被告方面

被告应注意其侵权行为对原告养殖鱼死亡原因力大小的答辩及举证,注意分析本案多因一果,注重对被告实施的行为乃造成原告损失的次要原因力的分析。

（三）容易被忽略问题

1. 原告方面

本案原告容易受到《侵权责任法》（已失效）第66条"因污染环境发生纠纷，污染者应当就法律规定的不承担责任或者减轻责任的情形及其行为与损害之间不存在因果关系承担举证责任"之规定的影响，忽略对被告侵权行为与原告养殖鱼死亡之间存在关联性的举证。

2. 被告方面

作为发包方的被告容易忽略对其发包方法律地位以及其发包行为合法性的举证。施工方的报告易侧重对其侵权行为与原告养殖鱼死亡之间有无因果关系进行答辩及举证，但易忽略其侵权行为并非造成原告养殖鱼死亡的唯一原因，对自己的原因力大小遗漏或未作为主要答辩点。另对于原告主张停止侵害、赔偿恢复期损失等诉求予以忽视。至于自然界暴雨等外在影响力对本案所产生的影响更易被忽略。

谭某、郭某某非法采伐、毁坏国家重点保护植物案

2018 年全国大学生环境资源模拟法庭大赛复赛赛题

一、具体案情

公诉机关指控:2016 年 3 月,重庆某园艺场经营者胡某某(另案处理)欲购买野生香樟树移植到合川区某地,后联系被告人郭某某。被告人郭某某与被告人谭某共谋,通过居间介绍买卖野生香樟树从中获利。被告人谭某负责寻找树源,郭某某负责与买家胡某某接洽。2016 年 5 月 18 日,被告人谭某、郭某某明知胡某某未取得林业主管部门的许可,由谭某出面与重庆市某某园艺发展有限公司园艺分公司签订了野生香樟树购销协议,郭某某联系胡某某向某某公司给付定金。后被告人谭某、郭某某帮助胡某某组织工人在某某公司经营的金果园内采伐野生香樟树 21 株、在重庆市某某山国家自然保护区某某保护站 5 号班组国有林内采伐野生香樟树 29 株、在某某保护站 4 号班组国有林内采伐野生香樟树 72 株,经鉴定,涉案的 122 株树木(活立木蓄积共计 14.994 立方米)均系国家二级保护野生植物。2016 年 5 月 31 日,被告人谭某、郭某某经电话传唤到案,到案后,被告人谭某、郭某某如实供述了上述犯罪事实。

被告人谭某对指控的事实及罪名均无异议。其辩护人的意见是:(1)本案对涉案树木截冠、断根的行为不构成非法采伐国家重点保护植物罪,也不构成非法采伐、毁坏国家重点保护植物罪的情节严重情形;(2)现有证据无法确定涉案的 122 株野生香樟树均在谭某指定的界限范围内;(3)本案构成非法毁坏国家重点保护植物罪,应认定为从犯,且属犯罪未遂;(4)谭某系初犯、偶犯,具有自首情节。综上,

建议对其减轻处罚并适用缓刑。

被告人郭某某对起诉书指控的事实没有异议，提出自己不知道野生香樟树是国家二级保护野生植物，在当地表现较好，积极配合政府的移民工作，请求从轻处罚。其辩护人的意见是：(1)本案构成非法采伐国家重点保护植物罪，但应认定为犯罪未遂，且郭某某系从犯；(2)郭某某系初犯、偶犯，具有自首情节，一贯表现良好。综上，建议对其减轻处罚并适用缓刑。

二、本案争议焦点

(1)被告人谭某、郭某某联系购买并帮助胡某某（另案处理）实施截冠、断根以及移栽珍贵树木的行为是否构成非法采伐国家重点保护植物罪；

(2)被告人谭某、郭某某联系购买并帮助胡某某（另案处理）采伐122株珍贵树木的行为系犯罪既遂还是犯罪未遂；

(3)被告人谭某和郭某某居间介绍、联系购买、帮助他人实施采伐的行为是否应认定为非法采伐国家重点保护植物罪的从犯。

三、本赛题辩点

控方辩点：

(1)被告人谭某、郭某某联系购买野生香樟树，并协助胡某某（另案处理）组织工人非法采伐野生香樟树122株的行为，应当构成非法采伐国家重点保护植物罪；

(2)本案对案涉树木截冠、断根以及移栽林木的行为已经改变国家保护野生植物的原有生活状况，对林木后续生长产生不利影响，应当构成非法采伐重点保护植物罪的犯罪既遂；

(3)即便被告人谭某、郭某某在本案中只是有联系购买以及预付定金等行为，二被告人的行为也已经构成非法采伐国家重点保护植物罪，虽然具体实施非法采伐行为的主体是胡某某（另案处理），但在本案中，被告人谭某、郭某某在共同犯罪中所起的作用也较大，且作用相当，不宜认定为从犯。

辩方辩点：

(1)被告人谭某、郭某某虽然联系购买野生香樟树，但没有实际实施或者直接组织他人实施非法采伐行为，不应当构成非法采伐国家重点保护植物罪；

(2)本案对案涉树木截冠、断根林木的行为,均是以营利为目的,企图将珍贵林木移栽,二被告人均没有造成国家重点保护植物被采伐、毁坏的不利后果,应当认定为犯罪未遂;

(3)被告人郭某某、谭某共谋,通过居间介绍买卖野生香樟树从中获利,具体实施非法采伐行为的主体是胡某某(另案处理),二被告人谭某、郭某某在犯罪过程中仅仅起次要和辅助作用,应当认定二被告人在本案中系从犯,可以从轻或者减轻处罚。

四、法官点评、备赛思路与难点

(一)法官点评

非法采伐、毁坏国家重点保护植物罪所涉及的珍贵植物是大自然留给人类的宝贵财富,它不仅维持着自然界的生态平衡,还铭刻着大自然不断演进的光辉历程,具有非常重要的生态、经济、科学、观赏价值以及文化内涵。早在我国周朝的《伐崇令》就有记载:“毋坏屋,毋填井,毋伐树木,毋动六畜,有不如令者,死无赦。”该规定保护林木,且主要保护有相当价值的林木品种,并禁止滥伐林木,否则直接处以死刑。该记载中,破坏自然资源将获得的刑罚非常重,类似军令,这也是我国历史上较早能够体现环境刑法的古代文献。自中华人民共和国成立以来,随着《刑法修正案(四)》的颁布,《刑法》又明确规定了非法采伐、毁坏国家重点保护植物罪,可见国家对珍贵植物的保护古已有之,更体现了国家进一步加大对破坏国家重点保护植物犯罪的打击和保护力度。该案例中,主要的争议焦点,或者辩论焦点即是罪与非罪、既遂与未遂、从犯与否的问题。

1. 罪与非罪

要厘清该案中二被告人的行为是否构成非法采伐、毁坏国家重点保护植物罪,首先要明确该罪的构成要件及犯罪特征。

(1)关于犯罪构成。非法采伐、毁坏国家重点保护植物罪的犯罪客体是国家对重点保护植物的管理制度;客观方面表现为擅自采伐、毁坏国家重点保护植物的行为;犯罪主体是年满 16 周岁以上并具有完全刑事责任能力的人,同时也包括了实施上述行为的单位;客观方面即具有实施采伐、毁坏国家重点保护植物的犯罪故意,包括直接故意和间接故意,而该罪的犯罪目的和动机并不影响该罪的成立,仅对量刑产生一定影响。

(2)关于犯罪特征。非法采伐、毁坏国家重点保护植物罪的特征:一是犯罪对象的特殊性或者法定性。犯罪对象是行为人在犯罪过程中对之直接加以影响的,并通过该种影响使相关保护客体受到侵犯的人或者物。该罪的犯罪对象只能是国家重点保护植物。而《刑法》第344条规定的非法采伐、毁坏国家重点保护植物罪中的珍贵林木,包括由省级以上林业主管部门或者其他部门确定的具有重大历史纪念意义、科学研究价值或者年代久远的古树名木,国家禁止、限制出口的珍贵树木以及列入国家重点保护野生植物名录的林木。二是犯罪行为方式的包容性。该罪首先包含了非法采伐、毁坏两类不同的行为方式,在行为人实施该犯罪行为时,可能会采取采伐、毁坏两种行为方式,也有可能只有其中一种,比如非法采伐国家重点保护植物的行为。而采伐、毁坏行为中的具体方式又包括切割树干、损毁根部、截帽裁冠等行为。三是该罪属于行为犯。行为犯是指只需要行为人单纯地实施刑法分则所规定的行为,无须发生某种确定的犯罪结果或者附带情节严重的程度要求,就足以构成犯罪。据此,行为人只要对国家重点保护植物实施了采伐或者毁坏等行为即构成该罪名,而不需要造成实际的犯罪损害后果。

(3)移栽是否构成该罪。在该案中,关于通过截冠、断根林木等行为移栽国家重点保护植物的行为是否构成该罪。首先应当明确,截冠、断根以及移栽行为虽然有别于砍伐、毁坏等常见的采伐行为,在社会危害性程度上也存在差异。但在判定移栽行为罪与非罪的过程中,最关键的是要综合考虑行为人的主观故意、动机目的、采伐手段以及植物的珍贵程度等因素。国家重点保护植物之所以珍贵,需要重点保护,是因为生存环境对其生长起着至关重要的作用,案例中,行为人以牟利、移植、非法占有等为目的,擅自采伐、移栽国家重点保护植物使树木离开原有的生存环境,使树木主体部分与其原有生长地理环境相分离,破坏了植物原有的生存状态以及当地的生态平衡和生物多样性,使其生态属性减损或消灭,应当认定为构成该罪。至于量刑,也同样需要综合考虑截冠、断根以及移栽数量,而且还应当充分考虑植物的珍贵程度、采伐用途、具体手段、后续生长情况、对原生长地生态环境破坏情况,以及行为人的主观认知、一贯表现、违法所得等情节,综合评估社会危险性,坚持主客观相统一,确保罪责刑相适应。故在本案中,非法截冠、断根以及移栽原生地天然生长的野生香樟树的行为,应当认定为非法采伐国家重点保护植物罪。

(4)居间介绍、联系购买行为是否构成该罪。基于罪刑法定原则的刑法本义,当前我国《刑法》明文规定了非法采伐、毁坏、收购、运输、加工、出售国家重点保护植物等犯罪,故应当理解只有上述行为才构成犯罪。而本案中二被告人的居间介绍、联系买卖等行为并不是法定的该罪构成要件中的客观方面。但是,根据共同犯罪的成立要件,共同犯罪就是二人以上共同故意犯罪。共同犯罪的主体要件首先是二人以上,且二人以上的主体都必须具有相应的刑事责任能力;共同犯罪的主观要件,是指共同犯罪人明知共同的犯罪行为会发生危害社会的结果,并且希望或者放任这种结果发生的心理态度;共同犯罪客观要件就是两个以上主体共同实施的犯罪行为。而根据各个共同犯罪人所实施的行为性质,可以将该共同犯罪行为分为以下四类:一是实行行为,即共同犯罪人实施的符合犯罪构成客观方面要件的行为;二是组织行为,即共同犯罪人实施的组织、领导、策划、指挥犯罪等行为;三是教唆行为,即共同犯罪人实施的故意劝说、收买、威胁或者其他使没有犯罪意图的人产生犯罪意图的行为;四是帮助行为,即共同犯罪人故意提供信息、工具或者排除障碍以及协助他人实行犯罪的行为。可见,在该案例中,二被告人明知胡某某有采伐、收购国家重点保护植物的主观故意,而提供居间介绍、联系买卖珍贵植物等帮助行为,已经与胡某某(另案处理)非法采伐、毁坏国家重点保护植物的行为构成了共同犯罪,故二被告人应当以非法采伐、毁坏国家重点保护植物罪定罪处刑。

2. 既遂与未遂

在该案中,要明确二被告人居间介绍、联系购买并帮助胡某某(另案处理)采伐122株野生香樟树的行为是犯罪既遂还是未遂,首先前述已经明确二被告人居间介绍、帮助胡某某的行为与胡某某具体实施的非法采伐、毁坏国家重点保护植物行为构成非法采伐、毁坏国家重点保护植物罪的共同犯罪。而如前所述,非法采伐、毁坏国家重点保护植物罪本身属于行为犯,无论是否产生采伐、毁坏国家重点保护植物的某种犯罪结果,只要行为人实施了采伐、毁坏国家重点保护植物的行为,就构成该罪。案例中,行为人只是实施了移植前的截冠、断根行为,树木尚在原生长地,树木尚未与其生存环境相分离,其移植到其他地方的目的尚未实现,故二被告人均构成非法采伐国家重点保护植物罪的犯罪未遂,可以比照既遂从轻、减轻处罚。

3. 从犯与否

关于该案中二被告人实施居间介绍、联系购买的行为是否应当认定为非法采伐国家重点保护植物罪的从犯,是否可以从轻或者减轻处罚。如前所述,二被告人与另案处理的胡某某构成共同犯罪,而二被告人在共同犯罪中没有实际实施非法采伐、毁坏国家重点保护植物的行为,仅仅是居间介绍、联系购买,该行为在共同犯罪中仅仅起了次要作用或者辅助作用,即仅仅实施了对主犯胡某某的帮助行为,故应当认定二被告人系从犯,在量刑时可以根据其犯罪情节对其从轻或者减轻处罚。

(二)备赛思路及难点

该案例在准备时,无论是正方还是辩方,首先应当明确两点,这也是剖析该案例的关键。一是移栽行为是否构成非法采伐、毁坏国家重点保护植物罪。这在当前刑法中没有明文规定,仅仅处于司法实践探索阶段,基于该空白,正反双方就可以在该阶段进行充分抗辩。二是二被告人的行为是否构成共同犯罪的问题。因为如果不构成共同犯罪,基于罪刑法定,则二被告人的行为也不构成非法采伐、毁坏国家重点保护植物罪。故只要弄清上述两个方面的问题,在争辩厘清罪与非罪之后,其他的关于既遂、未遂,主从犯问题自然迎刃而解。

原告甲与被告乙公司环境侵权责任纠纷案

2019年全国大学生环境资源模拟法庭大赛初赛赛题

案由:环境侵权责任

案件起诉时间:2019年3月1日

诉讼双方:

原告:甲,男,1979年6月5日出生,汉族,系乙公司职工,住A市B区C小区。

被告:乙公司,住所地:A市B区C写字楼15层。

法定代表人:张某,系该公司董事长。

一、案件事实

2009年乙公司购买了C写字楼15层全层,于2011年10月装修完毕并购置全新办公家具后,于同年12月即入住办公,公司职工20余人均搬入办公。甲2003年大学毕业入职乙公司,为方便上班于2012年5月购入C小区2009年建设完成的精装现房一套,同年9月举家五口入住。至甲起诉前,乙公司先后有6名员工患有肿瘤疾病,其中4人(含甲)进行了甲状腺手术切除,1人进行了乳腺切除,1人进行了直肠肿瘤切除。

原告诉称的事实及理由:

原告甲系乙公司职工,办公地点在C写字楼15层1506室。2016年10月9日,原告被确诊患有甲状腺癌,即入A市人民医院住院治疗,并进行甲状腺切除手术,于2016年10月23日出院。2017年3月5日又因该病住院治疗10天。原告所在办公室2011年10月装修后又购置全新办公家具,搬入至今异常气味由浓到淡,至

2018 年 9 月(装修七年后)经 A 市产品质量监督检验中心检测,甲醛等一级致癌物仍然超标。因致癌物中总挥发有机物超标会引起人体免疫水平失调,这是甲状腺等肿瘤产生的主要原因,结合其他同事的患病情况(甲状腺素能影响雌激素、泌乳素代谢,5 人所患疾病直接与甲状腺疾病相关),有理由相信是被污染的办公环境导致原告患病,被告应当构成环境污染侵权,现依法提起诉讼。

原告甲向法院提出诉讼请求:

(1)被告立即停止侵害,采取措施消除办公环境污染;

(2)被告赔偿原告 2016 年至 2017 年两次住院期间产生的护理费 2500 元(100 元/天 ×25 天)、营养费 1250 元(50 元/天 ×25 天)、住院伙食补助费 1500 元(60 元/天 ×25 天)、交通费 1850 元(74 元/天 ×25 天)及医疗费;

(3)被告赔偿原告精神损失费 10 万元;

(4)被告承担本案律师费及诉讼费。

原告甲提交的证据清单:

(1)工作证复印件 1 份,证明原告甲系被告乙公司职工。

(2)乙公司证明 1 份,证明公司办公场所于 2011 年 10 月装修完毕并购置全新办公家具后同年 12 月搬入办公,另外,公司有 4 名职工均患有甲状腺肿瘤疾病。

(3)A 市人民医院病案材料 2 份(包括住院病案首页、入院记录、出院记录、检查报告单、缴费单等)、高德地图截图 1 份,证明:原告甲于 2016 年 10 月被确诊患有甲状腺癌,其分别于 2016 年 10 月 9 日,2017 年 3 月 5 日两次住院治疗的事实,住院期间共产生医疗费 138,000 元;从家打车到医院每天产生费用最低为 74 元。

(4)A 市工程质量检测中心检测报告,证明 2017 年 7 月 28 日对室内 TVOC(总挥发性有机物)进行检测,原告所在 1506 办公室测量值为 0.34mg/m^3。

(5)A 市产品质量监督检验中心室内环境检验报告,证明:2018 年 9 月 28 日,对室内 TVOC(总挥发性有机物)进行检测,原告所在 1506 办公室测量值为 0.2 mg/m^3,对比 2017 年 7 月测量值 0.34mg/m^3,相隔 1 年时间每立方米下降 0.14mg,按照直线衰减法推算,2011 年 10 月装修完毕后该办公室 TVOC 含量至少超标 4 倍以上;原告长期工作的 1506 办公室甲醛、氨气仍处于超标状态。

(6)办公楼楼层平面图及照片,证明被告公司办公楼楼层通风条件差的环境状况。

(7)乙公司工作人员关于室内空气状况说明1份,证明被告职工搬入新装修办公楼后因室内空气质量较差身体出现不适的情况;乙公司出具的《说明》1份,证明原告提交的室内空气状况说明中涉及的人员曾在或现在该公司工作。

(8)《化学致癌》(朱宝立、王民生、莫宝庆主编,北京大学医学出版社2016年版)内容节录及百度搜索视频甲状腺结节原因相关视频,证明:癌症的发生与环境因素有关,原告患甲状腺癌与被告办公室内空气污染之间具有关联性。

(9)张三、李四、王五、赵六、杨七5人出院记录及情况说明三份,张三、李四、王五出院诊断均为甲状腺癌手术,赵六为左乳癌手术,杨七为直肠癌手术。证明张三、李四、王五、赵六、杨七与原告处于相同办公环境患病和治疗的事实。

被告乙公司确认的事实:

原告甲确系乙公司职工,乙公司办公地点位于A市B区C写字楼15层。公司自甲入职以来都为其购买了职工医疗保险,在近几年甲生病期间在医保之外公司出于人文关怀对甲进行重大疾病帮扶10,000元及发放节日慰问5000元,本案是劳动者在职业活动中因受污染损害发生的纠纷,应当适用《职业病防治法》及《工伤保险条例》等法律规范寻求解决,不应属于环境污染侵权。另外,医学领域也未认定甲醛、氨气等污染与甲状腺癌之间存在因果关系,甲患病系多种原因导致。

被告乙提交的证据清单:

(1)A市工程质量检测中心检测报告,证明2017年7月28日,被告根据职工要求委托A市工程质量检测中心对办公地点进行了室内空气质量检测,检测结果为TVOC(总挥发性有机化合物)均合格。

(2)A市产品质量监督检验中心于2018年11月24日作出的编号为2018QDWT00330的《检验报告》1份,证明:①2018年11月19日,A产品质量监督检验中心对原告的工作场所进行了室内空气质量检测,检测结果为合格;②王五所在的1507办公室空气质量合格,而王五患有甲状腺癌,说明空气质量与甲状腺癌之间没有因果联系。

(3)乙公司办公家具购买发票及检验报告,证明乙公司的办公用具系通过正规渠道购买的合格产品。

(4)原告收据1份,证明被告对原告重大疾病帮扶10,000元及发放慰问金5000元。

(5)2015 年最高人民法院《关于审理环境侵权责任纠纷案件适用法律若干问题的解释》、本省实施的《工伤保险条例办法》各 1 份，拟证明劳动者在职业活动中因受污染损害发生的纠纷不属于环境侵权纠纷，原告的损失应按照工伤保险渠道寻求救济。

(6)《中华人民共和国环境法典》(国务院法制办公室编)内容节录复印件 1 页，证明环境分为自然环境和人工环境，与环境保护有关的是自然环境，本案所涉办公场所属于人工环境。

(7)《中华人民共和国侵权责任法释义》内容节录复印件(第 93 ~ 99 页)1 份，证明《侵权责任法》第 65 条规定的"环境"与《环境保护法》规定的"环境"相同，办公室内空气污染导致的损害不属于环境污染侵权。

(8)《实用内科学》(陈灏珠、林果为、王吉耀主编，人民卫生出版社出版)第 1212 ~ 1214、1237 ~ 1242 页内容节录复印件、甲状腺癌有关论文 8 篇。拟证明甲状腺癌形成的主要原因是缺碘或高碘、电离辐射、基因突变、遗传等因素，与环境污染无关。

(9)C 小区物业证明 1 份，证明甲 2012 年 9 月搬入精装修新房居住，房屋装修是否达标值得商榷。

二、本案争议焦点

(1)相关文书写作能力(能否从已给出事实和材料分析、提炼、总结，适用相关法律是否正确)；

(2)对于题目中列出的证据判断证据的关联性及效力，并作具体说明；

(3)本案诉争是否属于环境污染侵权责任纠纷；

(4)因果关系判断，是否具有关联性，是否涉及多因一果；

(5)双方举证责任如何分配；

(6)如被告构成环境侵权，应如何承担相关民事责任；

(7)原告主张护理费、营养费、住院伙食补助费、交通费及医疗费能否得到支持；

(8)被告应否承担采取措施消除办公环境污染的责任；

(9)原告精神损失主张能否成立；

(10)被告是否应承担本案律师费、诉讼费。

三、本赛题辩点

本赛题系2019年初赛赛题,题目给出了确定的部分事实、原告诉讼请求、事实理由和证据,题设要求各参赛队根据给出的材料,自行拟写诉状及答辩状,不难看出已给出的诉讼请求为本案争议焦点也是双方的辩论焦点。除此之外,还要求双方熟练掌握环境侵权和一般侵权的相关法律、司法解释的内容,熟悉举证规则,能够区分清楚什么是一般侵权,什么是环境侵权。并在此基础上进行辩论。关于本案,很明确我们应该从是否环境侵权案件着手准备,是与否是两个不同的诉辩方向,当然涉及的法律适用、举证规定也不同。考虑到环境因素,我们可以将本案确定为环境侵权纠纷的相关规定,本案原告所患疾病是否与乙装修甲醛超标一定具有因果关系,值得商榷,需要结合给出的事实及证据分析判断。考虑到环保法关于环境污染侵权纠纷的相关规定,本案可能系一般的人身或健康权纠纷,同样也需要结合给出的事实及证据分析判断。两个不同的方向必然造成本赛题辩点的区别。故,案由确定为第一辩点、因果关系为第二辩点、举证责任法律适用为第三辩点。

四、法官点评、备赛思路与难点

关于备赛,一要认真阅读环境资源模拟法庭大赛工作方案,从方案中把握比赛目的和内容、赛程安排、提交材料要求、庭审规则、评分表评分事项等重点内容(工作方案结合每年赛题实际都会稍做调整);二要通读赛题给出的所有材料,注意赛题题设要求,结合案由、事实、证据分析材料,拟写文书(诉状、答辩状);三要利用好赛题答疑机会,就赛题中存在的疑点和问题积极提问。

关于本案,案由确定确实存在争议,但凡从两个方面着手准备并展开的,都是可加分项,一定要做到的是紧扣争议焦点,结合事实、证据能够自圆其说,也能反驳对方观点。本案相关证据的认定和采用非常关键,虽然赛题中罗列的证据很多,但是参赛队可以就自己的主张有侧重点地选取出示相关证据,也可全部出示。很多参赛队伍有制作PPT展示证据的习惯,这是值得肯定的。但是在展示的过程中一定要注意对证据进行分组分类,有很多队伍只顾展现自己的证据,忽略对方证据中利于自己观点的证据,另外对于证据相互之间的关联性、证据的高度盖然性方面的理解还存在一定欠缺。本案案由一旦确定清楚,证据一定是紧密围绕主张出示。这样利于自己掌握庭审的控辩节奏。

无论从哪个角度确定本案案由，事实部分定然涉及因果关系的认定，原告患病一定是被告装修过程中甲醛超标所致吗？很多参赛队给出的结论是一定导致，认为是一因一果，忽略了多因一果的可能性，未考虑原告自身身体情况、原告居住环境等因素。原告自己是不是需要承担部分责任是值得商榷的。本赛题来源于真实案例，但并不是完全一致的，是在真实案例的基础上进行了改变，融入了环境司法实践中存在的一些争议问题，需要大家一起探讨。另外关于备赛，建议观看部分庭审直播视频或在中国裁判文书网查阅相关案例。

原告A市人民政府与和美工艺品有限公司、黄某某、魏某某生态环境损害赔偿案

2019年全国大学生环境资源模拟法庭大赛复赛赛题

一、基本案情

原告:A市人民政府。

被告1:和美工艺品有限公司(以下简称和美公司)。

被告2:黄某某。

被告3:魏某某。

案由:生态环境损害赔偿

2015年5~6月,和美公司将其工业生产活动中产生的83桶硫酸废液,以每桶1300~3600元不等的价格,分次交由黄某某处置,共支付黄某某183,200元。黄某某到物流园马路边等处随机联系外地牌号货车车主或司机,分多次将上述83桶硫酸废液直接从黄某某存放处运出,并交代司机将其带出B市后随意处置,共支出运费43,000元左右。其中,魏某某于2015年6月运出15桶,收到运费5200元。魏某某将15桶硫酸废液从B市运至A市某县经济开发区后,在该经济开发区某料场门口(现为工地)倾倒3桶,余下12桶被丢弃在该处。除以上15桶之外,其余68桶硫酸废液黄某某无法说明去向。

2015年12月,A市某县经济开发区管理委员会环保部门工作人员在巡查时,发现12桶硫酸废液。2016年7月12日,经A市某县经济开发区管理委员会委托,江苏某监测有限公司对涉案硫酸废液进行取样监测后出具(2016)环监(水)字第

(123)号监测报告，结果为：PH值<1，硫酸盐2.16×10000mg/L，游离氯1.14×1000mg/L，总氯1.18×1000mg/L，铁1.46×1000mg/L，铅ND、锌158mg/L，镉ND、总氰化物8.02mg/L。2016年10月27日，江苏某检测技术股份有限公司接受公安机关委托，出具司法鉴定意见书，结论为涉案硫酸废液是具有腐蚀性特征的危险废物。

2016年10月13日，和美公司将丢弃在案发现场的12桶硫酸废液（经称重，共计17.11吨）交由某环境净化股份有限公司进行处置，支付处置费用116,740.08元。

另查明，2017年8月2日，A市某县人民检察院就和美公司、黄某某、魏某某等实施的以上非法处置危险废物行为，向法院提起公诉。法院生效判决已认定和美公司、黄某某、魏某某等构成污染环境罪，并予以定罪处罚。

还查明，A市人民政府为确定倾倒3桶硫酸废液所致生态环境修复费用，支出专家辅助人咨询费3000元。

原告诉讼请求：(1)和美公司、黄某某、魏某某连带赔偿生态环境修复费用204,319元（计算方法：虚拟成本计算方法每桶1.426吨×3桶×单位处理成本6822.92元×环境敏感系数7）；(2)和美公司、黄某某连带赔偿生态环境修复费用4,631,234元（对于无法查明处置地点的68桶硫酸废液，应当推定和美公司、黄某某的违法处置行为也造成了生态环境的损害，环境修复费用可以适用虚拟治理成本法，并比照已经查明的3桶硫酸废液污染事实，确定为4,631,234元）；(3)三被告支付原告为本案支付的专家辅助人咨询费3000元；(4)三被告共同在省级媒体上公开赔礼道歉。

二、本案争议焦点

(1)本案是否属于生态环境损害赔偿诉讼，原告是否有权提起本案诉讼；

(2)在A市某县经济开发区倾倒3桶硫酸废液造成的生态环境损害，三被告应否承担连带赔偿责任，如应承担，赔偿数额如何确定；

(3)被告和美公司及黄某某应否就交给他人处理的其余68桶硫酸废液承担生态环境损害赔偿责任，如应承担，赔偿数额如何确定，原告关于生态环境修复费用的主张，是否具有事实和法律依据；

(4)原告请求被告公开赔礼道歉应否在本案中得到支持。

三、本赛题辩点

(一)原告辩点

(1)本案属于生态环境损害赔偿诉讼范畴,原告有权提起本案诉讼;

(2)三被告对在A市某县经济开发区倾倒的3桶硫酸废液产生的生态环境损害修复费用204,319元承担连带赔偿责任;

(3)被告和美公司、黄某某应就交给他人处理的其余68桶硫酸废液产生的生态环境修复费用4,631,234元承担连带赔偿责任;

(4)原告请求被告公开赔礼道歉在本案中应得到支持。

(二)被告辩点

(1)本案不属于生态环境损害赔偿诉讼,原告无权提起本案诉讼;

(2)三被告对在A市某县经济开发区倾倒的3桶硫酸废液产生的生态环境损害修复费用204,319元不承担连带赔偿责任;

(3)被告和美公司、黄某某就交给他人处理的其余68桶硫酸废液产生的生态环境修复费用4,631,234元不承担连带赔偿责任;

(4)原告请求被告公开赔礼道歉在本案中不应得到支持。

四、法官点评、备赛思路与难点

(一)关于原告如何诉的问题

第一,原告的权利基础是什么,即原告依法享有何种权利且该权利受到何种侵犯。

生态环境损害是指因污染环境、破坏生态造成大气、地表水、地下水、土壤、森林等环境要素和植物、动物、微生物等生物要素的不利改变,以及上述要素构成的生态系统功能退化。

本案中,和美公司、黄某某、魏某某分别实施违法行为,层层获取非法利益,最终导致危险废物被非法处置,对生态环境造成严重损害,故本案依法属于生态环境损害赔偿诉讼。

原告为地市级人民政府,因被告的行为对生态环境造成严重损害,原告与被告进行了磋商但未达成一致,依据最高人民法院《关于审理生态环境损害赔偿案件的若干规定(试行)》第1条的规定,原告有权提起本案诉讼。

第二,原告诉何人,即原告的权利被何人所侵犯。

该案中,和美公司、黄某某、魏某某参与了硫酸废液的非法处置,和美公司、黄某某、魏某某的行为与生态环境严重损害之间存在因果关系,故本案应以和美公司、黄某某、魏某某为被告。

第三,原告诉什么。

根据《民法典》第1235条、最高人民法院《关于审理生态环境损害赔偿案件的若干规定(试行)》的规定,被告违反法律法规污染环境、破坏生态的,应当承担修复生态环境、赔偿损失、停止侵害、排除妨碍、消除危险、赔礼道歉等民事责任。

本案中,第一,3桶硫酸废液对土壤造成严重污染系和美公司、黄某某、魏某某共同违法行为所致,故和美公司、黄某某、魏某某依法应当连带赔偿该部分生态环境修复费用。被告不能准确说明该3桶硫酸废液的具体重量,丢弃在现场的12桶硫酸废液平均每桶重1.426吨,平均每吨处置费用为6822.92元,故本案硫酸废液的单位治理成本即为6822.92元/吨;3桶硫酸废液倾倒于农用地上,对照《虚拟治理成本法说明》,其环境功能区类别为Ⅱ类,环境敏感系数应为7,经计算该部分费用为204,319元(计算方法:虚拟成本计算方法每桶1.426吨×3桶×单位处理成本6822.92元×环境敏感系数7)。

第二,对于黄某某无法说明去向的68桶硫酸废液。本案中,和美公司对硫酸废液未履行申报登记义务,未依法申请领取危险废物转移联单,黄某某非法从事危险废物经营活动,没有记录硫酸废液的流向及处置情况等,违反了《固体废物法》等法律法规。根据最高人民法院《关于审理环境民事公益诉讼案件适用法律若干问题的解释》第13条的规定,应当推定其余68桶硫酸废液被非法处置并污染了环境的事实成立。

如前所述,68桶硫酸废液的重量应以每桶1.426吨计算,共计96.96吨;单位治理成本仍应确定为6822.92元。本案非法处置68桶硫酸废液实际损害的环境介质及环境功能区类别不明确。而不同的环境介质、不同的环境功能区所对应的环境功能区敏感系数不同,系数7处于环境敏感系数的中位,被告也未能举证证明68桶硫酸废液实际污染了敏感系数更低的环境介质。因此,环境敏感系数为7具有合理性，体现了对逃避国家监管、跨地转移、非法处置危险废物违法行为的适度惩罚。经计算，68 桶硫酸废液造成的生态环境修复费用为 4,630,852 元(96.96 ×6822.92 ×7)。该项生态环境损害系被告和美公司、黄某某的共同违法行为所致，故被告和美公司、黄某某应连带赔偿该费用。

第三，被告共同实施了污染环境、破坏生态、损害社会公共利益的行为，在承担损害赔偿责任的同时，依法应当承担向社会公众公开赔礼道歉的责任。

根据上述分析，原告提出其前述诉讼请求。

（二）关于被告如何辩的问题

第一，本案不属于生态环境损害赔偿诉讼，原告无权提起本案诉讼。

本案中，仅有 3 桶硫酸废液对土壤造成污染，受污染要素是特定的，且未对生态环境造成严重污染，不属于最高人民法院《关于审理生态环境损害赔偿案件的若干规定（试行）》第 1 条第 1 款所规定的三种情形，故本案不属于生态环境损害赔偿诉讼，原告无权提起本案诉讼。

第二，三被告不应连带赔偿在 A 市某县经济开发区倾倒的 3 桶硫酸废液产生的生态环境修复费用。

在 A 市某县经济开发区倾倒 3 桶硫酸废液行为系被告魏某某单独实施，和美公司、黄某某并未指使或安排魏某某实施该行为，三被告不存在共同意思表示，故该部分生态环境修复费用应当由被告魏某某承担，三被告不应承担连带赔偿责任。此外，对于该 3 桶的重量，原告并未提供证据证实，故原告主张的生态环境修复费用计算依据不充分，该费用计算不准确。

第三，被告和美公司、黄某某不应连带赔偿就交给他人处理的其余 68 桶硫酸废液所产生的生态环境修复费用。

对于 68 桶硫酸废液，原告并未举证证明 68 桶硫酸废液的重量、对环境造成了损害，即该 68 桶硫酸废液是否对环境造成了损害、具体重量、处置地点尚不能确定。此外，因处置地点不能确定，原告要求按照环境敏感系数 7 计算环境修复费用缺乏事实和法律依据。

第四，原告请求被告公开赔礼道歉在本案中不应得到支持。

本案不属于生态环境损害赔偿诉讼，原告无权提起本案诉讼，且 68 桶硫酸废液是否对环境造成了损害尚不能确定，故原告的该项诉请不应予以支持。

（三）法官点评

环境资源类案件虽然长期存在，但是在人民法院受理案件量中所占比例很小，①直至最近几年才逐渐引起大家的重视。在比赛中，选手们根据赛题设定的事实，认真分析、严谨推理，仔细找寻相关法律法规，充分反映选手们对我国相关法律法规的熟练掌握程度以及较为体系的法律思维。

第一，准确理解生态环境损害赔偿。

生态文明建设是关系中华民族永续发展的根本大计，生态环境没有替代品，保护生态环境人人有责。生态环境损害赔偿制度是生态文明制度体系的重要组成部分，党的十八届三中全会明确提出对造成生态环境损害的责任者严格实行赔偿制度。

对此，《生态环境损害赔偿制度改革方案》对"生态环境损害"作出了明确规定，即当事人因实施污染环境、破坏生态的行为，造成大气、地表水、地下水、土壤、森林等环境要素和植物、动物、微生物等生物要素发生不利改变，以及上述要素构成的生态系统功能退化。是否属于生态环境损害赔偿是处理此类案件的前提条件，需要准确理解和界定生态环境损害赔偿的内涵，避免出现方向性错误。

第二，依法适用事实推定规则。

最高人民法院《关于审理环境民事公益诉讼案件适用法律若干问题的解释》第13条规定："原告请求被告提供其排放的主要污染物名称、排放方式、排放浓度和总量、超标排放情况以及防治污染设施的建设和运行情况等环境信息，法律、法规、规章规定被告应当持有或者有证据证明被告持有而拒不提供，如果原告主张相关事实不利于被告的，人民法院可以推定该主张成立。"即在环境民事公益诉讼中，原告有证据证明被告产生危险废物并处置了污染物，但被告拒不提供信息致使无法查明污染物去向的，法院可以推定原告主张事实存在。该规则对环境民事公益诉讼中相关事实认定提供了明确依据，对于生态环境保护具有十分重要的现实意义，需要我们准确理解和适用该规则。

第三，积极寻求专业技术支持。

环境案件具有专业性强、影响面广、社会关注程度高的特点，相较于传统案件，

---

① 以2020年为例，最高人民法院审结35,773件，地方各级人民法院和专门人民法院审结、执结2870.5万件。审结一审环境资源案件25.3万件，审结环境公益诉讼案件3557件。（数据来自最高人民法院2021年度工作报告）

此类案件的处理给我们提出新的要求。一般来讲,环境案件除涉及法律专业知识外,还涉及大气、地表水、地下水、土壤、森林、植物、动物、微生物等方面的知识。对此,我们要清醒地认识到自身存在的知识缺陷,通过司法鉴定、征求意见、专家辅助人出庭等方式,听取环境司法鉴定机构、环境资源保护监督管理部门、环境资源专家等的专业意见,为案件处理提供专业的技术支持。

某市某区检察院诉被告人孙光荣、王刚犯滥伐林木罪暨附带民事公益诉讼案

2021 年全国大学生环境资源模拟法庭大赛初赛赛题

一、基本案情

公诉机关暨附带民事公益诉讼起诉人:某市某区检察院。

被告人:孙光荣、王刚。

案件提起公诉时间:2018 年 3 月 16 日。

2017 年 3 月 3 日,某市河西镇甲子村发生强台风,导致张其所栽植的共计 333 棵杨树被刮断。

2017 年 3 月 6 日,张其将其被台风刮断的 196 棵杨树出售给被告人孙光荣。同日,在未经林业行政主管部门批准并核发林木采伐许可证的情况下,被告人孙光荣采用油锯锯的方式,将其购买的 196 棵杨树予以砍伐。2017 年 3 月 8 日,张其将其被台风刮断的 137 棵杨树出售给被告人王刚。同日,在未经林业行政主管部门批准并核发林木采伐许可证的情况下,被告人王刚采用油锯锯的方式,将其购买的 137 棵杨树予以砍伐。上述杨树位于林地保护利用规划范围内,属于一般公益林,已纳入林木采伐限额管理。经林业行政主管部门现场勘验、检查,被告人孙光荣所砍伐的林木立木蓄积为 25.9012 立方米,被告人王刚砍伐的林木立木蓄积为 21.36 立方米。2017 年 3 月 15 日,当地林业主管部门在巡查时发现江苏省某市河西镇甲子村部分林木被砍伐,遂立案调查。后发现本案可能涉及刑事犯罪,故移送公安机关。2017 年 3 月 24 日,被告人孙光荣、王刚被公安机关传唤到案,到案后如实供述了自

己的犯罪事实。

另查明,2013 年 6 月 10 日,孙光荣因犯滥伐林木罪被法院判处有期徒刑 6 个月,缓刑 1 年。

当地林业局于 2018 年 1 月 10 日出具说明一份,该说明载明:“依据我国关于林木砍伐的相关规定,采伐林木必须申请采伐许可证,按许可证的规定进行采伐。孙光荣、王刚所砍伐的树木虽然已经被刮断,但是依法仍需要办理砍伐许可证方可砍伐。”

当地村委会和镇政府于 2018 年 6 月 2 日共同出具书面证明一份,该证明载明:“兹有我村村民张其承包我村土地栽植树。2017 年 2 月,因杨树杨絮较多,易污染环境,政府传达整治环境精神,取消栽植杨树。当时村委会传达,党员干部带头砍伐,张其是党员应先行一步。且张其所出售的树木因台风被刮断,影响到当地村民的出行安全,没有办理砍伐证。后来孙光荣到村里找砍伐证,村里同意可以先进行砍伐,村委会给协调多次,林木砍伐许可证由镇里统一补办。”

受公益诉讼起诉人委托,两位林业工程专家于 2018 年 4 月 24 日共同出具了《关于孙光荣、王刚滥伐林木的生态损害及修复意见》,新沂市农业委员会于同日出具了《关于孙光荣、王刚滥伐林木案的生态修复方案》,证实涉案滥伐林木行为造成了生态环境损害,具体表现为防风御沙作用降低,保湿、保水作用丧失,净化空气能力丧失;应通过补种复绿的方式进行生态修复,根据新沂市林业现状,可栽植省林业主管部门推荐的绿化三化树种,孙荣光栽种朴树 480 株和乌柏 500 株、王刚栽种朴树 400 株和乌柏 420 株,足以修复本案造成的生态效益损失,栽植资金预算(包括苗木费、整地费、栽植费、浇水费)合计 30,636 元(分别为孙荣光 16,650 元、王刚 13,986 元)。新沂市农业委员会于 2018 年 5 月 15 日出具书面情况说明,提出新沂市农业委员会可提供马陵山三化示范园部分造林地块进行种植,愿意监管指导本案被告人栽植林木,并对林木成活率进行验收;如被告人不能自行栽植而缴纳栽植费用,新沂市农业委员会可以代为栽植或委托第三方栽植。

二、本案争议焦点

(1)孙光荣、王刚有无犯罪的主观故意;

(2)孙光荣、王刚的行为有无社会危害性;

(3)孙光荣是否构成滥伐林木罪,如构成犯罪,是否符合免予刑事处罚的条件;

(4)王刚是否构成滥伐林木罪,如构成犯罪,是否符合免予刑事处罚的条件;

(5)孙光荣和王刚应否承担生态修复责任。

三、本赛题辩点

(一)公诉机关暨附带民事公益诉讼起诉人的辩点

(1)孙光荣、王刚具有犯罪的主观故意,其行为具有社会危害性,应以滥伐林木罪追究其刑事责任。

(2)孙光荣、王刚不应免予刑事处罚。

(3)孙光荣、王刚依法承担环境侵权责任。

(二)被告人孙光荣、王刚的辩点

(1)孙光荣、王刚不具有犯罪的主观故意,其行为不具有社会危害性,不构成滥伐林木罪。

(2)孙光荣、王刚即使构成犯罪,亦应免予刑事处罚。

(3)孙光荣、王刚不应当承担环境侵权责任。

四、法官点评、备赛思路与难点

(一)关于公诉机关暨附带民事公益诉讼起诉人如何诉的问题

1. 案情分析

(1)孙光荣、王刚构成滥伐林木罪。

滥伐林木罪,是指违反《森林法》的规定,滥伐森林或者其他林木,数量较大的行为。

其一,本罪的客体是国家的森林资源保护制度。根据《森林法》第 32 条第 1 款的规定,采伐林木必须申请采伐许可证,按许可证的规定进行采伐。本案中,被告人孙光荣、王刚在未办理林木采伐许可证的情况下,分别砍伐杨树 196 棵、137 棵,显然违反了国家的森林资源保护制度。

其二,本罪的客观方面表现为违反《森林法》的规定,滥伐森林或者其他林木,数量较大的行为。根据最高人民法院《关于审理破坏森林资源刑事案件具体应用法律若干问题的解释》的规定,下列行为属于滥伐林木:①未经林业行政主管部门及法律规定的其他主管部门批准并核发林木采伐许可证,或者虽持有林木采伐许可证,但违反林木采伐许可证规定的时间、数量、树种或者方式,任意采伐本单位所有或者本人所有的森林或者其他林木的;②超过林木采伐许可证规定的数量采伐他人所有的森林或者其他林木的。林木权属争议一方在林木权属确权之前,擅自砍伐森林或者其他林木,数量较大的,以滥伐林木罪论处。本案中,被告人孙光荣、王刚在未办理林木采伐许可证的情况下,砍伐林木立木蓄积分别为 25.9012 立方米、21.36立方米,已经达到数量较大的标准。

其三,本罪的主体是一般主体,既可以是自然人,也可以是单位。本案中,被告人孙光荣、王刚均为已满 16 周岁的自然人,依法应当承担刑事责任。

其四,本罪的主观方面是故意。本案中,孙光荣、王刚明知砍伐林木需要申请办理采伐许可证,在未办理砍伐许可证的情况下不得擅自砍伐,亦明知其所购买的杨树并未办理砍伐许可证,仍将上述林木予以砍伐,主观上显然具有滥伐林木的故意。孙荣峰的行为是对法律明确规定的违反,孙荣峰、王刚在主观方面存在犯罪的故意。

(2)孙光荣、王刚不符合免予刑事处罚的情形。

根据《刑法》第 37 条的规定,对于犯罪情节轻微不需要判处刑罚的,可以免予刑事处罚。本案中,孙光荣、王刚所砍伐林木立木蓄积分别为 25.9012 立方米、21.36立方米,已经达到最高人民法院《关于审理破坏森林资源刑事案件具体应用法律若干问题的解释》所规定的数量较大的标准,显然不属于犯罪情节轻微不需要判处刑罚的情形,故不应当对孙光荣、王刚免予刑事处罚。

(3)孙光荣和王刚依法应当承担生态修复责任。

森林、林木具有蓄水保土、调节气候、改善环境和提供林产品的重要作用,为了保护、培育和合理利用森林资源,《森林法》明确规定采伐林木必须申请采伐许可证。本案中,孙光荣和王刚所砍伐杨树属于一般公益林,林木被砍伐后,必将对生态环境造成一定程度的损害。《环境保护法》第 64 条规定,因污染环境和破坏生态造成损害的,应当依照《侵权责任法》(已失效)的有关规定承担侵权责任。孙光荣和王刚的行为对生态环境造成一定程度的损害,故其依法应当承担生态修复责任。

2. 形成诉状

根据以上分析可知:2017 年 3 月 6 日、8 日,被告人孙光荣、王刚在未办理林木采伐许可证的情况下,分别砍伐杨树 196 棵、137 棵,经林业主管部门勘验认定,立木蓄积分别为25.9012立方米、21.36立方米，林木性质为一般公益林。被告人孙光荣、王刚违反森林法的规定，在未取得林木采伐许可证的情况下滥伐林木，数量较大，其行为已触犯《刑法》第345条第2款之规定，犯罪事实清楚，证据确实、充分，应当以滥伐林木罪追究其刑事责任。此外，孙光荣和王刚的行为对生态环境造成一定程度的损害，依据《环境保护法》第64条和《侵权责任法》（已失效）第4条、第15条的规定，依法应当承担生态修复责任。

（二）关于被告人孙光荣、王刚如何辩的问题

被告人孙光荣、王刚不构成滥伐林木罪。

第一，孙光荣、王刚在主观上没有犯罪的故意，缺乏犯罪构成要件。孙光荣、王刚虽然认可存在无证伐树行为，但是孙光荣、王刚听从党和政府的号召，是在政府部门承诺负责办证的情况下实施的砍伐行为。孙光荣、王刚参与治理杨絮污染工作，在特定时期实施的砍伐行为有益于社会，无犯罪目的性，因此不能认定孙光荣、王刚有罪。

第二，孙光荣、王刚的行为无社会危害性，不应认定为犯罪。杨树虽然具有防风御沙、保湿、净化空气等作用，但是伐树是出于治理杨絮污染、为政府分忧、为民解难的目的，及时砍伐树木解除了当地村民出行所受到的安全威胁，且存在村委会承诺负责统一办证的背景，故孙光荣、王刚的行为无社会危害性，不应认定为犯罪。

第三，孙光荣、王刚即使构成犯罪，亦应免予刑事处罚。本案中，在当地镇政府、村委会动员并承诺办理砍伐许可证的情况下，孙光荣、王刚已尽到了审慎义务，注意到了自身行为的风险。因杨絮存在污染，当地实施了更换树种的活动，且存在其他无证伐树的情况，在本案中对孙光荣、王刚处以刑罚会导致司法不公。

第四，孙光荣、王刚不应当承担生态修复责任。杨树虽然具有防风御沙、保湿、净化空气等作用，但是同样带来杨絮污染、影响当地村民安全出行的问题。孙光荣、王刚的行为系出于治理杨絮污染、为政府分忧、为民解难的目的，且村委会承诺负责统一办证，故孙光荣、王刚不应当承担生态修复责任。

（三）法官点评

本赛题所涉及案情并不复杂，且赛题已经明确了案件事实。赛题着重通过辩论的形式考察辩手们的法律思维以及面对现实问题时解决问题的能力。在赛场，辩手们紧紧抓住案件焦点，引经据典、条分缕析，有针对性地发表各自意见，充分展

现出了作为优秀公诉人、辩护律师所应具备的素质。

首先,模拟法庭大赛虽然属于辩论赛,需要辅以语言、动作等,但是其与一般辩论赛存在明显不同。模拟法庭大赛旨在“吸引更多年轻人关注环保,激发大学生学习环境资源法和参与环保的热情,培养大学生环保司法实务技能,探讨当前环境资源审判存在的疑难问题,为完善环境资源立法、执法和司法提供建议”。因此,模拟法庭大赛更多的是考察参赛选手所具备的法律思维、对法律知识的掌握程度及解决实际问题的能力。

其次,本赛题虽然案情较为明了,但是涉及刑事犯罪及生态环境赔偿,且刑事犯罪及生态环境赔偿通过刑事附带民事的方式一并主张,涉及刑事、民事(公益诉讼)等众多实体法、程序法,从而对选手们提出了更高的要求。在比赛过程中,有的参赛选手出现对生态环境赔偿部分关注不足的情况,需要予以注意。

最后,依据刑法的规定,对于犯罪情节轻微不需要判处刑罚的,可以免予刑事处罚。免予刑事处罚是一种非刑罚处理方法。刑罚的目的是通过教育挽救犯罪分子达到预防犯罪的目的。对此,需要注意两点:第一,本条适用的前提是构成犯罪,如不构成犯罪,则应当依法作出无罪判决。第二,对犯罪情节轻微不需要判处刑罚的理解。相关司法解释、文件等对免予刑事处罚的部分情形进行了明确,如最高人民法院《关于贯彻宽严相济刑事政策的若干意见》第 15 条规定。对于本案被告人的行为是否符合免予刑事处罚的情形并无明确规定。对此,在处理案件时需要认真查阅相关资料,分析案情,了解我国当前刑事政策及当地实际,否则所发表的意见会出现内容空洞、说服力不强的情况。

江华亭诉江海市汇文镇岐山村民委员会水环境污染侵权责任纠纷案

2021 年全国大学生环境资源模拟法庭大赛复赛赛题

一、基本案情

2017 年 12 月 25 日，江华亭与江海市汇文镇岐山村民委员会（以下简称岐山村委）签订租赁合同，租赁两处鱼塘用于养殖虾蟹。2019 年 3 月 5 日，岐山村委为美化村庄环境和改善村民健身条件在江华亭的鱼塘旁边新建健身步道一条，该建设项目未经相关部门审批。2019 年 7 月突发暴雨，因健身步道地势较高且面积较大，大量雨水流经健身步道后倒灌入鱼塘，随后 2 个鱼塘养殖的虾蟹均发生非正常死亡的现象，其余未与健身步道毗邻的鱼塘则未发生类似情况。后原告以岐山村委为被告向法院提起诉讼。

诉前，原告寻求当地渔政部门的帮助，渔政部门派出渔业专家进行现场勘验，原告在其后的诉讼中申请该专家出庭作证。该专家陈述：健身步道系沙质土基，面积较大，又未设置排水设施，因其地势较高，暴雨降临后，大量雨水经健身步道倒灌入鱼塘，短期内水位增长过快；因健身步道是沙质土，吸热性差，地表温度高，导致流入鱼塘内的水温远比池塘里的水温要高，而池塘里养殖大量伊乐藻，不适应水温和水位骤增，根系断裂腐烂，造成鱼塘瞬时缺氧，最终造成池塘里的虾蟹陆续大量不正常死亡；虽不能排除其他有害因子，但从伊乐藻腐烂对夏季螃蟹比较敏感推定存在一定因果关系。后，原告又先后委托燕赵大学司法鉴定中心、江海市天浪现代科技生态农业发展有限公司对周边的水土是否有毒进行了鉴定，结果显示周边水土均没有毒性。

案件审理期间，岐山村委出具情况说明，对案涉鱼塘养殖产能及所涉螃蟹市场售价进行了确认，后该市水产技术推广站亦出具材料确认该情况说明内容与该市生产实际相符。

目前，案涉鱼塘因规划改变双方已不再续签鱼塘租赁合同，停止养殖。案发后被告对毗邻鱼塘一侧的界线处用土填高。

二、相关证据

（一）原告提供的主要证据

证据1：江华亭和岐山村委签订的《鱼塘租赁合同》（简要），以证明原告对案涉死亡的虾蟹享有所有权。

鱼塘租赁合同

发包方：江海市汇文镇岐山村民委员会（以下简称甲方）

承租方：江华亭，身份证号码：××××××（以下简称乙方）

甲乙双方根据《合同法》以及其他有关法律法规的规定，本着公平公正，经双方协商就鱼塘租赁一事达成以下条款，共同遵守，特签订本合同。

一、出租地块位置

甲方同意将现有状况A、B面积合计为32亩的鱼塘经营承包权发包给乙方从事纯水产养殖生产经营。

二、出租期限及用途

1. 鱼塘租赁期限3年，鱼塘租赁期限为2018年1月1日至2020年12月31日。

2. 乙方租赁上述鱼塘用于纯水产养殖，乙方在使用中不得随意改变使用用途，若需改变必须征得甲方书面同意，否则视为违约。

三、出租价格

1. 出租鱼塘的单价为每亩××××元人民币，合计鱼塘年租金100,190元人民币。

2. 出租鱼塘的价格自起算租金之日起，鱼塘租金采取先付后用的方式，一年一交。

3. 在签约时，乙方须缴付甲方每亩300元押金，金额9600元人民币，正常履行合同期满后退还。

四、甲方的权利和义务

1. 享有收取土地租金的权利。

2. 甲方有权监督乙方按合同约定用途使用鱼塘，未经甲方书面同意，不得随意改变使用用途；若有发生，甲方有权单方解除合同，并要求乙方赔偿因此给甲方造成的经济损失。

3. 甲方负责协调供电、供水，同时乙方应做好雨水、污水等排放基础设施，租赁鱼塘内所有设施费用由乙方自行承担。

4. 合同期内甲方不得干预乙方正常的生产经营活动，不得将该鱼塘另作他用。

五、乙方的权利和义务

1. 本合同生效后，乙方按照本合同规定，按时按期足额交付使用鱼塘租金。

2. 本合同生效后乙方依法享有租赁鱼塘的生产使用权，乙方在生产经营过程中，自主经营，自负盈亏，出现自然灾害由乙方自行承担责任，与甲方无涉。乙方违法、违规经营的，均由乙方自行承担所有责任。

3. 如遇政府征用（征收）土地或者拆迁，乙方必须服从，并在规定的时间内予以搬迁。由乙方自行出资投资建造的建筑物、地面附着物以及投放的鱼苗等由政府补偿，费用归乙方。

4. 乙方应加强安全保卫，实行安全生产。出现各种安全事故应由乙方自行承担全部责任。

5. 乙方在租赁期间，应遵守甲方的用电、水闸规定，保护、维修好鱼塘，归还时鱼塘完好。

乙方

××××年××月××日

证据2：某现代科技生态农业发展有限公司出具的案涉《农用地土壤环境质量检测报告》（节选），以证明案涉虾蟹的死亡并非源于其他污染。

江海市天浪现代科技生态农业发展有限公司
岐山村部分农用地土壤环境质量检测报告

承办单位:江海市天浪现代科技生态农业发展有限公司

××××年××月××日

目 录

1. 项目背景

×××××× ××××××

2. 调查范围

×××××× ××××××

3. 采样、检测和试验方法

基于委托信息和专业养殖户提供的信息点位，本次调查对地块进行采样，采集地块表层(深度30cm)土壤，每个点位采集一个样品。

3.1 土壤环境质量检测项目

根据《土壤环境质量农用地土壤污染风险管控标准(试行)》(GB 15168 -

2018)，土壤环境质量检测项目包括汞、铜、铅、砷、镉、镍、铬、锌、六六六、滴滴涕及苯并[a]芘，检测方法按照(GB 15168－2018)规定的方法检测。

3.2 可能外来污染物检测项目

×××××× ××××××

3.3 土壤水浸出液生物毒性试验

土壤毒性采用土壤水浸出液进行水质发光细菌急性毒性测试，土壤水浸出液制备方法为：称取新鲜土壤样品100g，按土壤和去离子水质量比1:1加入三角烧瓶中振摇24h，静置48h，取上清液用于测试；水质发光细菌急性毒性测试方法参照国际标准方法(ISO 11348－3－2007)。

4. 环境质量及结果评价

4.1 土壤环境质量状况

×××××× ××××××

4.2 可能外来污染物检测结果

×××××× ××××××

4.3 土壤水浸出液生物毒性试验结果

×××××× ×××××

5. 结论

(1)本次调查采集的土壤样品中重金属(汞、铜、铅、砷、镉、镍、铬、锌)、六六六、滴滴涕及苯并[a]芘的含量均低于《土壤环境质量农用地土壤污染风险管控标准(试行)》(GB 15168－2018)环境标准限值。本报告所属区域土壤样品土壤环境质量符合农用地土壤污染风险管控标准。

(2)本次调查采集的土壤样品中六价铬、挥发性有机物和半挥发性有机物均为未检出。本报告所属区域土壤样品没有检测项目中可能的外来污染物。

(3)本次调查采集的土壤样品土壤水漫出液水质发光细菌急性毒性监测结果均为L30mm＞80%，说明本报告所属区域土壤样品没有毒性。

总之，本报告调查区域符合《土壤环境质量农用地土壤污染风险管控标准(试行)》(GB 15168－2018)，无检测项目中可能的外来污染物，土壤水浸出液水质发光细菌急性毒性试验结果说明土壤没有毒性。

证据3:江海大学司法鉴定中心出具的《司法鉴定意见书》,以证明案涉虾蟹的死亡并非源于原告自身的养殖污染。

江海大学司法鉴定中心司法鉴定意见书
江大司鉴中心2019毒鉴字第7654号

一、基本情况

委托方:江华亭

委托鉴定事项:×× ×× ×× ××

受理日期:××××年××月××日

鉴定材料:排水沟1号水样(编号为FT18-8449-1)、排水沟2号水样(编号为FT18-8449-2)、石第林水塘甲的水样(编号为FT18-8449-3)、江华亭池塘中的水(编号为FT18-8449-4)、排水沟中的泥(编号为FT18-8449-5)、虾蟹(编号为FT18-8449-6)

鉴定日期:××××年××月××日至××××年××月××日

鉴定要求:所送检材中是否含有有机磷类杀虫剂(敌敌畏、甲胺磷、乙酰甲胺磷、马拉硫磷、乐果、甲基对硫磷、对硫磷)、氨基甲酸酯类杀虫剂(呋喃丹、灭多威、异丙威、甲萘威)

鉴定地点:江海大学司法鉴定中心

二、基本案情

根据委托书记载,2019年7月初至今,江海市汇文镇岐山村江华亭养殖的虾蟹非正常死亡,损失几十万元。

三、鉴定过程

1. 检验用仪器设备:气相色谱质谱仪、液相色谱串联质谱联用仪。

2. 检验规程:采用SF/Z JD0107014-2015方法,气相色谱质谱法对排水沟1号水样(编号为FT18-8449-1)、排水沟2号水样(编号为FT18-8449-2)、江华亭池塘中的水样(编号为FT18-8449-4)、排水沟中的泥(编号为FT18-8449-5)、虾蟹(编号为FT18-8449-6)中有机磷类杀虫剂(敌敌畏、甲胺磷、乙酰甲胺磷、马拉硫磷、乐果、甲基对硫磷、对硫磷)进行分析。采用SF/ZJD0107005-2016方法、液相色谱串联质谱法对排水沟1号水样(编号为FT18-8449-1)、排水沟2号水样

（编号为FT18－8449－2）、江华亭池塘中的水样（编为FT18－8449－4）、排水沟中的泥（编号为PT18－8449－5）、虾蟹（编号为FT18－8440－6）中氨基甲酸酯类杀虫剂（呋喃丹、灭多威、异丙威、甲萘威）进行分析。

四、分析说明

1.经检验，委托单位送检的排水沟1号水样（编号为FT18－8449－1）、排水沟2号水样（编号为PT18－8140－2）、江华亭池塘中的水样（编号为FT18－8449－4）、排水沟中的泥（编号为FT18－8449－5）、虾蟹（编号为FT18－8449－6）中均未出现有机磷类杀虫剂（敌敌畏、甲胺磷、乙酰甲胺磷、马拉硫磷、乐果、甲基对硫磷、对流磷）的特征碎片离子峰。

2.经检验，委托单位送检的排水沟1号水样（编号为FT18－8449－1）、排水沟2号水样（编号为FT18－8444－2）、江华亭池塘中的水样（编号为FT18－8449－4）、排水沟中的泥（编号为FT18－8449－5）、虾蟹（编号为FT18－8449－6）中均未出现氨基甲酸酯类杀虫剂（呋喃丹、灭多威、异丙威、甲萘威）的母离子/子离子对。

五、鉴定意见

经检验，委托单位送检的排水沟1号水样（编号为FT18－8449－1）、排水沟2号水样（编号为FT18－8449－2）、江华亭池塘中的水样（编号为FT18－8449－4）、排水沟中的泥（编号为FT18－8449－5）、虾蟹（编号为FT18－8449－6）中均未检出有机磷类杀虫剂（敌敌畏、甲胺磷、乙酰甲胺磷、马拉硫磷、乐果、甲基对硫磷、对硫磷）、氨基甲酸酯类杀虫剂（呋喃丹、灭多威、异丙威、甲萘威）。

司法鉴定人：陈宏伟

执业证号：431624112146

司法鉴定人：易立人

执业证号：43162455361

××××年××月××日

注：本意见书仅对送检样品负责。

证据4：虾蟹死亡图片（略）、岐山村民委员会出具的关于本村及周边养殖户平均亩产量及水产市场价格的《情况说明》、江海市水产技术推广站出具的江海市虾蟹产量及市场价格的《情况说明》（与岐山村民委员会的情况说明内容大体一致）、原告自拟的损失计算表等,以证明原告的实际损失。

关于案涉虾蟹季节价值的情况说明

近年我市周边包括本村养殖正常情况下螃蟹150~350斤/亩,市场售价30~50元/斤;河虾50~80斤/亩,市场售价20~30元/斤;白对虾600~700斤/亩,市场售价15~25元/斤。

经村委调查确定,江华亭的鱼塘投放河虾735斤,白对虾苗60万尾。

特此说明。

江海市汇文镇岐山村民委员会(已盖章)

××××年××月××日

情况说明

江海市河蟹实际面上生产中放养量从800~2000只/亩不等,产量在150~250斤/亩不等;河虾实际面上生产中放养量从30~60斤/亩不等,产量在50~100斤/亩不等;白对虾正常平均产量在600~700斤/亩不等。

江海市汇文镇岐山村民委员会提供的《关于案涉虾蟹季节价值的情况说明》所记载的养殖情况符合本市生产实际。

特此说明。

江海市水产技术推广站

××××年××月××日

原告自拟的损失计算表

河虾苗 1088斤×27=29370元	
白对虾苗 75万 =28000元	
虾饲料 420包×165=69300元	
幼虾饲料 =5000元	
电费 =8000元	
塘租金 =100190元	
设施折旧费 =18000元	
	251860元
河虾 50—80斤/亩 平均价	45-65 =2250
白对虾 800—900斤/亩 平均	20-23 =16000
草虾 350—450斤/亩 平均	22-25 =7700
↑	
正常产量	
总产值 25000元—	27000 左右

证据5：专家证人（参与江海市渔政监督支队组织的对本案死亡虾蟹进行现场勘验的渔政专家）出庭证言，以证明本案虾蟹死亡系健身步道所致。

庭审笔录

案号：(2019)西×××民初×××号

案由：水污染责任纠纷

时间：××××年××月××日15:00

地点：××法院2号楼第5法庭

审判员：×××

书记员：×××

证人：朱明，男，19××年××月××日出生，汉族，居民身份证号码（略），住江海市犁州区本水东路623号。

审：你的职务是什么？

答：江海市渔政监督支队前副支队长，现在是高级工程师。

审：今天审理原告江华亭与被告江海市汇文镇岐山村民委员会水污染责任纠

纷,原告申请你出庭作证,请你如实供述。若作虚假陈述将承担法律责任。

答:好的。

审:原告向证人询问。

原:你是否在2019年7月30日到过临近江海市汇文镇岐山村的养殖场?

答:是的。

原:去干什么?

答:我在江海市渔政监督支队分管查处,那天厂里一个副经理打电话给我们支队,支队长叫我和姓顾的大队长。当时我去看了下,天非常热,到塘里看了下,和原告到水里看了下,他们把死的虾蟹放在健身步道那边。看了下塘里水质和水草。过了2天又派了江海市水产技术推广站研究员去看,结论和我的比较吻合。虾蟹的死亡情况倾向于是暴雨下到健身步道,水流往北面鱼塘。暴雨导致短时间内水位突然提高,步道是沙质土,泥质土底是往北倾斜。池塘边上雨水冲刷口子很大,由于短期内水位增加太快,沙土吸热性差,地表温度高,短时间的水流淌到池子里。池子里有个伊乐藻,老百姓养虾蟹普遍用这个草,不适应短时间水位提高,根系断裂腐烂,变成污染,释放毒素,池塘里短时间内缺氧。我个人认为这个虾蟹不排除其他有害因子,伊乐藻腐烂对虾蟹的影响夏季比较敏感,产生一定因果关系。

原:由于步道上两边南高北低,水流进去?

答:整体是南高北低,步道上的水流到鱼塘去。

原:没有问题了。

审:被告向证人发问。

被:证人属于哪个专家库?

答:长海省渔政监督总队,专家名单第58号。

被:你去过现场,也是这方面的专家,你能否确定原告所谓的虾蟹死亡就是由于被告的排水行为所导致的?

答:这个过程中间可能会导致虾蟹的死亡,但是虾蟹的死亡也可能有其他原因。

被:你也不能确定就是这个行为导致的?

答:不是,鱼虾死亡原因是多样的。

审:就本案是不是这个原因?

被:你去现场的时候下雨了吗?

答:下过几天了,虾蟹已经臭了。按说死亡以后要报渔政监督大队,他们也没有报渔政,我们是之后去的,也没办法一看就知道是什么原因,当时我也没有采样化验,我是根据水的味道、水草漂浮在水面上,水质恶化了。虾蟹死了以后沉到底下的。

被:当时按照程序原告出现这种状况后应该先报渔政?

答:第一时间内起码不能腐烂,我们去的时候,水的缺口很大。按照塘已经发生的情况,我认为确实与刚才说的过程有因果关系,这个条件可以导致虾蟹死亡,虾蟹死亡是否有其他原因我也说不准。污染水质,水草腐烂导致死亡是必然的。

被:这个不属于排污行为?

答:一般污染厂房达标排污造成损失的是民事责任,不罚款。我说这个健身步道要环评的,原告他们也不知道环评。从我看,步道这么建不可排水到池塘,必须要有排水沟。

审:被告这样的排水是否属于排放污染?

答:污染事故的定义有热量能量、有毒有害物质的累计造成死亡。你说的这个问题是否属于污染事故,我说得有点差异,我说的有物理因素,水草腐烂后发出的有毒有害物质属于化学,这个很难定义。

审:排放环境不适应的东西造成损害。

答:这个起码能量是有的,哪个物质不好说。

审:你所说的伊乐藻是该地区渔民使用的藻,除了这个藻之外还有没有别的?

答:当时我在江海市水产局移栽的伊乐藻,通过伊乐藻养殖虾蟹效果好。一般池塘里有四种草,原告这个池塘里比较单一,大部分是伊乐藻。

审:伊乐藻当时温度条件下断根之后多久腐烂?

答:不用一个星期。每个节生出一个白芽,碰到泥就生根,没碰到就腐烂。

审:下过雨后几天?

答:不太清楚,我是7月30日去的。

审:正常的水产养殖事故的举报调查程序怎样?

答:江海市有渔政监督大队,金额100万元以内。他们报了以后渔政人员及时到现场,在情况没有大的改变的情况下赶去,水质监测,对照标准,对双方进行调解。

达成调解以后制作调解协议,如果有一方要上诉,就调解中止。

审:本案这种情况即使原告举报了,渔政去分析,程序怎样?

答:综合现场调查和取样要作出事故调查分析报告。

审:水产养殖的支队让你去的?

答:农委。

审:你是什么情况下去的?

答:现任支队长让我去了解一下情况。

审:你这个不属于执法行动?

答:不属于执法,没有立案,是农委渔业处叫我们水产方面的专家去看一看,我是我们支队长叫我去的。

审:你在此过程中把分析意见说给谁听的?

答:汇报给支队长,没有作书面报告。

审:江海市水产技术推广站研究员也是口头和你交流?

答:是的,他说水位上去太快,温差太大引起的。

审:你看到有几个池塘有死虾蟹的情况?

答:我看的西边的池塘,我看了2个塘,西边的严重一点,东边的好一点儿。

审:有没有死虾?

答:虾没注意,螃蟹有死的。

审:这种情况下会不会造成虾蟹全部死亡?还是部分损失?

答:甲壳动物有个特点,江海市水产技术推广站研究员当时去看是否得病,看着也不像得病,甲壳动物受伤后不一定马上死亡。有时候陆陆续续地死。

审:除了你分析的成因之外,你能否得出其他虾蟹死亡的原因?

答:我当时问了厂里的人,这个池塘和当时建不建健身步道有关系,运来的沙里面是否含有某种物质。我们当时提出这个问题,完整检测的费用不够的。

审:不排除土壤的因素?

答:不能排除土壤里是否含有某种物质,检测费用很高。

审:有无补充问题要发问?

被:你到现场看到的时候是虾蟹已经死亡并且堆到步道上?

答:是的。

被:在这种情况,当时虾蟹已经腐烂了,你到现场的时间点距离虾蟹的死亡时间是多久?

答:看到的虾蟹估计要有两三天了,当时温度高,塘里陆陆续续还有死亡。

被:你刚刚说如果第一时间到现场你们会采取相应措施,现在时间晚了所以没有出。

答:虾蟹不是一批死的,我们看到的应该有两三天了。

被:你到现场看到的伊乐藻腐烂导致虾蟹死亡是立即会出现死亡还是有过程?暴雨冲击后伊乐藻腐烂要几天?虾蟹从伊乐藻腐烂开始多久死亡?

答:根断裂到腐烂一个礼拜之内,腐烂以后产生耗氧量增加,虾蟹马上就死亡。如果腐烂后硫化氢出来,是要一段时间死亡。还有甲壳动物受伤后陆陆续续死亡。

被:没有问题了。

审:证人有无其他补充。

答:没有。

审:你刚才所做的陈述是否都是事实?

答:是的。

审:根据《中华人民共和国民事诉讼法》第133条之规定,当事人、诉讼参加人在庭审结束后,当庭或五日内可以阅读庭审笔录,发现遗漏或差错有权申请补正,但需经审判人员同意,并应在庭审笔录上签字或盖章。

审:今天庭审就到这里,现在闭庭!

签名:略

审判员:×××

书记员:×××

××××年××月××日

证据6:周边未受影响的鱼塘养殖户的证人证言,以证明案涉虾蟹死亡排除其他原因、村委出具的情况说明载明的损失计算依据并无不当。

庭审笔录

案号:(2019)西×××民初×××号

案由:水污染责任纠纷

时间:××××年××月××日16:00

地点:××法院2号楼第5法庭

审判员:×××

书记员:×××

证人:刘四毛,男,19××年××月××日生,汉族,居民身份证号码(略),住江海市汇文镇岐山村48号。

审:今天审理原告江华亭与被告江海市汇文镇岐山村民委员会水污染责任纠纷,原告申请你出庭作证,请你如实供述。若作虚假陈述将承担法律责任。

答:好的。

审:原告进行发问。

原:你承租的几号鱼池?

答:忘了。

原:这份租赁合同是不是你签的?

答:是的。

原:你做了多久大闸蟹养殖?

答:13年。

原:2019年大闸蟹市价多少?

答:今年平均批发价37.8元一斤。

原:一般一亩可以产多少大闸蟹?

答:今年比去年高,今年我350斤左右,还有一个塘没起,大概400斤。

原:没有问题了。

审:被告进行发问。

被:没有问题。

审:你和原告是否在附近一起养螃蟹?

答:我在隔壁。

审:原告起诉到法院说2019年有虾蟹死亡的情况,你是否了解?

答:了解的,我2018年到这里养的。我们是一起养殖的,死了螃蟹水面上就能看到的。原因是台风过来雨水下来。

审:下雨之后开始死虾蟹?

答:是的。

审:死了多少?

答:他有两个塘,基本上死光了。

审:他起过塘吗?

答:没起塘,看不到虾蟹了。

审:什么时候放螃蟹什么时候收?

答:正月里面放苗,10 月卖。

审:螃蟹多大?

答:7 月大概二两半到三两,还要脱两次壳。

审:每次投饲料量不一样,大致成本多少?

答:一亩一年 8000 多元。

审:螃蟹和虾是否混养?

答:混养的。

审:一亩多少虾?

答:大概 40 斤一亩。

审:有无补充发问?

被:你的鱼塘位置和原告的位置差多少?

答:他在南边,我在北边,南边是健身步道那边。

原:10 月、11 月、12 月、1 月螃蟹价格多少?

答:10 月是卖礼盒的,礼盒是三斤半,均价 150 元左右。11 月半斤的 880 元,四两的 450 元。

审:证人有无其他补充。

答:没有。

审:你刚才所做的陈述是否都是事实?

答:是的。

审:根据《中华人民共和国民事诉讼法》第 133 条之规定,当事人、诉讼参加人在庭审结束后,当庭或五日内可以阅读庭审笔录,发现遗漏或差错有权申请补正,但需经审判人员同意,并应在庭审笔录上签字或盖章。

审:今天庭审就到这里,现在闭庭!

签名:略

审判员:×××

书记员:×××

(二)被告提供的证据

无

三、原告如何诉

(一)选择诉讼方向

1. 请求权基础

(1)什么是请求权基础?如何树立请求权基础思维?

请求权基础系指能够支持一方当事人需向他方当事人有所主张(物之交付、所有权移转、支付价金、赔偿道歉等)的法律规范。“请求权基础是法律思考之出发点,必须明确。”在某种意义上,案件的解决,在于寻找请求权基础。以请求权基础作为出发点分析和处理民事案件,是民事审判工作的基本方法。

请求权基础又叫请求权规范基础,它是指原告能够向被告有所请求的具体的法律规范。有所请求可以是物的交付、所有权的移转、损害赔偿、赔礼道歉、支付费用等。整个法律的思考就要以请求权为基础。请求权基础理论的基本命题为“谁得向谁,依据何种法律规范,主张何种权利?”其中,可供支持一方当事人需向他方当事人有所主张的法律规范,即为请求权基础。

(2)请求权基础的检索顺序

法律的普适性决定了其规定总是着眼于共通和普遍性,而非清晰地一一对应于案件所涵摄的事实,因此,无论是简单案件抑或复杂案件,都存在检索请求权基础,也就是常说的“找法”的过程。

王泽鉴认为,“对于请求权基础的检索必须建立检查次序,因为基于目的性和效率性考虑,以尽量避免于检讨特定请求权基础时,须以其他请求权基础作为前提问题”。

第一,应检讨是否存在合同上的请求权。“有约定从约定,无约定才从法定”,

当事人之间的意思自治在一定程度上可以排除法律的强制适用,但仅限于“合法”范畴,特别是在环境资源领域,众多的禁止性规范、管理性规范设立了较高的法律屏障。

第二,类似于意思自治的请求权,包括无权代理、缔约过失、客观不能导致的合同无效等。

第三,无因管理上的请求权。对不当得利和侵权行为而言,无因管理都是前提问题。在判断不当得利与侵权行为之前首先应当要判断是否可能构成无因管理行为,因为一旦认定为无因管理,则阻却了违法,不成立不当得利或侵权行为。

第四,物权关系上的请求权。因为物权关系上请求权与物权变动尤其是所有权的变动密切相关,故物权关系上的请求权应先于不当得利或侵权行为请求权加以检索。在实务案件中,是向他人主张不当得利返还、还是主张损害赔偿(这涉及请求权竞合问题),特别是在占有改定的情况下更要看提起诉讼的权利主张者有无所有权。

第五,不当得利请求权。因为契约、无因管理是不当得利的前提问题,必须先考虑是否存在契约请求权或无因管理请求权,如果不是的话才能考虑是否不当得利请求权。

第六,侵权行为损害赔偿请求权。虽然侵权行为损害赔偿请求权与此前的其他请求权并不存在互为前提的问题,但也不排除与合同上请求权(尤其是合同违约损害赔偿请求权)、物权关系上请求权以及不当得利请求权存在竞合之处。

第七,才是拾得遗失物报酬、费用请求权、优先购买权等其他请求权。

综观之,当遇到民法问题时,不能仅仅凭直觉找一个请求权基础作答,而应当按照预设的次序进行思考。一则可以借此养成邃密深刻的法律思考;二则可以避免检索时产生的遗漏;三则可以确实维护当事人之利益。

(3)本案原告的请求权基础选择

本案事实虽不复杂,但被告岐山村委却有两个“法律”身份:一是租赁关系的出租人;二是造成实际损害结果的侵权嫌疑人,且后续调查、鉴定等过程中已初步证实其具有侵权事实。

由此导致本案法律关系存在合同违约损害赔偿和侵权行为损害赔偿竞合的可能。

从合同法律关系来看,请求权基础如下:

《民法典》

第五百零九条　当事人应当按照约定全面履行自己的义务。

当事人应当遵循诚信原则,根据合同的性质、目的和交易习惯履行通知、协助、保密等义务。

当事人在履行合同过程中,应当避免浪费资源、污染环境和破坏生态。

第五百一十条　合同生效后,当事人就质量、价款或者报酬、履行地点等内容没有约定或者约定不明确的,可以协议补充;不能达成补充协议的,按照合同相关条款或者交易习惯确定。

第五百一十一条　当事人就有关合同内容约定不明确,依据前条规定仍不能确定的,适用下列规定:

(一)质量要求不明确的,按照强制性国家标准履行;没有强制性国家标准的,按照推荐性国家标准履行;没有推荐性国家标准的,按照行业标准履行;没有国家标准、行业标准的,按照通常标准或者符合合同目的的特定标准履行。

(二)价款或者报酬不明确的,按照订立合同时履行地的市场价格履行;依法应当执行政府定价或者政府指导价的,依照规定履行。

(三)履行地点不明确,给付货币的,在接受货币一方所在地履行;交付不动产的,在不动产所在地履行;其他标的,在履行义务一方所在地履行。

(四)履行期限不明确的,债务人可以随时履行,债权人也可以随时请求履行,但是应当给对方必要的准备时间。

(五)履行方式不明确的,按照有利于实现合同目的的方式履行。

(六)履行费用的负担不明确的,由履行义务一方负担;因债权人原因增加的履行费用,由债权人负担。

第五百七十七条　当事人一方不履行合同义务或者履行合同义务不符合约定的,应当承担继续履行、采取补救措施或者赔偿损失等违约责任。

第五百八十二条　履行不符合约定的,应当按照当事人的约定承担违约责任。对违约责任没有约定或者约定不明确,依据本法第五百一十条的规定仍不能确定的,受损害方根据标的的性质以及损失的大小,可以合理选择请求对方承担修理、重作、更换、退货、减少价款或者报酬等违约责任。

第五百八十三条　当事人一方不履行合同义务或者履行合同义务不符合约定的,在履行义务或者采取补救措施后,对方还有其他损失的,应当赔偿损失。

第五百八十四条　当事人一方不履行合同义务或者履行合同义务不符合约定,造成对方损失的,损失赔偿额应当相当于因违约所造成的损失,包括合同履行后可以获得的利益;但是,不得超过违约一方订立合同时预见到或者应当预见到的因违约可能造成的损失。

第七百零三条　租赁合同是出租人将租赁物交付承租人使用、收益,承租人支付租金的合同。

第七百零八条　出租人应当按照约定将租赁物交付承租人,并在租赁期限内保持租赁物符合约定的用途。

第七百二十九条　因不可归责于承租人的事由,致使租赁物部分或者全部毁损、灭失的,承租人可以请求减少租金或者不支付租金;因租赁物部分或者全部毁损、灭失,致使不能实现合同目的的,承租人可以解除合同。

根据上述请求权基础分析,合同违约责任的构成要件:

(1)存在违约行为;

(2)违约行为与损害结果之间存在因果关系;

(3)不存在法定和约定的免责事由。

在双方的租赁合同法律关系中,出租人除按时交付标的物之外,不仅负有消极的不得妨碍承租人使用、收益的义务,而且还负有租赁存续期间使租赁物保持在适于承租人使用、收益状态的义务,即《民法典》第708条所规定的“在租赁期限内保持租赁物符合约定的用途”。本案中,虽然双方在《鱼塘租赁合同》中明确约定了原告江华亭负责鱼塘基础设施的建设、维护等,但是出租人岐山村委至少仍须承担基本的妨害排除义务,以保证承租人顺利使用鱼塘实现实际租赁目的。岐山村委却在鱼塘周边建造未予批准的健身步道,为鱼塘正常的使用收益埋下了隐患。因此,虽然租赁合同中对该内容并未明确约定,但岐山村委在鱼塘周边擅自修建健身步道的行为仍属违约行为。

从侵权损害赔偿的角度来看,请求权基础:

《侵权责任法》(已失效)

第六条　行为人因过错侵害他人民事权益,应当承担侵权责任。

根据法律规定推定行为人有过错，行为人不能证明自己没有过错的，应当承担侵权责任。

第七条 行为人损害他人民事权益，不论行为人有无过错，法律规定应当承担侵权责任的，依照其规定。

第十五条 承担侵权责任的方式主要有：

（一）停止侵害；

（二）排除妨碍；

（三）消除危险；

（四）返还财产；

（五）恢复原状；

（六）赔偿损失；

（七）赔礼道歉；

（八）消除影响、恢复名誉。

以上承担侵权责任的方式，可以单独适用，也可以合并适用。

第二十四条 受害人和行为人对损害的发生都没有过错的，可以根据实际情况，由双方分担损失。

第六十五条 因污染环境造成损害的，污染者应当承担侵权责任。

第六十六条 因污染环境发生纠纷，污染者应当就法律规定的不承担责任或者减轻责任的情形及其行为与损害之间不存在因果关系承担举证责任。

最高人民法院《关于审理环境侵权责任纠纷案件适用法律若干问题的解释》

第六条 被侵权人根据侵权责任法第六十五条规定请求赔偿的，应当提供证明以下事实的证据材料：

（一）污染者排放了污染物；

（二）被侵权人的损害；

（三）污染者排放的污染物或者其次生污染物与损害之间具有关联性。

《民法典》

第一百二十条 民事权益受到侵害的，被侵权人有权请求侵权人承担侵权责任。

第一千一百六十五条 行为人因过错侵害他人民事权益造成损害的，应当承担侵权责任。

依照法律规定推定行为人有过错，其不能证明自己没有过错的，应当承担侵权责任。

第一千一百六十六条　行为人造成他人民事权益损害，不论行为人有无过错，法律规定应当承担侵权责任的，依照其规定。

第一千一百六十七条　侵权行为危及他人人身、财产安全的，被侵权人有权请求侵权人承担停止侵害、排除妨碍、消除危险等侵权责任。

第一千二百二十九条　因污染环境、破坏生态造成他人损害的，侵权人应当承担侵权责任。

第一千二百三十条　因污染环境、破坏生态发生纠纷，行为人应当就法律规定的不承担责任或者减轻责任的情形及其行为与损害之间不存在因果关系承担举证责任。

第一千二百三十三条　因第三人的过错污染环境、破坏生态的，被侵权人可以向侵权人请求赔偿，也可以向第三人请求赔偿。侵权人赔偿后，有权向第三人追偿。

环境民事诉讼中侵权责任构成要件：

(1)一般侵权行为

①侵权行为；

②损害后果；

③侵权行为和损害后果之间存在因果关系；

④不存在免责事由或第三人侵权等减责事由。

(2)环境侵权行为

①污染行为；

②损害后果；

③因果关系(原告举证证明具有关联性、被告反证没有因果关系)；

④违反国家规定(《民法典》)；

⑤不存在免责事由或第三人侵权等减责事由。

从一般侵权和环境侵权的构成要件比较可知，原告以环境侵权为由起诉更为便利：无须证明侵权人的主观状态是否存在过错因果关系的举证责任主要在侵权人一方，再结合本案可能存在环境污染的事实，原告选择以环境侵权起诉为宜。

(3)请求权基础竞合情况下原告的诉讼选择

《民法典》

第一百八十六条　因当事人一方的违约行为，侵害对方人身、财产权益的，受损害方有权选择依照本法要求其承担违约责任或者依照其他法律要求其承担侵权责任。

因当事人一方的违约行为，损害对方人身权益、财产权益的，受损害方有权选择请求其承担违约责任或者侵权责任。

如上所述，岐山村委擅自修建健身步道的行为亦属违约行为，原告江华亭有权选择具体的请求权基础。从司法的角度来看，合同违约之诉和侵权之诉在诉讼难度上有所差异，虽然二者均不需要证明对方存在主观过错，但显然前者对因果关系的证明责任要高于后者。更为关键的是，根据《民法典》的相关规定，合同违约之诉所能主张的损害赔偿范围有所限制——“不得超过违约一方订立合同时预见到或者应当预见到的因违约可能造成的损失”，而侵权之诉则以完全填补损害为基本原则。同时，结合原告目前所提交的证据，检测报告、专家意见等均从环境侵权的角度加以论证。因此，两相比较，原告江华亭更为妥当的选择是提起环境侵权之诉。

(二)形成诉状

要求：起诉意见的归纳要条理清晰，逻辑体系保持统一性。

所谓条理清晰，也就是符合诉讼的基本逻辑。民事审判的逻辑架构是请求权分析法。在对原告起诉请求、理由梳理基础上，依照法律规定及请求权分析法的内在逻辑归纳原告诉讼请求及理由。

1. 诉讼请求

最高人民法院《关于审理环境侵权责任纠纷案件适用法律若干问题的解释》

第十三条　人民法院应当根据被侵权人的诉讼请求以及具体案情，合理判定侵权人承担停止侵害、排除妨碍、消除危险、修复生态环境、赔礼道歉、赔偿损失等民事责任。

第十四条　被侵权人请求修复生态环境的，人民法院可以依法裁判侵权人承担环境修复责任，并同时确定其不履行环境修复义务时应当承担的环境修复费用。

侵权人在生效裁判确定的期限内未履行环境修复义务的，人民法院可以委托其他人进行环境修复,所需费用由侵权人承担。

第十五条　被侵权人起诉请求侵权人赔偿因污染环境、破坏生态造成的财产损失、人身损害以及为防止损害发生和扩大、清除污染、修复生态环境而采取必要措施所支出的合理费用的,人民法院应予支持。

一般而言,原告的诉讼请求应按照停止侵害、排除妨碍、消除危险、修复生态环境、赔礼道歉、赔偿损失的顺序予以确定,相对具有逻辑性。原告江华亭提交的证据主要集中在污染损害事实方面,故其诉讼请求宜为:

(1)被告立即停止侵权行为,依法拆除违法健身步道,消除可能的生态危险,并恢复周边的生态环境;

(2)被告赔偿其虾蟹损失并赔礼道歉;

(3)被告承担相应的评估鉴定费用;

(4)被告承担律师费和诉讼费用。

2. 诉讼理由

依照请求权分析法,根据请求权基础的内在逻辑,分层次归纳诉讼理由。

(1)侵权行为及损害后果。

被告岐山村委于2019年3月未经审批擅自修建健身步道,且未在步道两侧修建排水沟等设施,导致暴雨经健身步道"加热"后直排到鱼塘,虽然原告与被告多次协调沟通,但被告未采取任何措施,最终导致鱼塘内的白对虾大量死亡。

(2)损害的类型及损失的价值量化。

经当地渔政部门专家、周边相邻同类型养殖户证实,其2019年的损失为347,360元,2020年的预期利润损失为106,880元。

(3)侵权行为与损害后果的关联性(违反了国家规定)。

岐山村委未批先建健身步道,属违法行为。同时,岐山村委未在健身步道四周修建排水设施,放任可能对周边的生态风险。暴雨侵袭时,大量雨水经健身步道"加热"后涌入池塘,其中的水草大量繁殖导致池塘内的虾蟹因缺氧而死亡,岐山村委违法修建健身步道的行为与本案的损害结果之间有直接的因果关系。此外,证据2排除了本案虾蟹死亡的其他原因,证据3、证据5均足以证明损害系因暴雨经健身步道"加热"所致。

3. 证据的归类和展示

根据请求权基础的内在逻辑以及举证责任的分配规则，分组列举相关证据。

第一组：侵权行为类。主要包括健身步道未批先建（对于既成事实，可以通过照片、视频等方式固定）、暴雨侵袭（天气资料、渔政部门的调查笔录等）。

第二组：损害事实类。即为原告所提交的证据4、证据6。

第三组：因果关系类。包括原告提交证据2、证据3、证据5。

四、被告如何辩

1. 本案是一般侵权而非环境侵权

（1）“热水”不是污染物。

所谓污染，是指自然环境中混入了对人类或其他生物有害的物质，其数量或程度达到或超出环境承载力，从而改变环境正常状态的现象。因此，环境污染必须是有害物质排入自然。而本案中，即便如专家证人等所述，也是经健身步道相对“加热”的水体，该水体本就是自然之物，进入鱼塘后与自然融为一体，故不存在污染物一说。

（2）被告不是生产型企业，不存在污水排放的行为，也未污染环境。

一般而言，环境污染行为是单位、个人的主动行为，往往表现为生产企业、单位、个人对外排污并造成环境污染的行为。而本案中，其并非生产型企业，更不存在对外排污行为，天降暴雨流经健身步道非人力所能及，其主观上亦不存在通过此种方式造成案涉鱼塘水体污染的故意。

2. 被告不是案涉损害后果的致害方

（1）其不应承担损害后果和其行为之间不存在因果关系的举证责任。

如前所述，本案侵权系一般侵权，原告应就侵权行为和损害结果之间存在因果关系承担全部证明责任，而非由其就不存在因果关系举证。

（2）现有证据也不足以证明流经健身步道的热水是导致虾蟹死亡的根本原因。

其一，从现有证据来看，只有专家证言这一孤证说明因果关系存在。而且，专家证人的证言也未说明水温为何会骤变以及骤变到何种程度才会导致虾蟹死亡，且使用了大量推断性的语汇。同时，也没有其他证据证明雨水流经健身步道后与鱼塘中的水温度相差很大。根据《民事诉讼法》的相关规定，缺乏其他证据予以印证的证人证言不能作为案件事实认定的唯一凭证。

其二，原告提供的其他鉴定结论只是排除了虾蟹死亡的部分常规原因，而虾蟹死亡的原因有很多种可能，即便有专家证人的意见，也不当然排除本案之外未予证实的原因。而事实上，从一般养殖常识来看，即便是正常养殖，虾蟹亦有一定的死亡率。

其三，事发时期的天气资料显示，该时期降雨量和气温均偏高，不排除特异天气引发的虾蟹死亡。

3. 被告存在免责和减责事由

(1)天降暴雨是根本原因，属不可抗力，亦与双方的合同约定相符。

其擅自修建健身步道的行为确实违法，但若非天降暴雨，断不会发生本案的损害后果，而天降暴雨属于非人力所能及的不可抗力，故其应免责。同时，双方签订的租赁合同明确约定，原告“在生产经营过程中，自主经营，自负盈亏，出现自然灾害由其自行承担责任”。

(2)原告在自救过程中操作不当，造成损失的扩大。

事件发生时，原告将大部分精力用在与其协商，而非自救，浪费了挽救损失的大好时机，故即便存在损失，也应由双方共担。

4. 赔偿数额的计算缺乏事实和法律依据

(1)2019 年的损害赔偿数额没有事实依据。

第一，村委和水产推广站出具的情况说明仅就一般情况进行了描述，与原告的养殖实际并不吻合。

第二，虾蟹的产量存在诸多不确定因素，仅相邻鱼塘的对比产量不足以估算本案的损失数额。

第三，原告也未提供投产的基础数据，包括虾蟹鱼苗的投放量、日常喂养饲料量，最终确定的数额实际上是原告自己的估算，缺乏扎实的事实依据。

(2)2020 的预期利润损失没有依据。

原告所主张的 2020 年损失，是根据 2019 年损失数据扣除成本后得来的，既不具有确定性，还将本案这一霎时性的灾害损失扩大到未来，明显缺乏合理性。

(3)事务性费用认定缺乏依据。

评估费系单方委托产生，且没有相关凭证，不能作为本案定案依据。

五、法院如何判

法院审理同样应遵循以请求权分析法为基础的基本思路，运用形式逻辑的三段论公式，必须首先接触和认识案件事实，对事实有了基本的了解后，才能有目的地寻找法律规范。在确定了小前提后，按照形式逻辑的三段论方式推理，将小前提套入大前提，最后得出结论，即判决结果。

（一）事实认定

认定事实同样需要遵循相应的逻辑架构。

1. 基本事实

简单案件按照时间顺序进行认定。复杂案件，在按照时间顺序进行认定的基础上，注重按照请求权分析法所确定的逻辑架构进行认定。

本案中，案情相对简单，可以按照时间先后顺序予以确定。即按照双方签订租赁合同——被告违法建设健身步道——暴雨侵袭——渔政部门、专家出场认定这一主线进行认定。

2. 损失的价值量化

绝大部分环境侵权案件不可避免地面临着损失的价值量化难题，特别是当污染物的成分、浓度、数量乃至倾倒区域都无法确定时。

一般而言，首先，在推定生产企业客观理性的前提下，按照环评报告、设计产能进行推定较为妥当，特别是监管相对严格的大企业；如若没有，则应按照同类型、同规模企业正常产能进行推定。其次，按照非法处置的总量进行认定；实在无法查清，再通过虚拟治理成本法或类比的方法拟定。当然，因为是基于推定，允许排污单位、个人提供证据予以推翻。

就本案而言，虽然村委、水产技术推广站出具的情况说明不能和原告的产值等值代换，但在缺少其他证据的情况下，经其他证据结合印证，是可以作为司法推定的依据的，除非被告提出其他强有力的证据予以推翻。

（二）争议焦点

归纳的争议焦点应当明确具体。争议焦点应当是关于请求权基础中的各个要件能否构成、侵权赔偿数额计算是否正确等涉及原告诉求能否得到支持的争议事项。

各争议焦点之间应当属于同一位阶事项。

以本案为例,争议焦点:(1)侵权事实(健身步道上的雨水流入原告鱼塘以及鱼塘内虾蟹大量非正常死亡)是否存在;(2)雨水流入鱼塘与虾蟹死亡之间是否存在因果关系;(3)原告的损失如何估算。

(三)裁判理由

"以理服人"是裁判文书的生命线,因此必然要求裁判理由紧扣诉争焦点,逻辑严密,重点突出,有较强的针对性。说理充分,对法律适用论证透彻,对当事人权利、义务、责任分析准确到位,对当事人意见剖析全面,符合演绎推理的基本要求,有较强的说服力。

以本案为例,裁判说理应注意以下几个方面:

其一,关于污染事实。

本案中并没有直接的证据证明污染事实的存在,因此需要法官充分利用健身步道和鱼塘的相对地势、排水设施不完备、气象资料、原被告双方此前的多次沟通等旁证的相互印证予以阐明,而不能简单以概括式的语言简明扼要地总结,应充分重视旁证之间的因果勾连,避免言之无物,证明失理。

同时,本案污染事实还存在一特殊之处,即天降雨水经健身步道"加热"后成为污染物,与常人一般认知有所偏差。裁判文书不仅是给当事人解决公平的,也是教育广大民众的良好深入汇载体。因此,文书中应就此采取相对深入浅出特别是举例类比的方式,比如牛奶并非常规的有害物质,但其加入河道中、鱼塘中同样构成污染,从而达到通俗易懂、答疑解惑的说理目的。

其二,关于因果关系。

本案中,因果关系的最有力证据是专家的证言,但相对来说,缺乏其他证据的佐证。因此,在说理上,应注重从本证和佐证两个角度同时入手。

本证角度,需要将雨水流经健身步道成为污染物的事实讲精讲透。从专家证言的具体内容来看,虾蟹死亡主要源于两个方面:一是水温骤升形成高温污染;二是水位突然提高导致鱼塘内伊乐藻根系断裂腐烂释放毒素造成鱼塘内虾蟹短时间内缺氧。不对专家证言进行深入解读无以解惑,也不足以说服被告。

佐证角度,一是利用现有旁证包括鉴定意见、邻近水产养殖户的具体情况等相互印证,二是通过环境案件特殊的举证责任规则课以双方当事人不同的证明责任。

最高人民法院《关于审理环境侵权责任纠纷案件适用法律若干问题的解释》

第六条　被侵权人根据民法典第七编第七章的规定请求赔偿的，应当提供证明以下事实的证据材料：

（一）侵权人排放了污染物或者破坏了生态；

（二）被侵权人的损害；

（三）侵权人排放的污染物或者其次生污染物、破坏生态行为与损害之间具有关联性。

第七条　侵权人举证证明下列情形之一的，人民法院应当认定其污染环境、破坏生态行为与损害之间不存在因果关系：

（一）排放污染物、破坏生态的行为没有造成该损害可能的；

（二）排放的可造成该损害的污染物未到达该损害发生地的；

（三）该损害于排放污染物、破坏生态行为实施之前已发生的；

（四）其他可以认定污染环境、破坏生态行为与损害之间不存在因果关系的情形。

其三，关于损害后果及责任承担。

关于损害后果，因为本案缺少原告养殖的基础资料，故精确计算无从谈起，只能通过周边养殖户的常规产量、一般市场价格予以确定。

而本案的责任承担，考虑到本案因果关系证明偏弱、原告未能在第一时间采取有效应对策略等，可以结合证据予以综合酌定被告承担主要责任，而原告承担较小比例的责任。

六、赛事点评

本案虽小，留白却多，为辩手们的发挥设置了相对充裕的缓冲地带，也对参赛队伍的法律素养提出了更高的要求。事实上，选手们在赛场上的精彩表现恰恰证明了这一点。“关于排水不当导致鱼塘水位、水温升高，进而导致鱼苗死亡，我方可以运用分子热运动理论，用手中的矿泉水瓶进行模拟实验来证实……”“我方认为原告的实验不具科学性……请求法庭驳回原告的诉讼请求”，这样的唇枪舌剑比比皆是，展现着年轻学子闪光智慧的同时，也闪现出一丝辩论有余法律思维略显不足的尴尬。

首先,模拟法庭辩论赛名为辩论,实则通过辩论的方式呈现法律思维。与一般辩论赛的天马行空不同,模拟法庭所有的辩论都基于一个官方给定的事实,几乎没有编造的余地。这既是法律思维的严谨所需,也是赛事考察法科生在限定时间、限定范围内依法依理腾挪跌宕能力的根本目的。选手的语言表达和逻辑推理等能力是为法律思维的中心议题服务的。

其次,请求权基础分析法尚未贯穿大学生民事法律思维的始终。请求权基础分析法,既是一种思维方法,又是相对完善的逻辑体系,分析过程中,要时刻回望中心点,即论证应为请求权这一核心服务,而非各个争议焦点各自为战。研习民法之人,要想正确完成对请求权基础的理解,不仅需要积累丰富的民法学知识,还有另外两个必不可少的方面:一是完成法律思维能力的训练,即遵循法律逻辑,以合理的价值取向为参照目标,合理地解释、论证和适用法律。二是完成对法律应用能力的训练,即运用掌握的法律知识,以独特的法律思维方法,分析和解决现实生活中发生的各种实际问题。

最后,影响司法裁判和模拟法庭大赛结果的因素是相通的,即都是建立在法律思维的逻辑统一性和协调性基础之上的,而非貌似压倒性的辩论表演,这一点在模拟法庭大赛的赛场上表现尤甚。考虑到辩论的实际需要,模拟法庭选取的案例大都争议焦点多且分散,以便考察辩手在纷繁复杂的案情中保证逻辑思维的能力,在纷乱中不擅离中心议题的能力。因此,辩论过程中,切忌为一时一刻之得、之失而雀跃、黯然,逻辑的完整性同样是大局观、整体性的呈现。

下　编

刘亦良等诉滨江高速铁路股份有限公司噪声污染责任纠纷案

2014 年全国大学生环境资源模拟法庭大赛决赛赛题

一、基本案情

案由:噪声污染责任纠纷

诉讼双方:

原告:刘亦良等 12 户村民

被告:滨江高速铁路股份有限公司(以下简称高铁公司)

原告系沿江县华漓镇大王庄村民,该自然村原有 40 余户人家。滨江高铁于 2007 年 3 月开始施工,至 2010 年 8 月通车,途经原告居住地。在滨江高铁施工前,根据滨江高铁指挥部与沿江县政府和华漓镇政府、大王庄村委的拆迁安置协议,共有 32 户村民被安置到沿江县华漓镇勤迎新村,现余原告 12 户人家仍在原址。该 12 户房屋与滨江高铁外沿实际距离为 22 米,与滨江高铁铁路轨道中心线实际距离 35 米。

该 12 户房屋均建于 20 世纪 80 年代,所有房屋均为砖混结构,无抗震设计,未经建设主管专业部门设计。

2010 年 8 月高铁通车后,按照铁路时刻表,白昼约每 15 分钟一趟高铁经过,夜间约每 30 分钟,火车经过时产生巨大震动和噪声,对该 12 户村民的生活、休息造成了严重的影响。同时,该 12 户人家所有房屋均出现房屋裂缝,房梁倾斜,经当地村委、乡镇、地方政府现场察看后,对 12 户房屋作出危房认定,并提供资金进行简单加固,加固方式均为外墙砌砖方式。该 12 户村民约 40 人,即向村委、华漓镇政府反映,要求解决上述问题。其间,大王庄村委委托大华检测技术有限公司对噪声进行实测,实测结论:高铁途经时形成的噪声超过国家标准。

2011 年 4 月,华漓镇政府向滨江高铁建设指挥部发送《关于解决滨江高铁工程影响华漓镇大王庄村有关问题的请示》,详述了实际影响的状况。同年 5 月,滨江高铁指挥部向上级书面报告《关于解决滨江高铁工程影响沿线居民房屋的请示》,确认了上述事实,要求派员现场调查,对余留村民房屋进行拆迁安置。滨江高铁建设指挥部未答复处理意见。该 12 户村民经多次请求政府解决不成,遂于 2012 年 4 月,向滨江县人民法院提起诉讼。

原告基本诉求:(1)判令被告消除对原告的噪声污染;(2)判令被告赔偿原告每年损失 1 万元,直到被告消除噪声污染时止;(3)判令被告对原告房屋加固、修复直至竣工验收;(4)判令被告赔偿房屋损失 5 万元;(5)判令被告承担原告委托他人进行噪声检测费用 3.5 万元;(6)由被告承担相关诉讼费用。

被告辩称:(1)滨江高铁是国家重点工程项目,且经国务院立项审批;(2)根据滨江高铁建设规划方案,原告房屋位置距离滨江高铁铁路轨道中心线超出国家规定的 30 米红线,被告并无违法以及违反相关规定行为,不应承担原告所述侵权责任;(3)大王庄村 32 户村民异地拆迁安置方案显示,该 32 户村民根据滨江高铁建设规划方案,在滨江高铁铁路轨道中心线 30 米红线以内,经与大王庄村所在地沿江县人民政府协商一致,由滨江高铁建设指挥部提供安置资金,由沿江县人民政府按当地农村土地征地安置补偿办法进行安置,32 户村民被安置到沿江县华漓镇勤迎新村;(4)其委托的有资质的第三方检测结果显示,大王庄村附近并不存在噪声污染,噪声并未超过国家标准;(5)附近相似地段并未出现噪声超标、房屋开裂的情形;(6)原告房屋存在质量问题,且年久失修,墙体开裂是自身原因,与高铁运行无关;(7)其提交的专家意见显示,高铁运行不会对案涉房屋造成破坏性伤害。

二、相关证据

(一)原告提供的主要证据

证据 1:噪声检测报告(节选)。

检 测 报 告

报告编号:华环字(2011)第 168501 号　　第 1 页

委托单位	沿江县华漓镇大王庄村委	联系电话	
委托单位地址	沿江县华漓镇大王庄村	监测项目	噪声监测
检测类型	委托检测	监测点数	
采样单位	大华检测技术有限公司	监测日期	2011 年 2 月 7 ~ 8 日
监测目的	了解铁路噪声对居民生活环境的影响		
监测方法	见第 2 页		
检测仪器	声级计		
结论	数据详见第 2 页		
备注	测量结果已扣除背景值影响,测试点位见示意图		
编制:李静 审核:赵河 批准:徐磊	检测单位公章 签发日期:2011 年 2 月 8 日		

检 测 报 告

报告编号:华环字(2011)第 168501 号

检测结果如下:　　第 2 页

天气状况	多云	风速	0.3m/s
声级计型号	AWA5610	声级计编号	GCM－001
监测人员	吴启		
情况说明	火车为噪声源		

(1)噪声《声环境质量标准》(GB 3096－2008)　　单位:Db(A)

监测点	监测时段	现场状况	监测结果 Leq	标准限值
59#住宅	08:50 (2011.2.8)	车辆经过	68.7	70 昼
	13:37 ~ 13:42 (2011.2.7)	车辆经过	71.5	70 昼
		无车辆经过	54.4	
	19:20 (2011.2.7)	车辆经过	62.0	60 夜

续表

监测点	监测时段	现场状况	监测结果 Leq	标准限值
54#住宅	07:57 (2011.2.8)	车辆经过	69.0	70 昼
	14:17~14:33 (2011.2.7)	车辆经过	69.5	70 昼
		无车辆经过	58.4	
	19:50 (2011.2.7)	车辆经过	59.2	60 夜
57#住宅	09:15 (2011.2.8)	无车辆经过	69.8	70 昼
	14:45~14:50 (2011.2.7)	车辆经过	68.8	70 昼
		无车辆经过	55.6	
	20:25 (2011.2.7)	车辆经过	59.5	60 夜

(2)噪声最高值监测情况

监测点	监测时段	监测结果 Lmax	标准限值	
			昼	夜
59#住宅	08:00~09:00(2011.2.8)	69.9	70	60
	13:20~14:20(2011.2.7)	70.0		
	18:40~19:40(2011.2.7)	59.9		
54#住宅	08:00~09:00(2011.2.8)	68.8		
	13:20~14:20(2011.2.7)	69.6		
	18:40~19:40(2011.2.7)	59.8		
57#住宅	08:00~09:00(2011.2.7)	69.3		
	13:20~14:20(2011.2.7)	69.9		
	18:40~19:40(2011.2.7)	59.6		

检 测 报 告

报告编号:华环字(2011)第 168501 号　　第 3 页

(3)监测点所在村与高铁平面关系图

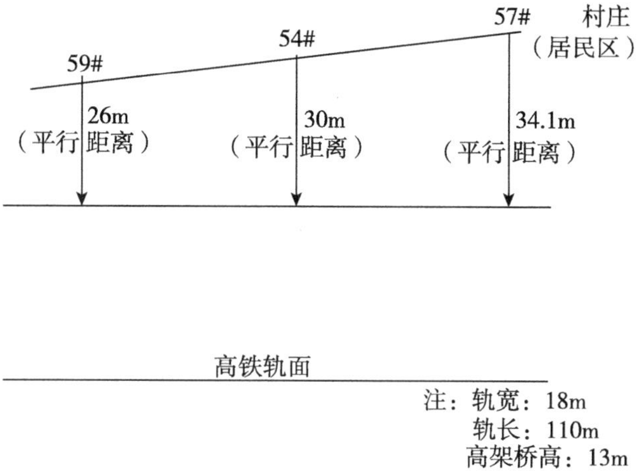

监测报告无“监测报告专用章”或检测单位公章无效;复制报告未经重新加盖“监测报告专用章”或检测单位公章无效;报告无编制、审核、批准人签字无效;报告涂改无效;对检测报告若有异议,应于收到报告之日起 15 日内向检测单位提出,逾期不予受理;委托检测仅对来样负责。

证据 2:华漓镇政府发给滨江高铁建设指挥部的公函。

关于解决滨江高铁工程建设影响大王庄村有关问题的请示

滨江高铁沿江段指挥部:

华漓镇大王庄村在滨江高铁工程建设拆迁后剩余 12 户人家,其中最西 1 户墙角与 30 米环评线相交。滨江高铁火车试运行期间,该村村民强烈反映,火车噪声严重影响他们的身心健康,振动造成屋脊脱节、瓦片移动并导致房屋漏水,房屋平顶上水泥、石灰、阳台上大刀片脱落,门窗玻璃震碎,部分村民房屋墙体出现裂缝。去冬今春以来,老百姓网上投诉不断,前阶段出现了集访现象。滨江高铁建设是国家工程,有较强的政策性,尽管我镇对群众已反复多次进行政策宣传与解释,但村民难以接受。为此,恳请指挥部领导下基层协同我镇共同解决大王庄村群众反映的问题，确保社会稳定和谐。

华漓镇人民政府

2011 年 4 月 11 日

证据 3：江高铁沿江段建设指挥部向上级的请示报告。

滨江高速铁路沿江段建设指挥部文件

滨高铁指〔2011〕4 号

关于解决滨江高铁工程建设影响沿线居民房屋的请示

滨江高速铁路沿江段建设指挥部：

位于滨江高速铁路沿江段的华漓镇大王庄村有 12 户人家（属连体房），其中最西 1 户墙角与 30 米环评线相交，且未列入当时拆迁的范围内。在前几年滨江高速铁路建设过程中，由于桥墩打桩及大型运输车辆往返所产生的震动，已对房屋基础及住户的身心健康造成不同程度的影响。特别是在近期火车试运行过程中，火车的振动已造成屋脊脱节、房屋平顶上水泥石灰脱落、部分房体出现严重裂痕等现象；而火车的噪音更是严重影响住户的身心健康。正式通车后，火车的运行密度加大，由此产生的振动和噪音更加严重，必将长期严重影响住户的生活质量。对此，住户反响强烈，并多次组织上访，为彻底解决住户的后顾之忧，确保滨江高铁的顺利运行，恳请贵部派员现场调查，对上述 12 户的房屋予以拆迁。

妥否，请示复！

滨江高铁沿江段指挥部

2011 年 5 月 8 日

证据4:华漓镇政府开具的房屋加固说明。

华漓镇人民政府文件

说　明

因滨江高铁运行对大王庄村附近居民住宅产生严重影响,导致其墙体开裂,有危害人民群众生命财产安全之虞,经镇政府决定,2010年11月5日至10日,对该12户住宅进行外墙加固,方式为外墙砌砖,共花费人民币壹万壹仟陆佰捌拾伍元整。

特此说明。

华漓镇人民政府

2011年12月11日

证据5:大王庄村12户村民信访投诉材料。

关于对刘亦良等信访问题的答复

刘亦良等同志:

根据《信访条例》规定,对你们信访的事由进行了核查,现将具体情况答复如下:

一、关于你们所提出的12户房屋拆迁问题,经与有关部门联系,因你处未列入拆迁规划范围,目前无法实施拆迁;

二、你们所反映的噪声问题,经与滨江高铁公司协调,其已准备安装隔音墙,近期就将实施;

三、如你们对本答复意见不服,根据《信访条例》第35条规定,自收到本答复之日起30日内可向上一级行政机关提出复查申请。

华漓镇人民政府

2011年1月20日

沿江县人民政府信访事项复查意见书

刘亦良等同志:

沿江县人民政府受理你们要求对华漓镇人民政府关于《对刘亦良等信访问题的答复》复查的申请后,根据《信访条例》规定,对你们信访的事由、诉求及处理意见

进行了核查,具体复查意见如下:

1. 关于拆迁问题。因你处未列入拆迁规划范围,目前无法实施拆迁。

2. 关于噪音问题。经与滨江高铁公司指挥部联系,滨江高铁公司已同意安装隔音墙,目前正在加强建设基础部分。

3. 华漓镇人民政府的答复并无不妥之处,对你们提出的请示不予支持。

如你们对本复查意见不服,根据《信访条例》第35条规定,自收到本答复之日起30日可向××市人民政府提出复核申请。

沿江县人民政府

2011年2月29日

(二)被告提供的证据

证据1:滨江高铁建设指挥部立项批文(略)。

证据2:滨江高铁建设规划方案:滨江高铁建设规划路线图、建设工程施工设计图(略)。

证据3:滨江高铁建设工程环评申请书(略)。

检测类型	噪声监测	监测点数	
采样单位		监测日期	2012年4月7日至8日
监测目的	了解铁路噪声对周边环境的影响		
监测方法	见第2页		
检测仪器	声级计		
结　　论	数据详见第2页		
备　　注	测量结果已扣除背景值影响,测试点位见示意图		
编制:黄朝 审核:李明砚　　　　检测单位公章 批准:王厚福　　　　签发日期:2012年4月9日			

证据4:滨江高铁大王庄村段噪声勘测报告(部分)。

检 测 报 告

报告编号:高环字(2012)第54323号

检测结果如下:

第2页

天气状况	晴	风速	0.2m/s
声级计型号	AWA5610	声级计编号	GCM-001
监测人员	刘源		

(1)噪声《声环境质量标准》(GB 3096-2008)　　单位:Db(A)

监测点	监测时段	现场状况	监测结果 Leq	标准限值
43I	09:00 (2012.4.8)	车辆经过	64.5	70昼
	13:00~13:20 (2012.4.7)	车辆经过	68.5	70昼
		无车辆经过	53.2	
	20:20 (2012.4.7)	车辆经过	59.0	60夜
46I	09:05 (2012.4.8)	车辆经过	67.4	70昼
	13:30~13:45 (2012.4.7)	车辆经过	66.8	70昼
		无车辆经过	52.3	
	20:40 (2012.4.7)	车辆经过	58.6	60夜
49I	09:15 (2012.4.8)	无车辆经过	68.4	70昼
	14:00~14:20 (2012.4.7)	车辆经过	69.6	70昼
		无车辆经过	53.2	
	21:10 (2012.4.7)	车辆经过	59.1	60夜

(2)监测点所在村与高铁平面关系图

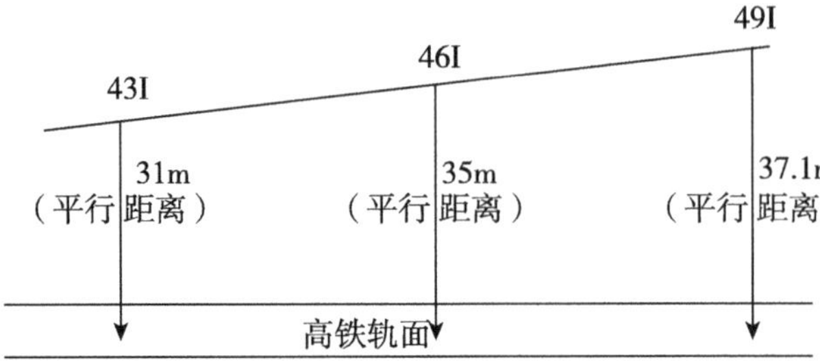

证据5:大王庄村32户村民异地拆迁安置方案(略)。

证据6:大王庄村32户村民异地拆迁安置资金付款凭证(略)。

证据7:1980～1987年大王庄村委同意大王庄村12户村民房屋宅基地建房的审批单(略)。

证据8:火车运行过程中产生的噪声、震动对房屋影响的专家意见书。

评审意见书

评审项目:火车噪声、震动
评审日期:2012年4月8日
评审单位:梵静环境研究所
评审人员:黄彪、陈嘉贤、周旺生

<table>
<tr><td colspan="2">评审意见:
1. 所评审段火车噪声不足以对人体造成伤害;
2. 所评审段火车运行引发的震动不足以引起房屋开裂等情形,不足以对住户的居住安全等造成危害。</td></tr>
<tr><td>评审人:黄彪
陈嘉贤
周旺生</td><td>评审单位签章:

梵静环境研究所</td></tr>
</table>

证据9:大王庄邻近地段沿高铁附近厂房无开裂情况的说明。

情 况 说 明

经实地调查,华漓镇大王庄村附近区域并未出现村民所述噪声超标、房屋开裂等情形,该镇及其他乡镇也未接到类似举报,特此证明。

滨江高铁公司

2012年4月4日

三、原告如何诉

（一）选择诉讼方向

1. 请求权基础

本案是一起典型的环境污染责任纠纷案件，且污染源有二：其一是较为典型的噪声污染；其二是存在争议的“振动”污染。而从本案原告的诉请不难发现，原告自己对“振动”污染实际上究竟属一般侵权还是环境特殊侵权是存在疑虑的。

从一般侵权法律关系来看，请求权基础：

《中华人民共和国侵权责任法》（已失效）

第六条　行为人因过错侵害他人民事权益，应当承担侵权责任。

根据法律规定推定行为人有过错，行为人不能证明自己没有过错的，应当承担侵权责任。

第七条　行为人损害他人民事权益，不论行为人有无过错，法律规定应当承担侵权责任的，依照其规定。

第十五条　承担侵权责任的方式主要有：

（一）停止侵害；

（二）排除妨碍；

（三）消除危险；

（四）返还财产；

（五）恢复原状；

（六）赔偿损失；

（七）赔礼道歉；

（八）消除影响、恢复名誉。

以上承担侵权责任的方式，可以单独适用，也可以合并适用。

第二十四条　受害人和行为人对损害的发生都没有过错的，可以根据实际情况，由双方分担损失。

《中华人民共和国民法典》

第一百二十条　民事权益受到侵害的，被侵权人有权请求侵权人承担侵权责任。

第一千一百六十五条　行为人因过错侵害他人民事权益造成损害的，应当承担侵权责任。

依照法律规定推定行为人有过错，其不能证明自己没有过错的，应当承担侵权责任。

第一千一百六十六条　行为人造成他人民事权益损害，不论行为人有无过错，法律规定应当承担侵权责任的，依照其规定。

第一千一百六十七条　侵权行为危及他人人身、财产安全的，被侵权人有权请求侵权人承担停止侵害、排除妨碍、消除危险等侵权责任。

从环境侵权法律关系来看，请求权基础：

《中华人民共和国侵权责任法》（已失效）

第六十五条　因污染环境造成损害的，污染者应当承担侵权责任。

第六十六条　因污染环境发生纠纷，污染者应当就法律规定的不承担责任或者减轻责任的情形及其行为与损害之间不存在因果关系承担举证责任。

最高人民法院《关于审理环境侵权责任纠纷案件适用法律若干问题的解释》

第六条　被侵权人根据侵权责任法第六十五条规定请求赔偿的，应当提供证明以下事实的证据材料：

（一）污染者排放了污染物；

（二）被侵权人的损害；

（三）污染者排放的污染物或者其次生污染物与损害之间具有关联性。

《中华人民共和国民法典》

第一千二百二十九条　因污染环境、破坏生态造成他人损害的，侵权人应当承担侵权责任。

第一千二百三十条　因污染环境、破坏生态发生纠纷，行为人应当就法律规定的不承担责任或者减轻责任的情形及其行为与损害之间不存在因果关系承担举证责任。

第一千二百三十三条　因第三人的过错污染环境、破坏生态的，被侵权人可以向侵权人请求赔偿，也可以向第三人请求赔偿。侵权人赔偿后，有权向第三人追偿。

2. 构成要件

环境民事诉讼中侵权责任构成要件：

(1)一般侵权行为

①侵权行为;

②损害后果;

③侵权人存在过错;

④侵权行为和损害后果之间存在因果关系;

⑤不存在免责事由或第三人侵权等减责事由。

(2)环境侵权行为

①污染行为;

②损害后果;

③因果关系(原告举证证明具有关联性、被告反证没有因果关系);

④违反国家规定(《民法典》);

⑤不存在免责事由或第三人侵权等减责事由。

二者主要在以下两方面存在区别:一是对加害人主观状态的证明责任不同。一般侵权须证明加害人主观上存在过错,而环境侵权则采无过错原则,无须证明。二是举证责任不同。一般侵权因袭“谁主张,谁举证”的原则,而对于环境污染责任纠纷,适用举证责任倒置已是共识。但这并不意味着被侵权人无须承担其他证明责任。就环境侵权责任纠纷案件中的因果关系而言,被侵权人和污染者双方都负有行为意义上的举证责任。被侵权人应先对污染者存在环境污染行为、损害后果承担举证责任,并提供污染行为和损害之间可能存在关联性的初步证据,污染者再就法律规定的免责事由及其行为与损害结果之间不存在因果关系承担举证责任。

因此,结合原告所提交的证据,不难发现,本案中原告之所以选择噪声污染侵权作为其诉讼主攻方向,是源于诉讼便利的理性选择:环境噪声侵权系特殊侵权,与一般侵权相比,原告的举证责任大大降低,无须举证被告是否存在主观可归责性,对因果关系的证明力度与一般侵权相比不可同日而语;相反,被告的举证责任则较重,承担举证不能的法律风险更大。关于振动污染,虽然原告并未提供相关证据,但结合原告房屋所处的位置、铁路振动等基本常识性事实,铁路公司将承担更多的举证责任。

(二)形成诉状

要求:起诉意见的归纳要条理清晰,逻辑体系保持统一性。

所谓条理清晰,也就是符合诉讼的基本逻辑。民事审判的逻辑架构为请求权分析法。在对原告起诉请求、理由梳理基础上,依照法律规定及请求权分析法的内在逻辑归纳原告诉讼请求及理由。

1. 诉讼请求

最高人民法院《关于审理环境侵权责任纠纷案件适用法律若干问题的解释》

第十三条 人民法院应当根据被侵权人的诉讼请求以及具体案情,合理判定侵权人承担停止侵害、排除妨碍、消除危险、修复生态环境、赔礼道歉、赔偿损失等民事责任。

第十四条 被侵权人请求修复生态环境的,人民法院可以依法裁判侵权人承担环境修复责任,并同时确定其不履行环境修复义务时应当承担的环境修复费用。

侵权人在生效裁判确定的期限内未履行环境修复义务的,人民法院可以委托其他人进行环境修复,所需费用由侵权人承担。

第十五条 被侵权人起诉请求侵权人赔偿因污染环境、破坏生态造成的财产损失、人身损害以及为防止损害发生和扩大、清除污染、修复生态环境而采取必要措施所支出的合理费用的,人民法院应予支持。

一般而言,原告的诉讼请求应按照停止侵害、排除妨碍、消除危险、修复生态环境、赔礼道歉、赔偿损失的顺序予以确定,相对具有逻辑性。本案中,原告提交的证据主要集中在污染损害事实方面,故其诉讼请求宜为:

(1)被告立即停止侵权行为,采取并不限于减少高铁班次、增加声屏障等方式将案涉噪声降到国家标准以内,消除噪声污染;

(2)被告立即采取搬迁或加固案涉房屋的方式,恢复其适宜的居住环境;

(3)被告赔偿其损失包括噪声污染损失和房屋损失,并向其赔礼道歉;

(4)被告承担相应的评估鉴定费用;

(5)被告承担律师费和诉讼费用。

2. 诉讼理由

依照请求权分析法,根据请求权基础的内在逻辑,分层次归纳诉讼理由。

(1)侵权行为及损害后果。

2010 年 8 月高铁通车后,按照铁路时刻表,白昼约每 15 分钟一趟高铁经过,夜间约每 30 分钟,火车经过时产生巨大震动和噪声,对该 12 户村民的生活、休息造成了严重的影响。同时,该12户人家所有房屋均出现房屋裂缝,房梁倾斜,经当地村委、乡镇、地方政府现场察看后,对12户房屋作出危房认定,并提供资金进行简单加固,加固方式均为外墙砌砖方式。为确定噪声超标与否,原告委托第三方进行鉴定。案涉房屋在铁路边界之外,不适用铁路中心线30米处的噪声污染标准。

(2)损害的类型及损失的价值量化。

每户人家因噪声污染所导致的身体损失、房屋损坏导致维修费用的支出以及委托检测的相关费用等。

(3)侵权行为与损害后果的关联性。

原告系当地原住民,案涉高铁未通车时,均都身体康健,房屋紧固结实,而高铁通车后,均都出现睡眠不足、听力下降、各种身体疾病频发等不良症状,其所居住房屋也出现严重开裂、倾斜等问题。而且,在其居住地之外,不存在其他噪声源、振动源,故案涉损害后果与高铁运营有密不可分的因果联系,被告应当承担责任。

3. 证据的归类和展示

根据请求权基础的内在逻辑以及举证责任的分配规则,分组列举相关证据。

第一组:侵权行为类。主要包括高铁运营时刻表、大华检测技术有限公司出具的检测报告以及其他高铁运营噪声、振动的视频等。

第二组:损害事实类。原告的体验表、政府出具的危房认定书面凭证、政府向高铁公司发送的请示等。

第三组:因果关系类。包括但不限于高铁开通前后村民、房屋的前后对比等。

四、被告如何辩

从被告的角度来看,应牢牢把握超标噪声方为污染的立论基础。

1. 只有超标噪声才构成噪声污染

《铁路边界噪声限值及其测量方法》(GB 12525-90)规定了城市铁路边界处铁路噪声的限值及其测量方法,其中“铁路噪声”系指机车车辆运行中所产生的噪声;“铁路边界”系指距铁路外侧轨道中心线30米处;“背景噪声”系指无机车车辆通过时测点的环境噪声;铁路边界处噪声排放限值为昼间等声级Leq70(dB)、夜间等效声级Leq70(dB)。2008年7月30日,环保部发布GB 12525-90修改方案,将铁路边界噪声限值修改为:(1)既有铁路边界铁路噪声按照昼间等效声级Leq70(dB)、夜间等效声级 Leq70(dB)的规定执行(既有铁路是指 2010 年 12 月 31 日前已经建成运营的铁路或环境影响评价文件已通过审批的铁路建设项目);(2)改、扩建既有铁路,铁路边界铁路噪声按上述规定执行;(3)新建铁路(含新开廊道的增建铁路)边界铁路噪声按昼间等效声级 Leq70(dB)、夜间等效声级 Leq60(dB)的规定执行。新建铁路是指 2011 年 1 月 1 日起环境影响评价文件通过审批的铁路建设项目(不包括改、扩建既有铁路建设项目)。《声环境质量标准》(GB 3096－2008)规定:按区域适用功能特点和环境质量要求,声环境功能区分为以下五种类型,其中二类声环境功能区指以商业金融、集市贸易为主要功能,或者居住、商业、工业混杂,需要维护住宅安静的区域。二类声环境功能区环境噪声限值昼间为 60dB(A)、夜间为 50dB(A)。

根据《环境噪声污染防治法》的规定,评价铁路附近列车运行噪声对居民的影响,应适用相应的国家环境噪声排放标准。《铁路边界噪声限值及其测量方法》(GB 12525－90)及其修改方案,规定了铁路边界处噪声限值及测量方法,适用于铁路边界噪声评价,属于国家环境噪声排放标准。《声环境质量标准》(GB 3096－2008)规定了不同声环境功能区的环境噪声限值及测量方法,适用于县级以上人民政府环境保护主管部门按照《声环境功能区划分技术规范》(GB/T 15190)依法划定的五类声环境功能区的声环境质量评价与管理,属于国家声环境质量标准。故铁路噪声超标与否取决于铁路中心线 30 米处噪声是否超标,而本案中并未有证据证明此处超标,因此不存在噪声污染。根据滨江高铁建设规划方案,原告房屋位置距离滨江高铁铁路轨道中心线超出国家规定的 30 米红线,故其不应承担环境侵权责任。

2. 原告提交的鉴定报告系单方委托

原告提交的鉴定报告显示,并不存在噪声超标情形,其自行提交的鉴定报告系单方委托,缺乏客观性,且与其提交的报告结论相左,不应作为证据使用。

3. 没有证据证明案涉房屋损坏系高铁运行导致

关于房屋损坏,原告的证据仅能够证明房屋损坏的事实,并没有其他证据证明系高铁运行导致。而且,其提交的专家意见显示,高铁运行所产生的振动并不会导致房屋开裂、倾斜等严重情形。原告房屋存在质量问题,且年久失修,墙体开裂是其自身原因,与高铁运行无关。

4. 滨江高铁手续合法

滨江高铁是国家重点工程项目,且经国务院立项审批。建设前通过环评,建成后通过长达 2 年的严格验收,不存在噪声超标问题。

五、法院如何判

法院审理案件应遵循“不告不理”的原则。本案中,原告的诉讼请求主要还是按照环境侵权诉讼的一般逻辑展开的,即消除危险、排除妨害、恢复原状、赔偿损失等。而被告的抗辩则基于高铁是经过国家审批的合法项目、其在 30 米红线不存在噪声超标等违法行为展开。法院审理同样应遵循以请求权分析法为基础的基本思路,严格按照形式逻辑的三段论,根据案件法律事实寻找法律规范,最终导出判决结果。

(一)事实认定

环境资源纠纷具有很强的专业性、技术性。对于污染物质的认定、损失数额的确定以及因果关系的判断等专门性问题通常需要从专业技术角度作出评判。以环境侵权行为为例,相较于传统民事侵权,环境民事侵权行为造成的损害内容和损害利益不同于传统侵权行为,具有多样性和复合性。在传统民事侵权中,民事侵权的行为直接侵害受害人,使其财产或者人身权益受到损害。这种损害是直接由其原因行为造成的,如侵犯财产的行为会引起财产权益的损害,侵犯人身的行为会引起人身权益的损害,这种单一的原因行为所造成的损害形式也是单一的,不会转化为另外一种损害形式。转观环境民事侵权行为,其原因行为从性质上可分为两大类:污染环境的行为和破坏生态的行为,其所产生的损害形式则是环境污染和生态破坏。一方面,环境污染和生态破坏在内部都有着各自不同的态样;另一方面,环境污染和生态破坏二者之间常常互为因果,经常发生转化。造成环境污染的行为污染了自然的环境,超出了环境容量和自净能力,必然也会对生态产生破坏作用,反之亦然。因此,环境民事侵权损害形式的多样性通常导致在环境损害案件中的利益识别困难。此外,环境侵权的因果关系更为复杂,判断更需要技术支撑。

1. 基本事实

本案的案情相对简单,高铁运营、噪声污染、振动污染的事实确定无疑,所涉周边村民房屋属于危房的事实亦经地方政府确认,上述事实双方无须争辩。争议在于噪声超标与否以及噪声、振动是否造成案涉房屋破坏,即侵权事实是否存在以及侵权事实和侵权行为之间的因果关系认定。

2. 污染事实鉴定难题

环境诉讼具有较强的专业性和科学性，判断因果关系、确定损害的程度和范围、评估生态环境的恢复等专业性、技术性问题致使法官在办理环境资源案件中过度依赖鉴定评估，与此同时，环境损害鉴定评估的前述问题又制约着司法实践中法官对鉴定评估的信赖。如何在为裁判提供更为专业、科学、权威依据的同时，破解鉴定难题，亟须当前环境资源审判予以解答。

在司法实践中，囿于法官的专业“不自信”，法院在审理环境资源案件时还存在过度依赖鉴定结论的倾向，对于鉴定结论不加分析地予以采信，这等于将专门性问题的审查判断权完全交给鉴定机构，有可能导致当事人利益难以获得充分保护。

鉴定意见虽建立在一定科学事实基础之上，但本质上仍然只是诉讼法规定的证据形式的一种，仍需经庭审质证并经人民法院审查认定后才能作为定案证据。因此对于鉴定意见，审理法院除了要依照诉讼法规定对鉴定机构和鉴定人是否具备资质、鉴定程序是否合法等形式要件进行审查，对鉴定意见所依据的科学、技术原理或方法的可靠性也要做审查，从而完善对鉴定意见的审查和运用规则。在江苏法院审理的一些案件中，法庭为了对鉴定报告进行有效评估，在庭审中设置了专家技术庭审环节，由专家针对损害鉴定评估报告的科学性进行专家技术辩论，从而启动鉴定意见实质化审查。对鉴定意见的实质化审查一方面破解了对鉴定的“迷信”，使其回归“证据”本源；另一方面鉴定实质化又可以使修复方案更经济、科学。

本案中，存在两类污染事实的鉴定问题。一类是噪声是否超标，双方当事人均提交了各自委托的具有鉴定评估资质的第三方作出的监测报告，但结论却截然不同。针对相左的鉴定意见，法院有义务加以鉴别，在专业能力不足或通过鉴别无法区分时，可以诉诸司法鉴定，以保障实质公平。另一类则是专家意见，同样需要接受法院的司法审查。

3. 环境污染损失的价值量化和酌定

在司法实践中，还会遇到更为极端的情况，比如原告已经举证证明被告存在污染环境的行为，且该行为也已经造成了生态环境的损害，但是确实没有与之相类似的企业进行参考，无法对被告造成的生态环境损害数额进行精确的认定，此时如果原告起诉到法院，法官该如何应对和处理呢？按照传统的做法，原告没有举证完全，没有具体的计算标准和模型，诉讼请求都不明确，法院往往会简单驳回原告的诉讼请求,待其有新的证据时再进行审理。但是这种处理方法一方面增加了原告的诉讼成本;另一方面,客观上原告已经穷尽举证能力,这种简单的驳回实质上关闭了原告通过诉讼的方式向被告追责的大门。不管是对原告还是受到破坏的生态环境来说,都是不公平的。

司法不仅具有个案裁判的功能,其所秉持的舆论导向和价值取向还具有弘扬社会主义核心价值观,传播法治声音、培育法治精神、汇聚法治力量的积极作用。“司法不得拒绝裁判”,是来源于1804年《法国民法典》的古老法谚,要求司法不可因证据不足而拒绝裁判,不可因缺乏法律根据而拒绝裁判,不可怠于履行职责而拒绝裁判,上诉法院不可拒绝对损害数额作出评估。既然司法不得拒绝裁判,同时原告对损害的具体数额又无法举证,那么在环境诉讼中,如果损害事实确实已经发生,从诉讼公平角度出发,法官能否根据言词辩论情况和证据材料等对该损害赔偿数额作出裁量呢?

以本案为例,原告的损失是显而易见的:不间断的噪声“骚扰”、房屋变成危房、相应的检测费用等。但应如何加以量化呢?我们在很多环境侵权案件判决书中看到,对这些很难通过价值数额确定的损失,法院经常采用“酌定”的方式进行判决,酌定又有没有可依之规?

可以说,酌定的方法有效解决了生态环境损害损失客观存在但难以准确计算的问题。在司法实践中,对该项方法适用应注意其所适用的条件:

一是须存在损害。根据“无损害,无救济”的原则,当事人就其所受的损害主张权利的前提是存在受损害的事实或者对损害发生事实已经达到了证明标准,使法官形成了内心确信。如果并无损害产生或者当事人不能证明损害事实存在,那么就不存在对损害进行酌定的问题。

二是损害数额难以精确计算或不能证明。在损害确实存在的情况下,一般损害赔偿数额可通过举证来确定。但是在出现损害数额证明的费用过高、损害的性质特殊等证明困难的情况下,才可以适用酌定的方法。

三是法官依职权酌情合理确定损害数额。酌定的核心在于从司法公正角度出发,在损害数额大小难以证明或不能证明的情况下,法官根据证据材料依职权对该损害赔偿数额作出酌情合理裁量。一方面,法官在进行酌定时是依职权进行的;另一方面,法官在对损害额进行认定时须以全案证据材料为依据,综合考虑与之相关的主客观因素，形成内心确信并合理行使自由裁量权。

（二）争议焦点

这是一例典型的噪声污染类环境侵权纠纷案件。噪声污染属于特殊环境侵权，本案的争议焦点：

（1）侵权事实是否存在：未超标噪声影响是否构成立法上的“噪声污染”，如若不构成，原告须以何种途径维护自己权利；除噪声外，火车运行过程中的震动等对原告房屋的破坏是否构成环境侵权。

（2）因果关系：噪声与墙体开裂是否存在因果关系；火车运行与墙体开裂是否存在因果关系。

（3）举证责任：本案是否适用举证责任倒置规则；原告的举证是否已达到举证责任倒置的标准。

（4）免责事由：环评申请书能否成为被告不承担赔偿责任的“免死金牌”；被告所主张的“30 米”红线能否成为抗辩理由，30 米之外的区域被告是否当然免责。

（5）单方委托第三方形成的监测报告的证据效力：双方均委托第三方公司形成监测报告，双方均不认可对方的监测报告且证明结论相左，此时应如何认定其证据效力。

（6）专家意见的证据效力。

（三）裁判理由

从原告的诉讼主张来看，原告并没有对振动污染事实进行过多的举证，仅有房屋变成危房的事实，虽然振动同样存在国家标准，但双方均未就此纠缠。相反，更为显著的噪声污染成为诉辩双方角力的重点。

1. 环境噪声污染的特殊司法难题

本案属于环境侵权中尤为特殊的一种，即环境噪声污染侵权，与一般环境污染侵权相比，司法认定更为特殊。

（1）“污染”的认定。

首先应明确何为噪声污染。环境污染责任属危险责任，污染者承担责任的理由在于其行为的危险性，并不要求污染环境的行为具有违法性。亦言之，不得以排污行为合乎或未超出强制性标准进行抗辩免除民事责任。然而，根据《噪声污染防治法》第 2 条规定，噪声污染是指所产生的环境噪声超过国家规定的环境噪声排放标准,并干扰他人正常生活、工作和学习的现象,即只有超过国家标准的噪声才可能构成噪声污染侵权。

(2)国家标准与噪声污染。

根据《噪声污染防治法》的规定,城市噪声来源众多,包括工业、建筑施工、交通运输、社会生活等,不同来源的噪声污染有各自相应的国家标准,因此,超标与否往往依赖于不尽相同的国家标准。当国家标准的区分或划分未能实现全覆盖时,司法判断往往陷入困境——特别是尚不构成污染的噪声,如果对他人造成实际侵害是否不在司法救济的范畴内,是一个值得探讨的法律问题。

以本案为例,案涉房屋恰处于法定的"铁路边界"(距铁路中心线 30 米处)之外。根据《铁路边界噪声限值及其测量方法》(GB 12525)的规定,铁路边界噪声的限值为昼、夜间噪声限值 70 等效声级,只要未超出这一限制,即未超标。结合原环保部对部分法院的回函,只要在这一区域内未超标,铁路中心线 30 米之外的区域是否超标已与铁路噪声是否超标没有任何关联。

(3)环境噪声污染事实认定的难题。

其一,证据收集难。作为瞬时性污染,噪声排放证据不易固定,有赖于专业评测机构的介入和帮助。其二,数据固定难。噪声检测涉及较高的专业性问题,包括如何进行背景噪声监测、其他噪声源对目标噪声源数据的干扰、目标噪声源的即时性分散性、噪声源证据无法固定、如何降低控制噪声等,非法官所能独立判断。其三,侵权事实因人而异。因个人体质存在差异,个体对噪声的敏感性、容纳度差别较大,因此在判断是否受到损害时可能很难找到一个理性人"平均"的标准。

(4)因果关系认定难。

从法院目前受理的环境噪声污染纠纷案件来看,大多数损害结果集中于身体方面的隐疾。显然,此类因果关系的证明大多偏重疫学上的因果关系,不仅需要非个案化的相互印证,而且还要具有排他性,无疑是相当困难的。

2. 环境噪声污染纠纷民事案件的司法分析路径与建议

不难发现,环境噪声污染纠纷民事案件面临的司法难题既有事实认定,也有因果关系等法律适用问题。

(1)噪声污染事实认定及降噪治污裁判方式问题。

以无锡法院审理的中华环保联合会诉江苏宁沪高速公路股份有限公司噪声污

染责任环境民事公益诉讼一案为例，噪声污染具有不可逆性，长期处于高噪声环境下的居民，身心健康势必受到不良影响。该案中，为确定噪声污染状况及降噪修复措施等，法院采取了以下方法：①委托环保部门监测，确定噪声污染的现状；②统计车流量，为采取降噪措施奠定基础；③确定环境噪声评价标准，虽然噪声污染不应唯标准论，但噪声是否扰民，往往牵涉不同公众的噪声敏感度和环境噪声容忍义务问题，噪声评价标准可以作为客观判断噪声污染的工具；④咨询有关专家，是否超标，超标后如何整改，专家往往能提出专业处理意见，这也是国际环境审判通行的做法；⑤提出经专家审核的整改方案，作为噪声防治的依据；⑥加强整改过程中的监管，法院要监督具有资质的单位进行降噪设计和施工；⑦整改完毕后法院应委托相关部门进行噪声监测，仍不能达标的，宁沪高速公司须进一步采取等新的降噪措施。最终，在法院的主导下，双方会同专家共同达成和解协议，避免了双方私下和解损害公共利益。

(2)因果关系认定问题。

如前所述，环境污染类侵权民事案件中，受害人仅须提供污染行为和损害之间可能存在关联性的初步证据，更多的举证重担落在侵权人的肩上。然而，现实中，往往并不是非黑即白的状态，哪怕通过证明责任的分配，也很难实现法律效果和社会效果的有机统一。因此，实践中就要求人民法院突破陈规，更多地以受害人的视角为切入口，结合社会生活的一般经验法则来探求因果关系之真意，大胆谨慎，反复求证。在最高人民法院发布的姜建波与荆军噪声污染责任纠纷案这一环境资源指导性案例中，法院即根据日常生活经验法则推定噪音污染与健康损害之间的因果关系属实，肯定了受害人的诉讼请求。这起运用“推定”的司法案例被作为指导案例，显示出最高人民法院鼓励运用司法技巧解决司法实际问题的态度。

(3)检测报告、专家意见问题。

环境资源审判中，专家参审可以破解技术难题的作用自不待言。作为技术专家，其定位是对案件涉及技术的内容进行阐述和答辩，但是由于基本案件事实和专业技术事实的交织，法官在组织法庭询问时很难将二者予以完全界分。加之有的刑事案件庭审中，特别是公诉人在询问技术专家时，通常会用到法庭审判过程中针对被告人的语气和法律辩护逻辑（如针对一个问题重复发问），往往在庭审过程中把技术专家带“偏”，或者“激怒”技术专家，造成了非技术问题的回答，不利于审判长和审判员的客观判断,一定程度上增加了庭审驾驭的难度。因此,环境案件中专家证人出庭,往往存在庭审耗时长、庭审内容乱,专家意见不清晰等问题。

因此,有必要尊重司法程序与科学手段融合发展的关系。环境诉讼兼具职权性、公益性和专业性。从宏观上看,此种专业性的解读是从司法角度来审视科学技术问题,是专业领域之间的理性交叉,是司法科学化的彰显。传统的司法程序对于解决法律问题日渐成熟,涉及法律与科学技术交叉的问题就需要在充分尊重科学解决手段特性的前提下裁决法律纠纷。同时,要坚持诉讼经济原则。询问程序是集中针对诉讼专门性问题进行认定的程序设置,一是能够防止于庭审结束后因准备不足而造成对专门性问题的询问不充分;二是原告的诉讼请求和事实杂芜,于庭审中开展专门性问题认定极易导致原告变更诉讼请求,造成庭审重复、拖沓。庭前会议于审前针对专门性问题作出初步梳理和认定,有利于原告在此基础上再次明确诉讼请求,并且在法院发现此种情况时,可以向原告释明其有变更诉讼请求的权利,有助于法院具体明晰原告的诉讼请求,对于提高司法诉讼效率具有积极意义,体现了诉讼经济原则。最后,还要给予参诉专家相对性保护。参诉专家的目的在于辅助法官查明专业事实,厘清责任分担,其并非与案件具有直接利害关系的当事人。庭审中其虽接受原、被告以及法庭的询问,但是这种询问必然是不同于对原、被告的询问或者对被告人的讯问的。这种询问程序既可以防止庭审询问时的不利导向所产生的负面影响,又可以避免影响专家在之后程序中发言的准确性。

六、本案赛事点评

近年来,不少地方因铁路、高速公路修建等原因导致交通流量增长迅猛,加之过去规划不当等原因,噪声污染问题日趋严重,人民群众不堪其扰、身心受损,噪声污染类纠纷案件日渐上升,如何从法律上对此类噪声污染定性、如何确定此类案件的法律思维、审理思路,已上升为一个亟待解决的司法难题。因此,虽然本案案情不太复杂,但是存在较多司法争议的内容,无疑为辩论赛增加了难度和看点。

本案赛题全面考察大学生的环境资源法律素养。虽然本案来源于审判实践中真实的案件,但是赛题还是进行了较为精巧的设计:并没有在更为严重的振动污染上着墨太多,而是将诉讼请求和双方的证据集中于噪声污染。决赛中,诉辩双方唇枪舌剑,精彩纷呈,但显而易见,双方也受到了赛题设计的“诱导”,对振动污染所涉及的事实问题以及振动污染的国家标准等关注不够、不深入，双方的火力点局限于赛题设计的方向。从侧面证明双方对本案赛题的研究还欠缺火候，对噪声污染这一类型纠纷缺乏实质性的认知和把握。

同时，本案还有一个更为严肃的课题，即希冀引发全社会对铁路、公路等特殊噪声标准的探讨。目前最高人民法院裁判文书网可以查询到的为数不多的铁路噪声污染案件，大多是依据2009年中华人民共和国环境保护办公厅向南昌铁路运输中级法院出具的《关于南昌铁路运输中级法院（2009）南铁中民终字第5号函的复函》作出判决的，即铁路边界处（距离铁路外侧轨道中心线30米处）测量火车通过1小时等效声级超过《〈铁路边界噪声限值及其测量方法〉（GB 12525－90）修改方案》规定的铁路边界铁路噪声限值，昼间、夜间噪声限值均为70dB（A），只要在轨道中心线30米处不超标，即不存在噪声污染。然而，上述判决依据的复函仅是行政机关的回函，亦非行政法规、规章，能否作为司法判决的依据尚存疑虑。而且，越来越多的铁路噪声污染纠纷案件显示，由于城市规划缺乏远见以及铁路提速等多种因素的影响，仅凭铁路轨道中心线30米处超标与否这个单一标准判断30米之外的噪声超标与否可能失之偏颇，特别是在作为被侵权人的普通老百姓无力对抗城市规划行政管理部门时，关闭诉讼这扇窗显然是不符合社会主义核心价值观的。此外，值得关注的是，有些法院已经探索通过高铁环评中建设单位对铁路轨道中心线30米外适用一般噪声标准的承诺判决铁路公司承担相应的赔偿责任。因此，可能恰恰证明，这一问题不仅仅是一个小小的技术标准问题，而是涉及更大更广的法律层面，值得深思和研究。

赵新诉中铁五局(集团)有限公司、中铁五局集团路桥工程有限责任公司噪声污染责任纠纷案

2015年全国大学生环境资源模拟法庭大赛初赛赛题

一、基本案情

原告:赵新

被告:中铁五局(集团)有限公司(以下简称中铁五局)、中铁五局集团路桥工程有限责任公司(以下简称路桥建筑公司)

原告赵新于2010年在G市开办了养殖场,进行蛋鸡养殖。原告分别于2013年4月16日、6月20日、12月16日分三批购买了品种为新罗曼粉的鸡苗进行养殖。

2013年7月20日,被告路桥建筑公司通过招投标,中标GM道路工程土建施工第2标段,并与发包人GA投资有限公司签订了施工合同,后由被告从2013年10月开始施工,至2014年5月10日施工基本完成。

原告的养殖场从2013年10月起出现蛋鸡大量死亡,产生软蛋、畸形蛋等情况,原告认为蛋鸡大量死亡,产生软蛋、畸形蛋等情况是由被告施工所造成的。

原告认定的事实:

2008年原告在G市开始修建养殖场,于2010年竣工,当时总投资达300余万元。2013年12月,原告的养殖场活鸡存栏数达25,000多只,而就在这时,被告承建GM道路工程土建施工第2标段紧靠养殖场,施工产生的强烈噪声污染(噪声污染来源于放炮及机械打炮眼和挖掘机冲击钻头等产生的巨大噪音)及其放炮飞落的碎石,造成原告开办的养殖场所喂养的蛋鸡大量死亡及产蛋率严重下降,整个施工

期间共造成原告经济损失 120 余万元。

诉讼请求：

(1)判令被告停止侵害，消除危险；

(2)判令被告赔偿原告损失共计 120 余万元(此数值由选手从已有的证据材料中提供较为合理的计算公式)；

(3)诉讼费及其他费用由被告承担。

二、原告如何诉

(一)请求权基础

什么是请求权基础？如何树立请求权基础思维？

“请求权基础是法律思考之出发点，必须明确。”从处理案件纠纷的角度上，要从请求权基础分析入手，本案是噪声污染纠纷，属于侵权责任纠纷，在审理案件时适用《侵权责任法》(已失效)的相关规定。

本案中不涉及请求权竞合的情况，是单纯的侵权责任纠纷。

根据上述请求权基础的分析，环境污染侵权责任的构成要件：

(1)存在污染行为；(2)侵权行为和损害结果之间存在因果关系(原告举证证明具有关联性，被告反证没有因果关系)；(3)损害后果；(4)违反国家规定(《民法典》)；(5)不存在免责事由或第三人侵权等减责事由。

(二)原告的举证证明责任

根据最高人民法院《关于审理环境侵权责任纠纷案件适用法律若干问题的解释》第 6 条规定：“被侵权人根据民法典第七编第七章的规定请求赔偿的，应当提供证明以下事实的证据材料：(一)侵权人排放了污染物或者破坏了生态；(二)被侵权人的损害；(三)侵权人排放的污染物或者其次生污染物、破坏生态行为与损害之间具有关联性。”原告的举证责任在本案中要围绕上述三个方面进行，即被告路桥公司实施了侵权行为、有损害结果、损害结果和侵权行为具有关联性。

原告为证实其受到损害与被告路桥公司施工有关联性，邀请了高校的动物医学高级教师唐某某和高级兽医师李某某于 2014 年 3 月进行现场勘查，制作了原告提交的证据 10《现场纪要》，证实：在突然的炮声或长期噪声下，鸡受惊吓后，产生应激反应，会导致鸡群受到刺激，引起鸡惊恐不安，采食量下降，拉稀，整个鸡群发病率和死亡率上升;蛋鸡的产蛋量明显下降,软壳蛋、脆壳蛋和血斑蛋增加。根据鸡的习性,受伤的鸡往往会受到同类的攻击,食欲减退或废绝,最后衰竭死亡。

因本案涉及专业问题,法院通知了 GZ 省畜牧兽医研究所高级畜牧师陶某某作为专家就本案的专业性问题出庭作证。他的证词证实:(1)噪声对蛋鸡的影响,其幅度在 1% ~30% ,10% 左右居多。指的是整体收益的下降。(2)本案养殖地离施工地点近的有 10 多米,远的有 30 多米,产蛋率下降的具体数值不好界定,要看放炮的地点、放药量、时间等多方面,噪声多是造成蛋鸡受惊吓后挤压或者被笼子卡住致死的主要原因。养殖的正常死亡率在 8% ~9% 。(3)综合计算,养一只蛋鸡一年的收益在 50 元左右,还包括淘汰鸡的收益。这个收益属于中等偏上的水平。蛋鸡每年下蛋 280 枚,养得好的有 300 枚。(4)贵州省蛋价比较复杂,360 枚装的蛋一件价格在 230 ~240 元。(5)蛋鸡的产蛋周期是 10 个月,蛋鸡 18 周开始产蛋,26 周达到高峰期,一般产蛋高峰期在 8 周左右,然后维持在 93% 以上的产蛋率,最后下降到 80% 就可以淘汰了。鸡的死亡在损失中所占的比例不高,主要是蛋的损失。

上述动物医学高级教师唐某某和高级兽医师李某某、GZ 省畜牧兽医研究所高级畜牧师陶某某三位都是该案中出现的专家,但是因为委托的主体身份不同,三人在审判中的身份是不同的,同时其在法庭上所作出的陈述在证据分类上也有所区别。唐某某和李某某是受原告委托对其所饲养的蛋鸡死亡进行调查的专家,其在法庭上就专业问题提出的意见,不能视为证人证言,其所作出的陈述视为当事人陈述。根据最高人民法院《关于适用〈中华人民共和国民事诉讼法〉的解释》第 122 条第 2 款规定:“具有专门知识的人在法庭上就专业问题提出的意见,视为当事人的陈述。”GZ 省畜牧兽医研究所高级畜牧师陶某某是法院为查明案件事实委托的具有专门知识的人,也是在环境资源审判中创新引用的专家辅助人。环境资源审判案件专家辅助人意见并无独立证据效力,其以弥补当事人庭审能力不足与强化司法责任者认知为初衷。认定专家辅助人意见效力,应注重从专家辅助人的适格性、载体规范性、证言有助性与可靠性方面审查。①

在赛题中有提供人民法院对现场勘查的示意图,原告饲养蛋鸡的鸡舍距离近的有 10 米,远的有 30 米,从施工放炮的烈度及频度来看,其放炮作业导致飞石将原

① 参见于四伟、鲍平晓:《环保案件专家辅助人意见的审查标准》,载《人民司法. 案例》2017 年第 17 期。

告的鸡舍砸出了大洞，双方也因此签订了赔偿协议书，赔偿原告2300元，可以认被告路桥公司施工过程中确因放炮作业导致了噪声污染。据有关科学论证，噪声污染作为环境污染的一种，对动物生理机能会产生一定影响，使动物烦躁不安，失去常态，严重地可能会导致死亡，如鸟类在噪声中会出现羽毛脱落，影响产卵率等影响。本案中，被告路桥公司作为工程的承包人，是工程的具体实施人，在道路施工中产生了噪声，原告养殖场距离被告的施工地点较近，且原告所聘请专家的证言通过庭审质证确认蛋鸡是在突然的炮声或长期噪声下，受到惊吓后而死亡的，蛋鸡不是因为疫病死亡的。法院聘请的专家也证实噪声对蛋鸡的影响一是造成惊吓后死亡，二是导致产蛋率下降。本案中，对于路桥公司施工的噪声导致原告赵新养殖的蛋鸡因突然炮声及长期噪声的影响，受到惊吓死亡，并导致蛋鸡产蛋率下降一事，原告聘请的具有专门知识的人以及法院聘请的专家辅助人均予以证实，故应当认定路桥公司的施工行为与蛋鸡死亡、产蛋率下降具有因果关系。

（三）损害结果具体量化

关于损害结果的具体量化，是本案争议性最大的争议焦点，在赛题中亦明确要求选手在证据材料中提供较为合理的计算公式。本案中原告的起诉金额是根据生产成本进行估算的，本文中提供法院判决的计算方式以供参考。

要计算出准确的损失数额，就必须提供准确的基础数据，如蛋鸡的具体数量、蛋鸡的死亡数量、蛋鸡的产蛋下降率等具体数据。本案中，按照举证责任分配的规则，原告养殖场遭受的具体损失数额属于原告的举证责任，即原告需提供能准确计算出具体损失数额的基础数据，而从原告所提供的证据来看，不同来源的基础数据均存在一定差距，这便造成不能准确计算出具体损失数额的结果，但仅以证据不完全驳回原告诉请未免有失公正。原告养殖场存在实际损失，被告中铁五局、路桥建筑公司认可结合造成的损失部分赔偿的情况，法院以公平公正的原则为指导，同时依据养殖手册等专业书籍、专家辅助人所提供的较为科学的基础数据，综合计算出较为客观的损失数额，具体如下：

（1）蛋鸡的总数，原告陈述为25,000只，原告提交了3张收据予以证实，被告主张该提交的证据是存在瑕疵的，存在收据连号现象，没有税务发票等。但并不能因证据存在瑕疵就完全否定原告养殖了蛋鸡的事实，结合法院调取的《畜禽养殖场（小区）备案登记表》上载明蛋鸡养殖规模为21,000只的事实，因蛋鸡的流动性较大，法院将噪声产生影响时的蛋鸡总数确定为21，000只。

（2）蛋鸡死亡的数量，原告提供的生产记录共死亡9000多只，但原告只提供了157张照片，大约共死亡3400只；原告申请的证人出庭作证陈述修路期间每天死亡20～30只。如果按证人所述每天死亡30只，210天施工期共死亡6300只蛋鸡，这与原告提供的死鸡照片上的数量明显不符。原告提交了生产记录、周某某谈话笔录、照片、清点记录等拟证明死亡蛋鸡的数量，生产记录是其自行记录的数据，且制作过于粗略，不规范，不宜作为直接认定蛋鸡死亡数量的证据；对于照片证据，亦不能真实反映蛋鸡死亡数量，只能反映蛋鸡死亡的事实；清点记录系在村民王某某、张某某的见证下清点，相对而言更为客观，故可认定蛋鸡存栏数的依据，蛋鸡总数减去蛋鸡死亡数量，即21000－15657＝5343（只），这与周某某的证言也比较吻合，故确定蛋鸡死亡数量为5343。

（3）蛋鸡的自然死亡率，专家陈述为8%～9%，法院确定为8%。

（4）养殖成本为40元/只，根据养殖手册及专家证人的咨询意见，蛋鸡养育周期为18周，即饲养至18周开始产蛋，根据专家证人的证言饲养至18周的养殖成本为40元/只，法院予以确认。

（5）产蛋下降率，按照专家辅助人的表述，噪声对蛋鸡的影响幅度为1%～30%，整体收益下降10%居多，整体收益包括蛋鸡产蛋和淘汰蛋鸡，且原告在庭审中确认噪声致使畸形蛋、软壳蛋比例为7%，考虑到还有蛋鸡不下蛋的情况，将产蛋下降率确定为15%较为合理。

（6）结合产蛋量按照饲养手册中的数据计算，12个月的产蛋量为280枚。

（7）结合原告专家与法院专家的证言，一件鸡蛋（360枚）的市场价格按照240元/件计算。

（8）淘汰蛋鸡价格按照20元/只计算。

要计算出准确的损失数额，除了基础数据外，还必须采用较为合理的计算模型。结合本案来看，首先，原告购买了三批蛋鸡进行养殖，每批养殖的时间有所不同，而被告的施工时间是确定的，因此，被告的施工对原告三批蛋鸡的影响也有所不同，在计算时应按三批分别计算；其次，蛋鸡死亡的损失与蛋鸡产蛋率下降的损失也应分别计算。蛋鸡死亡的损失按死亡时投入的成本计算（死亡是陆陆续续的，从现有证据无法精确计算每一天的死鸡数量与成本，故法院假定开始施工时，噪声便造成蛋鸡一次性死亡,以便计算赔偿数额);蛋鸡产蛋率下降的损失按蛋鸡本应产蛋的价值乘以产蛋下降率计算。

计算模型为:

损失数额 = 蛋鸡死亡的损失 + 蛋鸡产蛋率下降的损失。其中:

蛋鸡死亡损失 = 噪声污染造成蛋鸡死亡数量 ×(每只蛋鸡养育成本 40 元 + 每只单价饲养利润 25 元)。

蛋鸡产蛋率下降损失 = 存活蛋鸡数量 × 每只蛋鸡本应产蛋价值 × 产蛋下降率 15%,即蛋鸡产蛋下降损失 = 蛋鸡存活数量 ×(280 枚 ÷ 12 个月 × 产蛋影响时间)×(240 元/件 ÷ 360 枚/件)× 15%

三批蛋鸡共 21,000 只,共死亡 5343 只,除去自然死亡率 8%(1680 只),噪声造成 3663 只死亡,存活 15,657 只。

按照原告陈述购买三批蛋鸡的比例,设定第一批 8400 只,存活 6263 只,死亡 2137 只,除去自然死亡 672 只,噪声造成 1465 只死亡;第二批 5880 只,存活 4384 只,死亡 1496 只,除去自然死亡 470 只,噪声造成 1026 只死亡;第三批 6720 只,存活 5010 只,死亡 1710 只,除去自然死亡 538 只,噪声造成 1172 只死亡。

第一批蛋鸡从 2013 年 4 月 16 日开始养殖,按照养殖周期第 18 周开始产蛋,施工从 2013 年 10 月开始至 2014 年 5 月 10 日基本完成,蛋鸡养殖的全过程基本受到施工影响。故应认定整个过程产蛋均受影响,产蛋影响时间为 7 个月。损失计算如下:(1)蛋鸡死亡的损失:1466 只 × 65 元/只 = 95,225 元;(2)产蛋率下降的损失:6263 只 ×(280 枚 ÷ 12 个月 × 7 个月)×(240 元/件 ÷ 360 枚/件)× 15% = 102,295.67 元,以上损失共计 197,520.67 元。

第二批蛋鸡从 2013 年 6 月 20 日开始养殖,按照养殖周期第 18 周开始产蛋,施工从 2013 年 10 月开始至 2014 年 5 月 10 日基本完成,蛋鸡养殖的全过程基本受到施工影响。故应认定整个过程产蛋均受影响,产蛋影响时间为 7 个月。损失计算如下:(1)蛋鸡死亡的损失:1026 只 × 65 元/只 = 66,690 元;(2)产蛋率下降的损失:4384 只 ×(280 枚 ÷ 12 个月 × 7 个月)×(240 元/件 ÷ 360 枚/件)× 15% = 71,605.33 元,以上损失共计 138,295.33 元。

第三批蛋鸡从 2013 年 9 月 16 日开始养殖,按照养殖周期第 18 周开始产蛋,施工从 2013 年 10 月开始至 2014 年 5 月 10 日基本完成,蛋鸡养殖的部分过程受到施工影响。产蛋影响时间为4个月。损失计算如下：(1)蛋鸡死亡的损失：1172只×65元/只=76,180元；(2)产蛋率下降的损失：5010只×(280枚÷12个月×4个月)×(240元/件÷360枚/件)×15%=46,760元，以上损失共计122,940元。

以上损失数额共计458,767(197,520.67+138,295.33+122,940)元。

三、被告如何辩

被告的辩论的核心要点为本案的损害结果与施工行为不具有因果关系。

(一)被告施工程序合法

本案中被告路桥建筑公司的建设项目是合法的，其进行放炮作业也取得了相关审批手续的，故其施工建设的行为不具备违法性。在被告提交的检测报告中，仅部分时间段存在噪声超过国家标准的行为，而非持续性地产生噪音，事实上施工过程中，也并非每天都需要放炮作业。

(二)原告要承担其损失扩大化的责任

被告方项目开始施工建设的时间是2013年10月至2014年5月，根据原告诉称，在2013年10月起出现蛋鸡大量死亡、产生软蛋、畸形蛋等情况。但其在2013年12月依然购进了大批鸡苗8000只，导致后期出现蛋鸡死亡增多情形，其应当承担损失扩大的风险。

(三)原告举证无法证明被告施工放炮作业导致蛋鸡死亡

原告所举的证据中不能完全认定蛋鸡的死亡与被告的施工行为具有因果关系，其所主张的事实仅有其单方聘请的专家的证言予以印证，其应当承担举证不能的不利后果。

(四)原告关于诉请的损害赔偿数额的计算没有事实依据

原告诉请金额的计算缺乏合理性，没有对其损失进行区分，请求被告据此进行赔偿缺乏法律依据。原告提交的照片仅能证明存在蛋鸡死亡的事实，但对于数量的确定没有证明力。在原告提交的蛋鸡饲养说明书提到蛋鸡的饲养过程中存在自然死亡的现象，对该部分的损失，不应由被告进行赔偿。即使被告要承担损害赔偿责任，也应按照育成的方式和直接损失，结合每批次的饲养情况综合核定原告的损失。

四、案例证据简要辨析

为避免辨析过于冗长，仅对原、被告双方存在争议，或者对本案需查明事实存在重大影响的证据进行辨析。另需要提起注意的是，在审判实务中对证据三性，即合法性、客观性、关联性要求较高，在证据收集、整理过程中也要注重证据与证据之间的关联性，从而让证据效力得到补强，便于形成证据锁链，以达到让自己主张的事实被认定的目的。在法庭举证、质证过程中，可以对证据按照证据分类和待证事实进行分组，进行概括式举证和详细列举举证，可以控制庭审的节奏，节约庭审时间，以便在辩论环节能够有更加充裕的时间。

（一）原告方提交的重要证据辨析

证据2：原告购买鸡苗的收款收据，证实原告分别于2013年4月16日、2013年6月20日、2013年9月16日向大龙滩养殖场购进10,000只、7000只、8000只鸡苗。证实原告鸡苗的养殖数，也是原告计算其受到损失的依据之一，但被告方提出因收据非正规发票，不能证明原告养了25,000只鸡；就目前的审判实务而言，部分市场交易行为因为主体的局限性，并不能提供正规的增值税发票，但不能因收据本身不是法定票据而否定证据的真实性，另外从其他证据也能对该证据进行佐证，故对该证据认定应当综合判断。

证据3：《蛋鸡蛋鸭高产饲养法》《新罗曼粉商品代饲养管理手册》，证实原告所养蛋鸡的性能参数。被告对该证据的真实性无异议，从该证据可以看出蛋鸡的饲养环境和要求是非常严苛的，即便是完全按照《饲养手册》饲养也会有2%～3%的死亡率，产蛋后的死亡率会高至6%～7%，且该资料不是完全的证据，只是一份资料。笔者认为就该证据而言是不能单独达到原告的证明目的的，因为在养殖过程中养殖方法、环境、天气等因素的改变，均有可能对养殖的结果产生变化，这意味着实际的养殖经营情况与性能参数是存在差异率的，且该差异率无法确认，故该证据需要结合其他证据加以认定。

证据7：施工现场照片、施工时的部分炮眼及原告鸡舍受损照片，该证据只是间接证据，仅能证实原告方确实存在受到损害的结果，但是对因果关系的认定缺乏证明力。

证据9：原告养殖场蛋鸡死亡照片158张，证实原告养殖场遭受巨大损失。该证据是间接证据,仅能佐证原告实际遭受了损失,对损失金额的认定和因果关系没有证明力。

证据 11:被告施工现场负责人给原告出具的《承诺书》,证实被告承诺对原告的损失进行赔偿。该证据是否构成《民事诉讼法》意义上的自认?根据最高人民法院《关于适用〈中华人民共和国民事诉讼法〉的解释》第 92 条第 1 款的规定:“一方当事人在法庭审理过程中,或者在起诉状、答辩状、代理词等书面材料中,对于己不利的事实明确表示承认的,另一方当事人无需举证。”笔者认为,该《承诺书》是项目施工方为解决矛盾纠纷向原告方作出的会履行赔偿责任的承诺,该承诺书没有具体的金额,说明双方并没有对侵权损害赔偿达成一致意见,只能证明被告的施工行为确实对原告产生了一定的影响,但影响的因果关系还需要原告进一步举证证明。

(二)被告方提交的证据辨析

本案中被告方提交的证据与原告所主张的侵权损害赔偿的关联度是不高的,主要是被告路桥建筑公司的施工资质、施工合同、工程日志、验收报告等。其只证明了自己的施工行为是符合法律规定的,当然在检测报告中列明了部分施工地点噪声排放不符合《建筑施工场界环境噪声排放标准》(GB 12523 - 2011)的要求,超过了 55dB(A)。根据最高人民法院《关于民事诉讼证据的若干规定》(2019 年修订)第 4 条第 3 项规定,因环境污染引起的损害赔偿诉讼,由加害人就法律规定的免责事项及其行为与损害结果之间不具有因果关系承担举证责任。”本案中,被告方主张蛋鸡死亡与路桥建筑公司施工造成的噪声行为之间的因果关系尚不明确,但未提供证据证明其具有法律规定的免责事由及其行为与损害结果之间不存在因果关系,从而达到请求人民法院依法驳回原告诉讼请求的目的,在证据证明力上不占优势。

证据 2:中标通知书、施工合同载明:2013 年 7 月 20 日,被告路桥建筑公司中标 GM 道路工程土建施工第 2 标段,与发包人 GA 投资有限公司签订了施工合同,后由被告从 2013 年 10 月开始施工,至 2014 年 5 月 10 日施工基本完成。该证据证实了被告在该路段施工的时间,即从 2013 年 10 月开始至 2014 年 5 月 10 日,共计 221 天,超过该时间范围的损失不应当计算在损害赔偿中,另施工路段全长 6 公里,并非全路段的施工都会对原告的养殖行为造成影响。同时,被告主张在施工过程中存在由于农民堵工、下雨、春节等原因并未施工和情形,实际施工的工期比工程竣工的时间短。

证据10:经被告调查,原告购买养鸡饲料的个体工商户因售卖的饲料为伪劣商品于2013年10月被工商部门查处。该项证据是被告主张有其他因果关系介入的证据,原告购买的劣质饲料也可能导致蛋鸡的死亡。首先,在蛋鸡的死亡解剖记录中,未提及劣质饲料,且该查处行为发生在2013年,与原告蛋鸡死亡的时间存在较长的时间差距。其次,根据环境侵权纠纷的证明规则,被告主张原告的损失是由其他侵权损害行为造成的,不能免除自己的损害赔偿责任,除非其能证明,损害结果的发生与其行为没有因果关系,显然被告的举证不能达到该证明目的,所以对其主张不予认可。

五、法院如何判

《民法典》第1184条规定:"侵害他人财产的,财产损失按照损失发生时市场价格或者其他合理方式计算。"对于侵权责任主体承担损害赔偿责任,我国采"填平原则",即将受害的损失进行全面填补,权利人损失多少,侵权人赔偿多少,使权利人在经济上不受损失。填平必须具备两个条件:一是损失的数额在填补之前是确定的;二是通过填补至填平,使权利人在经济上的损失消失。所以在计算损失时,并非原告主张的所有损失都应该赔偿,法院在确定损失时对蛋鸡的自然死亡部分是予以扣除的,因为自然死亡是原告从事规模养殖所应承担的风险,不随侵权行为的发生而转移,这也体现了司法审判中的实体公平正义。法院依法判决被告赔偿原告损失数额共计458,767元。

六、案例赛事点评

该案例改编自贵州省清镇市人民法院审理的(2014)清民环保初字第14号原告吴国金诉被告中铁五局(集团)有限公司、中铁五局集团路桥工程有限责任公司噪声污染责任纠纷案,该案被最高人民法院评选为2015年十大环境侵权典型案例。

在案件审理过程中,充分发挥专家证言、专家意见、专家陪审员的作用,有效化解了众多影响面广、矛盾纠纷集中的环境案件,得到了涉案双方的肯定,也为同类案件的处理提供了重要的参考价值。早在2009年,贵阳市生态环境保护两庭就制定了《环境保护审判专家咨询委员会工作规则(试行)》,对专家委员会的人员组成、主要职责、相关权利及工作方式等进行了规定，专家可以通过不同的方式参与案件的审理，对推进环境保护审判工作、提高判决公信力起到了重要作用。具体到本案的审理，如何认定损失数额成为本案的关键问题，法官不能拒绝裁判，但在一些疑难案件中如何裁判成为困扰法官的关键性问题，部分案件从证据角度看，判决驳回诉讼请求符合法律规定，但不符合法官的内心确信；判决支持诉讼请求符合法官的内心确信，但不符合证据规则原则。这就需要扩展裁判思路，既不能闭门造车，也不能因噎废食。对于专业性非常强的问题，借助外脑成为案件突破的关键点。

最高人民法院在发布该案例时指出：环境损害数额的确定，往往需要通过技术手段鉴定。但在鉴定困难、鉴定成本过高或不宜进行鉴定的情况下，人民法院可以参考专家意见，结合案件具体案情，依正当程序合理确定损失数额。本案中，吴国金能够证明其开办养鸡场在先，被告施工行为在后，在被告施工期间其养殖的蛋鸡出现异常死亡，并提交专家论证报告及其自行记载的蛋鸡死亡数量，但是难以举证证明损害的具体数额。在此情况下，受案法院并没有机械地因吴国金证据不足，判决驳回其诉讼请求，而是充分考虑噪声污染的特殊性，在认定蛋鸡受损与被告施工噪声存在因果关系的基础上，通知专家就本案蛋鸡损失等专业性问题出庭作证，充分运用专家证言、养殖手册等确定蛋鸡损失基础数据，并在专家的帮助下建立蛋鸡损失计算模型，得出损失数额并判决支持了吴国金部分诉请，在确定环境损害数额问题上做了有益尝试。

该案作为环境侵权案件，法律关系不复杂，辩论焦点较为明确。考验的是能否通过对案件事实的梳理，运用法律思维将待证事实予以明确，在此也就辩论赛的筹备提出两点意见：

（一）借助诉讼可视化工具

案件审理的事实实质上是一种信息的传递，是案件当事人对案件进行加工之后向人民法院提交的，其案件信息传递的链条是比较长的，容易导致失真。尤其是复杂案件，经过的时间跨度长，且多个事实穿插其中，容易导致案件事实脉络不清晰。为保证案件事实信息的准确度和便于理解，可以借助可视化工具——案件事实图、法律关系图、流程图、时间轴图等，将语言文字的大量信息，通过逻辑梳理形成图表或者视频等方式表现出来，这样做既能够保证对案件事实和法律关系的准确掌握，更能避免因为语言文书不规范或者不准确引起的歧义。通过对案件事实要素的拆分和事实结构的组建，制作者的逻辑思维能力、案件事实归纳能力提升很快。例如本案的裁判文书中就附带了该案关于损失计算的基数表，一方面便于法官计算数额，避免出现计算错误；另一方面给原、被告双方一个直观的计算方式的罗列，更加全面地展示法官的思维过程，能够提升裁判文书的可接受度。

（二）实战演练"模拟法庭"

我们的比赛虽然是模拟法庭，但是在比赛过程中和实际的庭审是一样的，是一个庭审各方参与的不可逆的过程。辩论比赛看重辩手在赛前的准备是否充分，但取胜更加依赖于好的现场发挥，因为审判员的提问和对方辩友的发言是我们无法预知的，要做好打"突击战"的准备。通过"对抗式"的实战演练，会在辩论过程中形成预判，也会在攻防交替中查找到所持观点的薄弱环节，从而进行有针对性的提升。通过不断的实战演练和复盘能够让辩手在模拟法庭上更自信、更从容。

贵州泰蘋河生态养殖开发有限公司诉贵州华锦铝业有限公司财产损害赔偿纠纷案

2016 年全国大学生环境资源模拟法庭大赛初赛赛题

一、基本案情

贵州泰蘋河生态养殖开发有限公司(以下简称泰蘋河公司)是一家主要从事鲟鱼养殖的企业,从戈家寨大沟取水。养殖场于 2013 年 3 月投产运行,并于 2013 年 11 月、2013 年 12 月、2014 年 9 月分三次从玉屏、遵义绥阳两地购进 82,440 尾鲟鱼苗进行养殖。

贵州华锦铝业有限公司(以下简称华锦公司)作为乙方于 2014 年 7 月与甲方清镇市人民政府签订《贵州华锦清镇氧化铝项目投资协议》,在王庄乡唐寨工业园建设氧化铝项目,该协议第 4 条项目扶持第 5 项对项目用水进行了约定,甲方加快建设戈家寨水库向乙方供水,若戈家寨水库建设进度不能满足乙方投产进度要求,同意乙方先期在戈家寨水库上游河段建设临时取水设施,解决生产用水问题。同时,该协议对乙方的责任和义务进行了约定:(1)乙方建设项目必须符合清镇市经济开发区控制性详细规划及生态、环保、产业等相关要求,规划要按程序报经甲方及相关部门评审后方可实施。(2)乙方建设项目必须按照相关法律法规要求办理环保、建设、安全、水保、节水等相关手续,严格执行"三同时"制度。因戈家寨水库尚未建成,华锦公司即于 2014 年 10 月在戈家寨水库上游河段筑坝取水,该取水工程于 2015 年 3 月竣工并投入使用(该取水工程未进行环境影响评价)。从 2015 年 4 月 20 日起,华锦公司拦水坝下游河道水量减少,导致泰蘋河公司养殖场进水减少,供水出现困难。因泰蘋河公司养殖的鲟鱼为杂交鲟,对水体溶氧要求极高,4 月 21 日下午,泰蘋河公司即向清镇市水务局反映,请水务局协调被告开闸放水,保障企业生产用水。当晚 10 时起,养殖场个别养殖池部分鲟鱼昏迷,泰蘋河公司再次将此情况电话告知华锦公司相关人员,要求华锦公司开闸放水,同时向清镇市王庄乡派出所报案。22 日凌晨 1 时许,泰蘋河公司负责人与华锦公司蓄水现场管理人员再次协商开闸放水,但无结果。最终泰蘋河公司养殖的鲟鱼在 4 月 21 ~ 23 日大量死亡。

事后,泰蘋河公司请清镇市人民政府调查处理,清镇市人民政府即于 4 月 23 日组织经开区、水务局、生态局、王庄乡政府、农业局、泰蘋河公司、华锦公司进行调查协调,形成会议纪要:(1)由王庄乡政府牵头,将死鱼规格、类别、数量进行核定,由泰蘋河公司负责,农业局、水务局配合,聘请有资质的第三方鉴定机构进行鉴定;(2)由王庄乡政府牵头,泰蘋河公司负责,农业局配合,在第三方鉴定机构取样后,做好死鱼善后处理;(3)鉴定结果出来后,双方通过司法途径对事故责任进行认定;(4)华锦公司必须确保下游企业和群众生产生活用水;(5)由水务局对水文情况进行调查,农业局对死鱼情况进行调查,并将调查情况在 4 月 24 日前向企业进行答复。

此外,王庄乡政府对死鱼进行了称重,其中,1 斤/尾以下的鱼种小鲟鱼死亡 24,579.2斤,3 ~ 5 斤/尾的成品鱼死亡 20,982.2 斤。泰蘋河公司、清镇市农业局共同委托贵州省水产技术推广站对死鱼原因进行分析鉴定。贵州省水产技术推广站接受委托后,即于 4 月 24 日牵头组织贵州省渔业局、贵阳市水产站、贵州大学、贵州省水产研究所等单位专家组成 5 人专家组,到现场进行查勘,并解剖了 3 条鱼(2 条死鱼、1 条活鱼),经过调查得出结论,排除人为敲击致死、毒物致死、病害致死等因素,鲟鱼突发性大量死亡应与溶氧量不足有关。清镇市水务局在 4 月 22 日接到泰蘋河公司反映后于 22 ~ 23 日也对暗流河水量减少问题进行了调查,初步调查情况为:(1)华锦公司为保障 4 月 29 日点火生产,在 4 月 20 日将拦河坝关闸加快蓄水,未通知下游用水户做好应对措施;(2)王庄乡打磨村戈家寨大沟拦河坝将河道内水流全部拦截进入戈家寨大沟,流量约为 0.02 立方米/秒,泰蘋河公司将大沟水全部轧断进入养殖场,拦河坝下游河道内没有明水流入;(3)近期较干旱,来水量大约为 0.75 立方米/秒,但基本能满足华锦公司、新店水厂、泰蘋河公司取水及下游灌溉用水的需要；(4)华锦公司关闸蓄水是造成下游河段水量变小的原因之一。同时，泰蘋河公司、清镇市水务局共同委托贵阳市水利水电勘察设计研究院从水文资源角度对取水口来水量进行分析测算，对下游排放水量进行测量，分析下游排水量对下游取水的影响。贵阳市水利水电勘察设计研究院接受委托后于2015年5月7日出具《河流水量分析报告》，该报告的基本结论为：根据相关法律法规的规定，戈家寨水库最小下放流量为0.288立方米/秒，这是法定流量，任何单位和个人除因特殊原因不得拦蓄、取用；经勘查，距坝址上游约4公里的顺流河组洞底下拦河坝处河道流量约0.7立方米/秒，来水量是相关部门核定下放环境水量的2.5倍左右，华锦公司临时取水坝址处下放生态水流量约为12升/秒，是审批的保证下游灌溉和生态水量的1/25左右，难以满足下游用水需求。

华锦公司修建临时取水坝处系规划建设的清镇市戈家寨水库工程库区范围。根据贵州省水利厅对清镇市戈家寨水库工程水资源论证报告书的批复，戈家寨水库应下放0.288立方米/秒的下游河道生态与环境用水。在华锦公司拦截坝下游，尚有王庄乡水站取水，日取水量为2200吨左右。

二、相关证据

(一)原告提供的主要证据

(1)企业法人营业执照、税务登记证、组织机构代码证、取水许可证、中华人民共和国水生野生动物驯养繁殖许可证、中华人民共和国水生野生动物经营利用许可证、水域滩涂养殖证各一份，证明原告的主体资格及相关手续齐全。

(2)2013年11月6日至2014年9月，购鱼鱼种发票共计10份，证明原告公司在投产初期有8万余尾鱼苗，2013年的鱼苗已经长成3～5斤鱼，可以销售，后面进的鱼苗现在是1斤左右的鱼了。

(3)清镇市人民政府专题会议纪要清府专议〔2015〕86号关于对泰蘋河公司鱼死亡协调会议纪要。

(4)清镇市王庄乡政府出具的关于泰蘋河公司养殖场鱼死亡的统计情况。

(5)鲟鱼市场价寻价情况说明、鱼樵水产品仓储物流配送中心近2日鱼价、鲟鱼价格证明。

(6)清镇市渔政管理所出具的关于对泰蘋河公司4月23日鲟鱼异常死亡事故

的调查情况，证实鱼死亡的事实，经过调查鱼的死亡原因排除人为、投毒、污染等原因，死亡原因是缺水、缺氧造成的。

（7）关于对泰蘋河公司鱼死亡原因进行鉴定的委托函、委托书、养殖场现场情况照片、泰蘋河公司鲟鱼异常死亡原因分析报告、专家组人员名单、资格证书，证实鱼死亡原因排除人为暴力致死、毒物、水体污染的可能性，鱼是因为缺水、缺氧致死的。经专家走访养殖场周围了解后是因为被告拦截坝造成鱼死亡。

（8）清镇市水务管理局出具的关于暗流河水量减小造成泰蘋河公司鱼大面积死亡的调查情况，证实水务局根据会议纪要认真履职，对鱼死亡情况进行调查。

（9）贵州省水利厅关于清镇市戈家寨水库工程水资源论证报告书的批复、清镇市戈家寨水库工程水资源论证报告书，证实经过专家现场查看，在被告拦截坝的上游来水是生态保障流量的2.5倍，下游只是生态流量的1/25。

（10）清镇市王庄乡戈家寨生态养殖项目2015年4月鱼死亡事故河流水量分析报告、建设项目水资源论证资质证书，证实河流水流量应该达到法定流量。

（11）现场照片12张，证明水量减少、死鱼现象；华锦公司断水时间视频资料、手机通话26组、录音资料光碟2张，证明原告缺水后一直找原因，水务局当天下午与被告公司联系都没有放水。视频证实，当天有老百姓在现场闹事，原告了解到被告从20日就开始蓄水拦截坝，原告请被告放水但未放水，因此给原告造成损失。被告认为根据图片可以看出沟渠里还有水，采取自救措施原告是可以减少损失的。

（12）原告向法庭申请参与调查的三位专家晏宏、张晋芳、杨衡出庭作证，三位专家证实应清镇市农业局的邀请，对泰蘋河公司鲟鱼死亡事件进行调查，发现养殖场进水口已经没有水了，而原告养殖的这种鲟鱼对水的要求比较高。解剖了3条鱼，得出结论鲟鱼不是生病死亡，而是缺氧造成的。

（二）被告提供的证据

（1）施工合同、工程竣工验收证明书，证实被告拦截坝是在死鱼之前就竣工的。

（2）设计说明图，证实被告工程的合法性。

（3）照片共计30张，证实下游生产正常。

（4）根据被告申请，法院到新店、王庄、卫城三个乡镇水站了解取水情况，王庄乡正常取水（每日约2200立方米），而其他两个乡镇未在该河段取水。

（5）华锦公司与清镇市水利工程建设管理局签订的《贵州华锦铝业有限公司清

镇氧化铝项目用水协议》1 页、黔水资函〔2015〕39 号省水利厅关于华锦公司清镇氧化铝项目水资源论证报告书的批复 2 页、黔申字(2015)第 000014 号取水许可申请书 13 页,以上 3 份证据证实被告取水是通过省、市、县政府同意的,取水量是在协议约定的范围内的,会议纪要也明确在戈家寨水库建成前可以在戈家寨水库上游围堰取水。

三、原告如何诉讼

(一)选择诉讼方向

1. 请求权基础的厘清

在民事纠纷中,以原告请求被告为某种给付为典型,据以支持原告请求权的规范基础或法律行为即为"请求权基础",当事人确定诉讼策略,法官裁判案件均需要"找法",即找寻请求权基础,这个过程体系的法律思维,即为请求权基础思维。

根据《民法典》的规定,请求权基础可以作如下分类:

(1)基于合同的请求权。

如当事人可以基于合同(法律行为)的约定行使请求权,合同编的如下条文亦可作为请求权基础:

《中华人民共和国民法典》

第五百条 当事人在订立合同过程中有下列情形之一,造成对方损失的,应当承担赔偿责任:

(一)假借订立合同,恶意进行磋商;

(二)故意隐瞒与订立合同有关的重要事实或者提供虚假情况;

(三)有其他违背诚信原则的行为。

第五百零一条 当事人在订立合同过程中知悉的商业秘密或者其他应当保密的信息,无论合同是否成立,不得泄露或者不正当地使用;泄露、不正当地使用该商业秘密或者信息,造成对方损失的,应当承担赔偿责任。

第五百二十二条 当事人约定由债务人向第三人履行债务,债务人未向第三人履行债务或者履行债务不符合约定的,应当向债权人承担违约责任。

法律规定或者当事人约定第三人可以直接请求债务人向其履行债务,第三人未在合理期限内明确拒绝,债务人未向第三人履行债务或者履行债务不符合约定的,第三人可以请求债务人承担违约责任;债务人对债权人的抗辩,可以向第三人主张。

第五百二十三条　当事人约定由第三人向债权人履行债务,第三人不履行债务或者履行债务不符合约定的,债务人应当向债权人承担违约责任。

第五百二十四条　债务人不履行债务,第三人对履行该债务具有合法利益的,第三人有权向债权人代为履行;但是,根据债务性质、按照当事人约定或者依照法律规定只能由债务人履行的除外。

债权人接受第三人履行后,其对债务人的债权转让给第三人,但是债务人和第三人另有约定的除外。

第五百七十七条　当事人一方不履行合同义务或者履行合同义务不符合约定的,应当承担继续履行、采取补救措施或者赔偿损失等违约责任。

(2)基于物权的请求权。

《中华人民共和国民法典》

第二百三十五条　无权占有不动产或者动产的,权利人可以请求返还原物。

第二百三十六条　妨害物权或者可能妨害物权的,权利人可以请求排除妨害或者消除危险。

(3)基于侵权的请求权。

《中华人民共和国民法典》

第一千一百六十五条　行为人因过错侵害他人民事权益造成损害的,应当承担侵权责任。

第一千二百二十九条　因污染环境、破坏生态造成他人损害的,侵权人应当承担侵权责任。

(4)基于无因管理、不当得利的请求权。

《中华人民共和国民法典》

第一百二十一条　没有法定的或者约定的义务,为避免他人利益受损失而进行管理的人,有权请求受益人偿还由此支出的必要费用。

第一百二十二条　因他人没有法律根据,取得不当利益,受损失的人有权请求其返还不当利益。

2. 请求权基础的检索顺序

基于法律关系性质、权利属性，以及当事人诉讼主张的便利程度考量，一般按照合同请求权、无因管理请求权、物权请求权、不当得利与侵权请求权的顺序对请求权基础进行检索。

3. 本案原告的请求权基础选择

泰蘋河公司与华锦公司之间并无合同约定，并未发生合同法律关系，故可排除合同请求权；由于华锦公司拦河取水，已经导致泰蘋河公司相关损害的发生，且事情发生后经过清镇市政府的协调，华锦公司已经确保下游用水，泰蘋河公司取水的权利此后并未受到影响，泰蘋河公司基于物权的排除妨碍等请求权可以排除；泰蘋河公司与华锦公司之间亦不存在无因管理与不当得利的法律关系。故泰蘋河公司的请求权基础可确定在侵权领域。

4. 在侵权法律关系视角下如何确定具体的请求权基础

（1）普通侵权的权利救济路径。

泰蘋河公司养殖的鲟鱼死亡，属于财产损失，在《民法典》侵权编中，普通财产损失按过错责任原则适用法律，则请求权基础可以确定为《民法典》第 1165 条第 1 款：“行为人因过错侵害他人民事权益造成损害的，应当承担侵权责任。”但若按照普通侵权主张权利，则原告负担举证证明侵权行为发生，产生损害后果，侵权行为与损害后果之间存在因果关系，侵权人具有过错的证明责任。总体而言，按照一般侵权主张权利，原告负担较重的证明责任。

（2）特殊侵权的权利救济路径。

原告如果按照一般侵权主张权利，则负担较重的举证责任，本案原告可否考虑环境侵权责任？《民法典》第 1166 条规定：“行为人造成他人民事权益损害，不论行为人有无过错，法律规定应当承担侵权责任的，依照其规定。”第 1229 条规定：“因污染环境、破坏生态造成他人损害的，侵权人应当承担侵权责任。”第 1230 条规定：“因污染环境、破坏生态发生纠纷，行为人应当就法律规定的不承担责任或者减轻责任的情形及其行为与损害之间不存在因果关系承担举证责任。”

此外，最高人民法院《关于审理环境侵权责任纠纷案件适用法律若干问题的解释》第 1 条第 1 款规定：“因污染环境、破坏生态造成他人损害，不论侵权人有无过错，侵权人应当承担侵权责任。”

根据上述法律规定，如果本案属于环境侵权，则属于无过错责任，举证责任倒置，由被告承担举证责任，可大大减轻原告的举证负担。那么，本案是否属于环境侵权的范围？《民法典》第1229条规定，“因污染环境、破坏生态造成他人损害的，侵权人应当承担侵权责任”。本案不存在污染环境，存在解释空间的是本案是否属于“破坏生态”的情形。

破坏生态的行为，即破坏生态系统的结构和功能的行为，通常指由于不合理的环境资源开发利用活动，改变了生态系统的组成结构、外表状态和内在关系，打破了生态平衡，致使原有的生态功能下降、退化乃至消失，进而对生物的生存繁衍乃至人类的生产生活造成不利影响的现象。华锦公司拦河取水，致使下游水量大幅下降，极大地影响河流的生态环境，致使河流涵养水源的功能下降，河内生物生存受到威胁，影响下游取水的生存活动，因此，将华锦公司的行为解释为破坏生态是存在空间的，是可行的。

综上，原告的请求权基础确定为《民法典》第1229条规定的“因污染环境、破坏生态造成他人损害的，侵权人应当承担侵权责任”较为妥当。

（二）诉讼请求与理由的确定

1. 诉讼请求

《民法典》第179条规定：“承担民事责任的方式主要有：（一）停止侵害；（二）排除妨碍；（三）消除危险；（四）返还财产；（五）恢复原状；（六）修理、重作、更换；（七）继续履行；（八）赔偿损失；（九）支付违约金；（十）消除影响、恢复名誉；（十一）赔礼道歉。法律规定惩罚性赔偿的，依照其规定。本条规定的承担民事责任的方式，可以单独适用，也可以合并适用。”

本案中，原告首先需要被告赔偿其鲟鱼死亡遭受的损失，其次可以考虑主张停止侵害、消除危险等损失，鉴于危险已经消除，其可仅主张赔偿损失。

2. 诉讼理由

在诉讼理由的确定上，原告可按照一般侵权的侵权行为、损害后果、因果关系、过错的角度进行陈述。虽然原告主张环境侵权，但陈述被告存在过错，一方面可更有力主张权利，另一方面防止裁判者认为本案仅能适用一般侵权进行审理。

（1）侵权行为：华锦公司华于2014年10月在戈家寨水库上游河段筑坝取水，该取水工程于2015年3月竣工并投入使用（该取水工程未进行环境影响评价）。从

2015年4月20日起，华锦公司拦水坝下游河道水量减少，导致泰蘋河公司养殖场进水减少，供水出现困难。

(2)损害后果：王庄乡政府对死鱼进行了称重，其中，1斤/尾以下的鱼种小鲟鱼死亡24,579.2斤，3～5斤/尾的成品鱼死亡20,982.2斤。

(3)因果关系：贵州省水产技术推广站接受委托后，即于4月24日牵头组织贵州省渔业局、贵阳市水产站、贵州大学、贵州省水产研究所等单位专家组成5人专家组，到现场进行查勘，并解剖了3条鱼(2条死鱼、1条活鱼)，经过调查得出结论，排除人为敲击致死、毒物致死、病害致死等因素，鲟鱼突发性大量死亡应与溶氧量不足有关。清镇市水务局在4月22日接到泰蘋河公司反映后于22～23日也对暗流河水量减少问题进行了调查，初步调查情况为：①华锦公司为保障4月29日点火生产，在4月20日将拦河坝关闸加快蓄水，未通知下游用水户做好应对措施；②王庄乡打磨村戈家寨大沟拦河坝将河道内水流全部拦截进入戈家寨大沟，流量约为0.02立方米/秒，泰蘋河公司将大沟水全部轧断进入养殖场，拦河坝下游河道内没有明水流入下游；③近期较干旱，来水量大约为0.75立方米/秒，但基本能满足华锦公司、新店水厂、泰蘋河公司取水及下游灌溉用水的需要；④华锦公司关闸蓄水是造成下游河段水量变小的原因之一。同时，泰蘋河公司、清镇市水务局共同委托贵阳市水利水电勘察设计研究院从水文资源角度对取水口来水量进行分析测算，对下游排放水量进行测量，分析下游排水量对下游取水的影响。贵阳市水利水电勘察设计研究院接受委托后于2015年5月7日出具《河流水量分析报告》，该报告的基本结论为：根据相关法律法规的规定，戈家寨水库最小下放流量为0.288立方米/秒，这是法定流量，任何单位和个人除因特殊原因不得拦蓄、取用；经勘查，距坝址上游约4公里的顺流河组洞底下拦河坝处河道流量约0.7立方米/秒，来水量是相关部门核定下放环境水量的2.5倍左右，华锦公司临时取水坝址处下放生态水流量约为12升/秒，是审批的保证下游灌溉和生态水量的1/25左右，难以满足下游用水需求。

(4)过错：①该取水工程未进行环境影响评价。华锦公司于2014年10月在戈家寨水库上游河段筑坝取水，该取水工程于2015年3月竣工并投入使用，但该取水工程未进行环境影响评价。②经劝阻无果。4月21日下午，泰蘋河公司向清镇市水务局反映，请水务局协调被告开闸放水，保障企业生产用水。当晚10时起，养殖场个别养殖池部分鲟鱼昏迷，泰蘋河公司再次将此情况电话告知华锦公司相关人员，要求华锦公司开闸放水，同时向清镇市王庄乡派出所报案。22 日凌晨 1 时许，泰蘋河公司负责人与华锦公司蓄水现场管理人员再次协商开闸放水，但无结果。③擅自拦截河水未通知下游企业。

（三）举证准备

虽然原告按照环境侵权的策略进行诉讼，适用举证责任倒置，但原告亦需承担一定的举证责任，最高人民法院《关于审理环境侵权责任纠纷案件适用法律若干问题的解释》第 6 条规定："被侵权人根据民法典第七编第七章的规定请求赔偿的，应当提供证明以下事实的证据材料：（一）侵权人排放了污染物或者破坏了生态；（二）被侵权人的损害；（三）侵权人排放的污染物或者其次生污染物、破坏生态行为与损害之间具有关联性。"

侵权人排放了污染物或者破坏了生态：证据（4）、证据（8）、证据（9）、证据（10）、证据（11）。

被侵权人的损害：证据（2）、证据（4）、证据（5）。

侵权人排放的污染物或者其次生污染物、破坏生态行为与损害之间具有关联性：证据（6）、证据（7）、证据（8）、证据（10）、证据（11）、证据（12）。

四、被告如何抗辩

（一）本案是普通侵权还是特殊侵权

本案是否属于环境侵权纠纷是值得探讨的，原告遭受的是财产损失，本案被告经允许取水，没有破坏生态环境，应当适用普通侵权的过错责任原则，举证责任在原告方。

（二）被告无过错

华锦公司作为乙方于 2014 年 7 月与甲方清镇市人民政府签订《贵州华锦清镇氧化铝项目投资协议》，在王庄乡唐寨工业园建设氧化铝项目，该协议第 4 条项目扶持第 5 项对项目用水进行了约定，甲方加快建设戈家寨水库向乙方供水，若戈家寨水库建设进度不能满足乙方投产进度要求，同意乙方先期在戈家寨水库上游河段建设临时取水设施，解决生产用水问题。被告的取水是经过政府允许的，并无过错。

(三)被告是否适格

在原告养殖场上游,还有卫城、王庄水站取水。

(四)因果关系

在原告养殖场上游,还有卫城、王庄水站取水,4 月正是灌溉高峰,加之是枯水季节,被告自 4 月 3 日围堰取水 2000 立方米,仅为流量的 3%,一直保证水站及农灌用水,不可能导致下游大量缺水情形;原告提供的《贵州泰蘋河生态养殖开发有限公司鲟鱼异常死亡原因分析报告》不能作为定案依据。首先,出庭作证的三位专家对解剖死鱼说法矛盾,且都未到围堰取水现场踏勘过;其次,该报告由贵州水产技术推广站出具,该主体并不具备司法鉴定资质,技术人员也未到司法行政部门备案,报告的真实性合法性不能认可;再次,三位专家并未到过围堰现场,但报告称损失应由建设单位承担,属主观臆断;最后,鉴定的死鱼未留样,也未说明鉴定地点,送检死鱼、活鱼均未说明来源,也未得到被告认可,同时也没有考虑上游还有水站取水及农用灌溉等用水因素。

(五)损害后果

原告提供的水产品价格证明是原告到水产市场咨询得来,而法律规定应由鉴定机构或物价部门核定,不能作为定案依据。庄乡政府出具的死鱼情况统计缺乏真实性、客观性。其一,该证据并无统计人员签字或捺指印;其二,该证据仅对类别进行统计,未对死鱼条数进行统计;其三,该证据仅对 1 斤以下和 3 ~ 5 斤死鱼进行统计,有明显跳跃性,缺乏客观性;其四,该证据未经公证,也无同步录音录像;其五,该证据不能证明死鱼由华锦公司造成,与本案无关联。

(六)损害出现后原告未及时止损,存在扩大损失的情形

部分鲟鱼开始死亡后,原告未及时采取应急措施避免损失扩大。

五、法官如何判决

(一)法律关系性质的判断

本案适用普通侵权还是特殊侵权,取决于原告对诉讼策略的选择,如果原告选择普通财产损失的侵权救济,则适用过错责任,如果原告选择环境侵权,则可考量本案的情形是否属于环境侵权,具体就是拦河取水的行为是否属于破坏生态。

（二）事实认定

事实的认定依照侵权行为、损害后果、因果关系、过错四个部分进行。

（三）裁判路径

1. 争议焦点的确定

按照普通侵权的审理思路，本案可以确定以下几个争议焦点：(1)贵州省水产技术推广站出具的《贵州泰蘋河生态养殖开发有限公司鲟鱼异常死亡原因分析报告》能否作为定案依据；(2)被告是否存在主观过错；(3)鲟鱼死亡与被告蓄水是否存在因果关系，被告是否应当承担责任；(4)死鱼价值。

2. 裁判理由的展开

(1)贵州省水产技术推广站出具的《贵州泰蘋河生态养殖开发有限公司鲟鱼异常死亡原因分析报告》能否作为定案依据。因果关系的认定是环境侵权的难点，法官的判断对鉴定意见依赖程度较高。本案中，贵州省水产研究所等单位专家组成5人专家组经过现场查勘，并解剖样本，作出《贵州泰蘋河生态养殖开发有限公司鲟鱼异常死亡原因分析报告》，对鲟鱼死亡原因得出结论，排除人为敲击致死、毒物致死、病害致死等因素，认定鲟鱼突发性大量死亡与溶氧量不足有关，即鱼死于缺氧窒息。被告虽提出不排除其他原因造成鱼的死亡，但并未提供相关证据来佐证，被告进而对报告的“三性”提出质疑。关于报告的客观性，该报告系独立的第三方接受政府相关部门和原告的委托，牵头组织不同单位的专家到现场踏勘、解剖样本得出的结论，这一客观事实不容否认。专家与原、被告双方并无利害关系，通过解剖鲟鱼样本得出科学结论，本身也具有客观性。当然，三位到庭接受质询的专家对解剖2条活鱼还是1条活鱼说法有一定出入，但调查至今已有数月，可能存在记忆误差，原始解剖过程在报告中已有详细记载，这种记忆误差对死因分析并无实质性的影响，该报告是清镇市农业局按照政府协调会的意见与原告共同委托专业机构完成，人员又是由来自不同单位的渔业、水产方面的专家组成，并非原告单方委托，此阶段也非诉讼阶段，法律并无规定需要委托具有司法鉴定资质的单位出具报告，也没有要求技术人员必须到司法行政部门进行备案登记，且参与调查的3位专家均到庭接受双方质询，庭审中，被告没有提出任何反驳该分析报告的证据，所以被告认为该报告不具合法性的意见不能成立。《贵州泰蘋河生态养殖开发有限公司鲟鱼异常死亡原因分析报告》对鲟鱼死亡原因的分析可以作为本案认定事实的依据。

(2)关于被告是否存在主观过错。清镇市人民政府在与被告华锦公司签订的《贵州华锦清镇氧化铝项目投资协议》中虽同意被告先期在戈家寨水库上游河段建设临时取水设施,解决生产用水问题,但同时明确要求乙方(被告)建设项目必须符合清镇市经济开发区控制性详细规划及生态、环保、产业等相关要求,规划要按程序报经甲方及相关部门评审后方可实施,乙方建设项目必须按照相关法律法规要求办理环保、建设、安全、水保、节水等相关手续,严格执行"三同时"制度。这就是说,被告可以取水,但应按照法律法规规定办理相关手续。取水应当办理什么手续呢?首先,《水法》第48条第1款规定:"直接从江河、湖泊或者地下取用水资源的单位和个人,应当按照国家取水许可制度和水资源有偿使用制度的规定,向水行政主管部门或者流域管理机构申请领取取水许可证,并缴纳水资源费,取得取水权。但是,家庭生活和零星散养、圈养畜禽饮用等少量取水的除外。"国务院《取水许可和水资源费征收管理条例》(2006年版,2017年已被修订)第2条第2款也规定:"取用水资源的单位和个人,除本条例第四条规定的情形外,都应当申请领取取水许可证,并缴纳水资源费。"可见,要合法取得用水权,必须向水行政管理部门或流域管理机构申请领取取水许可证。而根据国务院《取水许可和水资源费征收管理条例》(2006年版,2017年已被修订)第11条第2款规定:"建设项目需要取水的,申请人还应当提交由具备建设项目水资源论证资质的单位编制的建设项目水资源论证报告书。论证报告书应当包括取水水源、用水合理性以及对生态与环境的影响等内容。"同时,第14条第1款规定:"取水许可实行分级审批。"第21条规定:"取水申请经审批机关批准,申请人方可兴建取水工程或者设施。需由国家审批、核准的建设项目,未取得取水申请批准文件的,项目主管部门不得审批、核准该建设项目。"也就是说,被告华锦公司要在涉案河道取水,必须先向有审批权的水务部门递交临时取水申请,经审批后才能建坝取水。而被告在2015年6月8日才获得省水利厅水资源论证报告书的批复,2015年7月21日省水利厅才批复其取水许可申请,显然,在事件发生之时被告并未取得合法取水手续,其筑坝取水具有违法性。同时,被告筑坝取水未尽注意义务,未保障下游用水合法权益,突破河流生态流量的限制。河流生态流量是出现于20世纪40年代的概念,是指为保障河流生态环境功能,维持水资源可持续开发利用,而不致发生生态环境恶化所必须保障的下游河道的最小流量。河流生态流量可以保证河流所需的自净扩散能力,保证维持水生生态系统平衡所需的水量,保证库区养殖业所需的水质水量,维持水动力状况下不发生重大变化。我国虽然没有河流生态流量的法律规定,但实践中也有此要求,如水电站最小下泄流量就是保障河流生态流量的措施。2015 年 4 月 2 日《水污染防治行动计划》(又称《水十条》)中也明确提出"加强江河湖库水量调度管理。完善水量调度方案。采取闸坝联合调度、生态补水等措施,合理安排闸坝下泄水量和泄流时段,维持河湖基本生态用水需求,重点保障枯水期生态基流""科学确定生态流量。在黄河、淮河等流域进行试点,分期分批确定生态流量(水位),作为流域水量调度的重要参考",所以,维持河流生态流量非常重要。就本案而言,理论上,被告在取水前,若按照审批部门的要求,做好取退水监测和管理,遵守水资源管理规定,服从水行政主管部门的统一调度和管理,就可以兼顾下游生产生活用水,平衡河流生态流量。而被告却未经许可取水,按其代理人在法庭上陈述,被告华锦公司每日取水达 9600 立方米。根据贵阳市水利水电勘察设计研究院出具的《河流水量分析报告》,华锦公司临时取水坝址处下放生态水流量约为 12 升/秒,是审批的保证下游灌溉和生态水量的1/25左右,已经突破了生态流量的限制,且未告知下游用户,主观上存在过错。被告华锦公司认为,0.288 立方米/秒的最小下放流量是针对戈家寨水库审批的流量,与被告取水没有关联性。根据庭审查明的情况,被告修建拦截坝取水地在拟建设的戈家寨水库库区,在水库大坝上游,常理而言,越在上游最小下泄流量保障应该越大,考虑被告实际取水的位置,以戈家寨水库审批的下泄流量作为参照并无不当,故被告这一意见不能成立。综上,被告未办理取水行政许可、未进行环境影响评价擅自修建拦截坝取水,且未保障必要的生态下泄流量,主观上存在明显过错。

(3)关于原告鲟鱼死亡与被告蓄水行为是否存在因果关系。被告用一组计算证明其取水并未影响下游用户用水,水量减少系因干旱降水减少,从而否认其蓄水与鲟鱼死亡之间的因果关系。从清镇市水务局在事件发生后的调查情况看,今年水量的确减少,但来水量大约为 0.75 立方米/秒,仍能基本满足华锦公司、新店水厂、泰蘋河公司取水及下游灌溉用水的需要。贵阳市水利水电勘察设计研究院出具的《河流水量分析报告》证实,在被告修建的拦截坝上游水量为 0.75 立方米/秒,是核定下放水量的 2.5 倍左右,而在被告拦截坝出水口,出水量为 12 升/秒,为拦截前的1/62.5,为核定生态流量的 1/25,明显是因为被告筑坝取水导致下游水量减少。被告代理人在辩论中进行了一个简单的计算,认为被告人每日取水量为400立方米×24=9600立方米,来水量为0.7立方米×60×60×24=60,480立方米,每天下放水量为60,480立方米-9600立方米= 50,880立方米,由此认为被告下放水流量达到河流总流量的84.13%,超过10%的下游生态用水量规定,且认为下游王庄水站取水正常,说明其满足了下游用水需求;又计算原告每日实际取水量为0.015立方米×60×60×24=1296立方米,许可证许可每日取水为4958.9立方米,二者之比为26.13%,正好与今年跳蹬河流量自然减少比例26.98%接近,由此得出结论,原告养殖场水量减少系自然因素,与被告无关。实际上被告代理人此计算方式与案件事实明显不符:被告修建了拦截坝,将河水拦截后取水,仅让少量河水下泄,至技术人员前去调查时出水量为12升/秒,并非代理人所称每小时仅取水400立方米,然后多余的河水均向下游排放。可以对被告下放水量作一简单计算(当然,这种计算仅为简单模型,不完全等同于事实状态),被告拦截坝下放水量仅为0.012×60×60×24=1036.8立方米/日,这一水量根本不能满足原告许可证上所载明的4958.9立方米/日的所需水量,更不要说原告上游还有水站取水、其他农户用水的情况,下游水站每天都在取水,并未引起原告养殖场用水减少,恰好是被告开始蓄水后才导致水量的减小。所以,法院认为,被告未经许可筑坝取水,导致下游水量减小,养殖场进水减少,鲟鱼因此窒息死亡,鲟鱼死亡与被告蓄水之间存在因果关系,被告所提系自然降水减少导致原告养殖场进水减少的主张与事实不符,法院不予采纳。《水法》第28条规定:"任何单位和个人引水、截(蓄)水、排水,不得损害公共利益和他人的合法权益。"被告违法取水导致河流水量减小而给原告造成损失,应当承担民事赔偿责任。

(4)原告的损失应当如何计算。参照《农业部水域污染事故渔业损失计算方法规定》,水产品损失额=当地市场价格×损失量,要计算原告损失,应当确定两个基数,即损失量和当地市场价格。关于损失量,按照王庄乡政府的称重,1斤/尾以下的鱼种小鲟鱼死亡24,579.2斤,3~5斤/尾的成品鱼死亡20,982.2斤。被告代理人对该数据提出质疑:认为该称重未经被告认可,且认为死鱼只有1斤以下和3~5斤两种规格有违常理。王庄乡政府是根据清镇市政府协调会议的安排对死鱼进行称重,这一活动并非代表原告,是以第三方的身份进行的,具有客观性。至于死鱼为何仅分为1斤以下和3~5斤两种规格,根据原告陈述,其是分三批引进鱼苗养殖,至事发前，早些时候引进的鱼苗已长为成鱼，而引进晚的鱼苗还是幼鱼。结合原告庭审提交的证据，其有两批鱼购于 2013 年 11 月、12 月，该两批鱼至事发前已养殖一年零几个月，基本已为成鱼，而 2014 年 9 月引进的鱼苗仅养殖半年，仍为幼鱼，故原告陈述符合客观实际。当然，每一条鱼苗生长不可能完全同步，同一批引进的鱼苗大小不可能完全一致，因此，不排除有少量 1 ~ 3 斤的鲟鱼。但作为一种统计，尤其是对死鱼的统计，作大概区分称重是符合实际情况的，面对数万斤的死鱼，去清点死鱼条数，严格区分各个级别的死鱼显然不现实，也完全没有必要，故法院对王庄乡政府的称重数量予以确认。关于鲟鱼的价格，被告代理人认为清镇渔政管理所不具备查询鱼类的资质，鱼樵水产品市场近两日鱼价证明盖的是其他物流公司的章，鲟鱼价格证明没有附有两家公司的营业执照，两家公司的价格是相互矛盾的。鲟鱼价格证明是否必须附营业执照并无法律规定，但参照《农业部水域污染事故渔业损失计算方法规定》，水产品损失额按照当时当地主要菜市场零售价格来计算。原告提供的鲟鱼及鲟鱼苗价格是清镇市渔政管理所到市场了解的价格，并非原告自行定价，应当具有一定的客观性，被告不认可该价格，但并未提出相反证据证实。综合各种情况，以鱼苗 18 元/斤，成鱼 15 元/斤作为损失计算依据。故原告损失额为：1 斤以下鲟鱼 24,579.2 × 18 = 442,425.6 元，成鱼 20,982.2 × 15 = 314,733 元，以上共计 757,158.6 元，被告应当承担赔偿责任。

六、赛事点评

水资源是重要的生态资源，水资源不仅是人类的基本生活需求和工农业发展的重要保障，而且是其他动植物生存的重要保障，水循环系统还是生态循环系统的重要组成部分。

本案是贵阳市两级法院受理的一起与取水权及生态流量有关的财产损害赔偿纠纷民事案件。作为辩论赛，本案为双方发挥都提供了广阔的空间，无论是案由的确定，还是因果关系的认定，被告是否有过错的认定等均具有很好的可辩性。

某市人民检察院诉某市顺洪造纸有限公司环境污染公益诉讼案

2018 年全国大学生环境资源模拟法庭大赛决赛赛题

一、基本案情

2013 年 4 月 27 日，某区环保局某环境监察中队经现场监察发现，顺洪造纸有限公司(以下简称顺洪公司)年产 6 万吨高强瓦楞纸项目存在“厂区南侧有暗排口，直接排入砖厂废坑及周围沟渠，有废水排放的现象。污水处理设施不能正常运转，生产厂区环境混乱”等问题，并向顺洪公司发出环境监察建议书，建议该公司立即停止违法排放行为、停产整改。2013 年 5 月 10 日，某区环境保护局再次现场监察，记录显示：该公司未生产，污水处理厂部分运行，暗管已封堵，无漏水现象。现场环境监察意见为：恢复生产时告知环保部门，加强管理，严禁超标污水进入青泉河。

2014 年 4 月 5 日至 6 日，顺洪公司私设暗排管违法排放未经处理的生产废水 600 吨，污水汇入青泉河。某区环保局 2014 年 4 月 18 日作出〔2014〕21 号责令改正环境违法行为决定书，责令该公司立即拆除暗管。2014 年 5 月 12 日，某区环保局向顺洪公司发出〔2014〕25 号行政处罚决定书，对顺洪公司处以人民币 5 万元的罚款。2014 年 8 月 14 日，顺洪公司缴纳 5 万元罚款。2014 年 8 月 18 日，某区环保局进行环境行政执法后督察现场检查，记录显示：该公司已停止年产 6 万吨高强瓦楞纸技改项目的生产行为，暗管已拆除，罚款已缴清。

2015 年 2 月 24 日至 25 日，顺洪公司临时设置直径 20 厘米铁质排放管，将未经处理的生产废水经该公司污水处理厂南侧排入青泉河，排放量 2000 吨，污染周边环境。某区环境监测站于2015年2月25日对该公司外排废水进行采水样监测，数据显示“化学需氧量为1180mg/L、氨氮为28.2mg/L、总磷为1.60mg/L”，比《纸浆造纸工业水污染物排放标准》(GB 3544－2008)表2标准分别超标12.1倍、2.5倍、1倍。2015年3月12日，某区环保局作出〔2015〕6号行政处罚决定书，对顺洪公司处以人民币10万元的罚款。2015年3月12日，某区环保局作出涉嫌环境违法适用行政拘留处罚移送书，将案件移送公安机关。2015年3月25日至4月4日，顺洪公司经理王某奎被公安机关行政拘留10日。2015年4月27日，顺洪公司缴纳罚款10万元。

另查明，公益诉讼起诉人为调查取证，支付专家咨询费用3000元。

公益诉讼起诉人诉讼请求：(1)将被告污染损害的青泉河环境恢复原状，并赔偿生态环境受到损害至恢复原状期间的服务功能损失，如被告无法恢复原状请求判令其以环境污染损害咨询意见所确定的人民币26.91万元为基准的3～5倍承担赔偿责任；(2)承担本案专家辅助人咨询费用3000元。被告所赔偿的环境损害费用应支付至市环境保护公益金专项资金账户，用于修复生态环境。

二、相关证据

(一)公益诉讼起诉人提供的主要证据

1.证据清单

(1)某区环保局2013年4月27日作出的环境监察建议书及现场环境监察记录，证明：顺洪公司南侧有暗排口，被环境监察部门要求进行整改。

(2)某区环保局2014年4月18日作出的责令改正环境违法行为决定书、现场检查(勘验)笔录、调查询问笔录、违法排放现场照片、2014年5月12日作出的行政处罚决定书、2014年8月18日作出的现场环境监察记录，证明：2014年4月5日至6日，顺洪公司私设暗排管违法排放未经处理的生产废水600吨，排入青泉河，某区环保局对该公司作出相应行政处罚。

(3)某区环保局2015年3月作出的行政处罚决定书、责令改正环境违法行为决定书、现场检查(勘验)笔录、调查询问笔录、违法排放现场照片，证明：2015年2月24日至25日，顺洪公司临时设置直径20厘米铁质排放管，将未经处理的生产废水经该公司污水处理厂南侧排入青泉河，排放量为2000吨，污染周边环境，某区环保局对该公司作出相应行政处罚。

(4)涉嫌环境违法适用行政拘留处罚案件移送书、某拘留所行政拘留回执各1份,证明:顺洪公司相关人员因涉嫌污染环境被行政拘留。

(5)某区环境监测站监测报告1份,证明:对该公司外排废水进行采水样监测,数据显示"化学需氧量为1180mg/L、氨氮为28.2mg/L、总磷为1.60mg/L",比《纸浆造纸工业水污染物排放标准》(GB 3544-2008)表2标准分别超标12.1倍、2.5倍、1倍。

(6)专家咨询费领取单2份,证明:某市检察院支付专家咨询费用3000元。

(7)某市检察院提供的专家辅助人出具的环境污染损害咨询意见2份,证明:顺洪公司排放废水造成生态环境损害数额为26.91万元。

(8)情况说明2份,证明:同类企业污水处理成本。

(9)证明1份,证明:某环保局共收到顺洪公司罚款15万元。

(10)环境保护部关于《开展环境污染损害鉴定评估工作的若干意见》(节选)。

(11)某市环境保护局《关于对顺洪公司年产6万吨高强瓦楞原纸技改项目环境影响报告表的批复》。

2.具体证据

证据(1)

环境监察建议书

某市顺洪造纸有限公司:

经现场监察发现你公司年产6万吨高强瓦楞纸技改项目存在以下问题:

1.发现厂区南侧有暗排口,直接排入砖厂废坑及周围沟渠有废水排放的现象。

2.污水处理设施不能正常运转,生产厂区环境混乱。

3.建设项目违反《水污染防治法》等相关环保法律、法规。

根据以上相关环保法律、法规的规定,限你单位:

1.立即停止生产废水的违法排放行为。

2.立即停产整顿,确保污水处理厂、在线监控设施运行正常,污水达标进入氧化塘。

3.如整改不到位,环保部门将对你企业进行行政处罚。

某区环保局某环境监察中队

2013年4月27日

某区环境保护局
现场环境监察记录

2013 年 4 月 27 日

被检查人	某市顺洪造纸有限公司	地址	某市某区柳桥镇
法定代表人	李××	联系电话	××××××××
现场负责人	潘××	联系电话	××××××××
主要产品	高强瓦楞纸	主要污染物	污水等
出示证件告知权利义务	今天我们依法进行检查并了解有关情况,你应当配合调查,如实回答询问和提供材料,不得拒绝、阻挠、隐瞒或者提供虚假情况。		
现场检查及询问记录	1. 正常生产;2. 产品、高强瓦楞纸;3. 项目经过审批,已核准、验收;4. 主要污染物:污水,有污水处理厂一座,停止运行;5. 生产污水直排入南面废坑。		
现场环境监察意见	1. 立即停止生产,对污水处理厂进行整改。 2. 未经许可不得生产,否则予以处理。		
现场负责人签字	潘××		
监察人员签字	夏×× 韩××		

某区环境保护局
现场环境监察记录

2013 年 5 月 10 日

被检查人	某市顺洪造纸有限公司	地址	某市某区柳桥镇
法定代表人	李××	联系电话	××××××××
现场负责人	潘××	联系电话	××××××××
主要产品	高强瓦楞纸	主要污染物	污水等
出示证件告知权利义务	今天我们依法进行检查并了解有关情况,你应当配合调查,如实回答询问和提供材料,不得拒绝、阻挠、隐瞒或者提供虚假情况。		
现场检查及询问记录	1. 未生产;2. 产品,高强瓦楞纸;3. 污水处理厂一座,部分运行;4. 暗管已封堵,无漏水情况。		
现场环境监察意见	1. 恢复生产时,及时告知环保部门。 2. 加强管理,严禁超标污水外排。		
现场负责人签字	潘××		
监察人员签字	夏×× 韩××		

证据(2)

责令改正环境违法行为决定书

某环责改字(2014)21号

当事人:某市顺洪造纸有限公司

营业执照注册号:××××××××

法定代表人:李××

地址:××××××××

2014年4月6日,你公司年产6万吨高强瓦楞纸技改项目正常生产,氧化塘北边私设暗排管,生产废水未经处理通过暗排管排入青泉河,经调查确认,排放时间为:2014年4月5日至6日,排放量为600吨。以上有现场检查(勘验)笔录等证据。

上述行为违反了《水污染防治法》第22第2款的规定。

根据《水污染防治法》第75条第2款之规定,责令你单位改正上述违法行为:

接到本决定书之日起立即拆除暗排管。

我局将对你公司改正环境违法行为的情况进行监督。逾期未改正的,我局将依法申请法院对你公司强制执行。

如不服本决定,可以在接到本决定书之日起60日内依法向某省环境保护局或者某市人民政府申请复议,也可在3个月内直接向人民法院起诉。

某区环境保护局

2014年4月18日

现场检查(勘验)笔录

时间:2014年4月6日9时10分至9时30分

地点:顺洪公司院内

检查(勘验)人:夏××、谢××

记录人:韩×× 工作单位:某区环保局

被检查人:顺洪公司 法定代表人:李××

现场负责人:王×× 身份证号码:××××××××××××××××××

勘验现场情况:

1. 开机生产项目名称:年产6万吨高强瓦楞纸技改项目;

2. 主要原料:废纸边,产品:高强瓦楞纸,生产工艺:全废纸生产工艺;

3. 项目2008年8月24日开工建设,2008年8月25日建成,2008年8月21日通过某市环保局的审批,2009年7月开始生产至今,其间断过生产,现在正常生产;

4. 项目配套建设:污水处理厂一座,已验收;

5. 氧化塘北边私设暗管排放水污染物,该水进入青泉河,污水或生产废水未有处理。

现场负责人:王××

检查(勘验)人:夏××、谢××

记录人:韩××

2014年4月6日

调查询问笔录

时间:2014年4月6日15时10分至17时21分

地点:顺洪公司院内

检查(勘验)人:夏××、谢××

记录人:韩×× 工作单位:某区环保局

现场负责人:王×× 身份证号码:××××××××××××××××××

工作单位:顺洪公司

……

问:你单位建设项目什么时间开始生产?期间生产状况如何?是否限制生产?

答:2009年7月开始生产至今,期间处于断续生产状态,现在正常生产。

问:你公司建设项目配套建设的污水防治设施有哪些?是否经过环保部门的验收?

答:我公司建设项目配套建设污水处理厂一座,验收过,目前正在对污水处理厂改造。

问:你建设项目私设暗管排放水污染物,时间是2014年4月6日,你对这一情况清楚吗?

答:不清楚。

问:这是环保部门现场检查时拍的照片,现在清楚了吗?

答:清楚了。排放量每天300吨,排放时间:2014年4月5日至4月6日,2天。

……

现场负责人:王××

检查(勘验)人:夏××、谢××

记录人:韩××

2014年4月6日

现场照片（图片、影像资料）证据

照片（图片）

证明对象：[redacted]造纸厂氧化塘北侧暗排管

拍摄地点：[redacted]造纸厂氧化塘北侧　　拍 摄 人：[redacted]

拍摄时间：2014年4月6日9时15分

拍摄器材及型号：Canon G9

执法人员（签名）：[redacted]

执法证号：[redacted]

当事人（见证人）确认意见：情况属实　　签名：[redacted]

现场照片（图片、影像资料）证据

照片（图片）

证明对象：[redacted]造纸厂氧化塘北侧暗排管

拍摄地点：[redacted]造纸厂氧化塘北侧　　　　拍 摄 人：[redacted]

拍摄时间：2014 年 4 月 6 日 9 时 15 分

拍摄器材及型号：Canon G9

执法人员（签名）：[redacted]

执法证号：[redacted]

当事人（见证人）确认意见：情况属实　　　　签名：[redacted]

环境保护行政处罚决定书

某环罚字(2014)第25号

当事人:某市顺洪造纸有限公司

营业执照注册号:××××××××

法定代表人:李××

地址:××××××××

2014年4月6日,你公司年产6万吨高强瓦楞纸技改项目正常生产,氧化塘北边私设暗排管,生产废水未经处理通过暗排管排入青泉河,经调查确认,排放时间为:2014年4月5日至6日,排放量为600吨。以上有现场检查(勘验)笔录等证据。

上述行为违反了《水污染防治法》第22条第2款的规定。

我局于2014年4月19日以行政处罚事先(听证)告知书[某环告字(2014)21号]告知你公司拟作出行政处罚决定的事实、理由及依据,并告知你公司依法享有陈述权、申辩权及听证申请权。你公司在规定期限内没有进行陈述和申辩,也未提出听证申请。

根据《水污染防治法》第75条第2款之规定,决定给予你单位以下行政处罚:

罚款人民币伍万元。

限于接到本决定书之日起15日内缴至指定银行和账号。逾期不缴纳罚款的,我局将每日按罚款的3%加处罚款。

户名:某银行营业部

账号:××××××××

如不服本决定,可以在接到本决定书之日起60日内依法向某省环境保护局或者某市人民政府申请复议,也可在15日内直接向人民法院起诉。

逾期不申请复议,也不向人民法院起诉,又不履行本处罚决定的,我局将申请人民法院强制执行。

某区环境保护局

2014年5月12日

某区环境保护局
现场环境监察记录

2014 年 8 月 18 日

被检查人	某市顺洪造纸有限公司	地址	某市某区柳桥镇
法定代表人	李××	联系电话	×××××××××
现场负责人	潘××	联系电话	×××××××××
主要产品	高强瓦楞纸	主要污染物	污水等
出示证件告知权利义务	今天我们依法进行检查并了解有关情况,你应当配合调查,如实回答询问和提供材料,不得拒绝、阻挠、隐瞒或者提供虚假情况。		
现场检查及询问记录	该公司已停止年产6万吨高强瓦楞纸技改项目的生产行为,暗管已拆除,罚款已缴清。		
现场环境监察意见	1. 恢复生产时,及时告知环保部门。 2. 加强管理,严禁超标污水外排。		
现场负责人签字	潘××		
监察人员签字	夏×× 韩××		

证据(3)

环境保护行政处罚决定书

某环罚字(2015)第6号

当事人:某市顺洪造纸有限公司

营业执照注册号:×××××××××

法定代表人:李××

地址:×××××××××

经查,你公司2015年2月24日至25日,临时设置直径20厘米铁质排放管,将未经处理的生产废水经你公司污水处理厂南侧排放入青泉河,排放量为2000吨。某区环境监测站2015年2月25日对你公司外排废水采水样监测,数据显示:“化学需氧量为1180mg/L、氨氮为28.2mg/L、总磷为1.60mg/L”,比《纸浆造纸工业水污染物排放标准》(GB 3544－2008)表2标准分别超标12.1倍、2.5倍、1倍。以上有现场检查(勘验)笔录等证据。

上述行为违反了《水污染防治法》第9条、第22条第2款的规定。

我局于2015年3月4日以行政处罚告知书[某环告字(2015)11号]告知你公司拟作出行政处罚决定的事实、理由及依据,并告知你公司依法享有陈述权、申辩权及听证申请权。你公司在规定期限内没有进行陈述和申辩,也未提出听证申请。

根据《水污染防治法》第75条第2款之规定,决定给予你单位以下行政处罚:

罚款人民币拾万元。

限于接到本决定书之日起15日内缴至指定银行和账号。逾期不缴纳罚款的,我局将每日按罚款的3%加处罚款。

户名:某银行营业部

账号:××××××××

如不服本决定,可以在接到本决定书之日起60日内依法向某省环境保护局或者某市人民政府申请复议,也可在15日内直接向人民法院起诉。

逾期不申请复议,也不向人民法院起诉,又不履行本处罚决定的,我局将申请人民法院强制执行。

某区环境保护局

2015年3月12日

责令改正环境违法行为决定书

某环责改字(2015)10号

当事人:某市顺洪造纸有限公司

营业执照注册号:××××××××

法定代表人:李××

地址:××××××××

经查,你公司2015年2月24日至25日,临时设置直径20厘米铁质排放管,将未经处理的生产废水经你公司污水处理厂南侧排放入青泉河,排放量为2000吨。

某区环境监测站2015年2月25日对你公司外排废水采水样监测，数据显示："化学需氧量为1180mg/L、氨氮为28.2mg/L、总磷为1.60mg/L"，比《纸浆造纸工业水污染物排放标准》(GB 3544 - 2008)表2标准分别超标12.1倍、2.5倍、1倍。以上有现场检查(勘验)笔录等证据。

上述行为违反了《水污染防治法》第9条、第22条第2款的规定。

我局于2015年3月4日以行政处罚告知书[某环告字(2015)11号]告知你公司拟作出行政处罚决定的事实、理由及依据，并告知你公司依法享有陈述权、申辩权及听证申请权。你公司在规定期限内没有进行陈述和申辩，也未提出听证申请。

根据《水污染防治法》第75条第2款之规定，责令你单位改正上述违法行为：

接到本决定书之日起立即拆除临时废水排放管。

我局将对你公司改正环境违法行为的情况进行监督。逾期未改正的，我局将依法申请法院对你公司强制执行。

如不服本决定，可以在接到本决定书之日起60日内依法向某省环境保护局或者某市人民政府申请复议，也可在6个月内直接向人民法院起诉。

某区环境保护局

2015年3月3日

现场检查(勘验)笔录

时间:2015年2月25日9时10分至11时30分

地点:顺洪公司院内

检查(勘验)人:夏××、谢××

记录人:韩×× 工作单位:某区环保局

被检查人:顺洪公司 法定代表人:李××

现场负责人:李×× 身份证号码:××××××××××××××××××

勘验现场情况:

1. 年产6万吨高强瓦楞纸技改项目未生产;

2. 主要原料:废纸边，产品:高强瓦楞纸，生产工艺:全废纸生产工艺;

3. 项目于2008年8月21日通过某市环保局的审批,2008年8月24日开工建设,2008年8月25日建成,2009年7月开始生产到2015年2月1日,间断生产,从2015年2月2日开始至今处于停产状态;

4. 项目配套建设:污水处理厂一座,未运行,目前正在对污水处理厂改造;

5. 现场检查发现污水处理厂南有一直径20厘米铁质排放管,正在排放未经处理的生产废水,水质发黑,污水进入青泉河;

6. 某区环境监测站在临时排放管排放口采集水样。

现场负责人:李××

检查(勘验)人:夏××、谢××

记录人:韩××

2015年2月25日

调查询问笔录

时间:2015年2月25日14时10分至16时15分

地点:顺洪公司院内

检查(勘验)人:夏××、谢××

记录人:韩×× 工作单位:某区环保局

现场负责人:王×× 身份证号码:××××××××××××××××××

工作单位:顺洪公司

……

问:你单位建设项目什么时间开始生产?期间生产状况如何?是否限制生产?

答:2009年7月开始生产到2015年2月1日,期间断续生产,从2015年2月2日至今处于停产状态。

问:你公司建设项目配套建设的污水防治设施有哪些?是否经过环保部门的验收?

答:我公司建设项目配套建设污水处理厂一座,验收过,目前正在对污水处理厂改造。

……

问:通过这种方式排放多长时间了? 排放了多少吨生产废水?

答:从2015年2月24日到2015年2月25日,排放2000吨未经处理的生产废水。

……

现场负责人:王××

检查(勘验)人:夏××、谢××

记录人:韩××

2015年2月25日

调查询问笔录

时间:2015年3月16日9时40分至10时30分

地点:顺洪公司院内

检查(勘验)人:夏××、谢××

记录人:韩×× 工作单位:某区环保局

被询问人:李×× 身份证号码:××××××××××××××××××

工作单位:顺洪公司

……

问:2015年2月25日环保部门到你公司现场检查,发现污水处理厂南有一直径20厘米铁质排放管,非法排放污水,你对这一情况清楚吗?

答:当时不清楚,出事后才知道的。

问:出事那天生产了吗?

答:没有。正停产对污水处理厂全面改造。

问:非法安装铁质排放管排放污水,王××事前没有向你汇报吗?

答:没有,我根本不知道这个事情。

……

被询问人:李××

检查(勘验)人:夏××、谢××

记录人:韩××

2015年3月16日

调查询问笔录

时间:2015 年 3 月 16 日 9 时 40 分至 10 时 30 分

地点:顺洪公司院内

检查(勘验)人:夏××、谢××

记录人:韩××　　　　工作单位:某区环保局

被询问人:王××　　　身份证号码:××××××××××××××××××

工作单位:顺洪公司

……

问:2015 年 2 月 25 日环保部门到你公司现场检查,发现污水处理厂南有一直径 20 厘米铁质排放管,非法排放污水,你对这一情况清楚吗?

答:清楚,当时我在污水处理厂现场。

问:是谁安装铁质排放管,打开阀门排放污水的?

答:是我安装的,也是我打开阀门排放污水的。

问:是谁让你做的?

答:是我自己做主这样做的。

问:做这件事情之前向李××汇报了吗?他知道这件事情吗?

答:没有汇报,出事后他才知道。

问:污水排放量有多少?

答:当时初步估计污水排放量为 2000 吨,实际外排污水有 800 吨左右。

……

被询问人:王××

检查(勘验)人:夏××、谢××

记录人:韩××

2015 年 3 月 16 日

现场照片（图片、影像资料）证据

照片（图片）

证明对象：[redacted]造纸有限公司偷排废水管道

拍摄地点：[redacted]造纸有限公司南墙上面　　拍 摄 人：[redacted]

拍摄时间：　2015 年　2 月　25 日　9 时　26 分

拍摄器材及型号：佳能 G9

执法人员（签名）：

执法证号：

当事人（见证人）确认意见：　　　　　　　　　　签名：

现场照片（图片、影像资料）证据

照片（图片）

证明对象：[redacted]造纸有限公司污水排入苏北堤河照片

拍摄地点：苏北堤河桥上　　拍 摄 人：[redacted]

拍摄时间：　2015 年　2 月　25 日　9 时　50 分

拍摄器材及型号：佳能 G9

执法人员（签名）：

执法证号：

当事人（见证人）确认意见：　　签名：

证据(4)

某区环境保护局涉嫌环境违法
适用行政拘留处罚案件移送书

案由	涉嫌违法排放水污染案		
企业名称	某市顺洪造纸有限公司	组织机构代码	××××××
地址	某市某区柳桥镇		
法定代表人	李××	联系电话	××××××
调查人员	夏×× 韩××	承办部门	某区环保局环境监察中队
简要案情	2015年2月25日,某区环保局环境监察中队对该公司检查时,发现该公司2015年2月24日至25日,临时设置直径20厘米铁质排放管,将未经处理的生产废水经该公司污水处理厂南侧排放入青泉河,排放量为2000吨。某区环境监测站2015年2月25日对该公司外排废水采水样监测,数据显示:"化学需氧量为1180mg/L、氨氮为28.2mg/L、总磷为1.60mg/L",比《纸浆造纸工业水污染物排放标准》(GB 3544－2008)表2标准分别超标12.1倍、2.5倍、1倍。		
移送依据	《环境保护法》第63条 《行政主管部门移送适用行政拘留环境违法案件暂行办法》		
移送建议	对直接负责的主管人员和其他直接责任人员给予行政拘留		
经办人	夏×× 韩××		

××拘留所
行政拘留执行回执

××区环境保护局:

根据你(分)局公某行决字(2015)第701号决定书,被执行人×××于2015年3月25日入所。

执行期限十日(自2015年3月25日至2015年4月4日)。

报送人:××× 经办人:×××

某拘留所

2015年3月25日

证据(5)

某环境监测站监测报告

(2015)环监(水)字第6号

监测类别:监督监测

受检单位:某市顺洪造纸有限公司

二〇一五年二月二十八日

某环境监测站水质监测报告

受检单位	某市顺洪造纸有限公司	地址	某市某区柳桥镇
联系人	李××	联系电话	×××××
样品类别	工业废水		
采样单位	某环境监测站	采样人	夏×× 韩××
采样时间	2015.2.25	测试时间	2015.2.25~2015.2.26
测试目的	对某市顺洪造纸有限公司排水口进行监督监测		
测试内容	氨氮、总磷、化学需氧量		
检测依据	《地表水和污水监测技术规范》 氨氮、水质纳氏试剂分光光度法 总磷、水质钼酸铵分光光度法 化学需氧量、水质快速消解分光光度法		
结论	监测结果表明:“化学需氧量为1180mg/L、氨氮为28.2mg/L、总磷为1.60mg/L”,比《纸浆造纸工业水污染物排放标准》(GB 3544-2008)表2标准分别超标12.1倍、2.5倍、1倍。		
监测单位公章			

证据(6)

专家咨询费领取单

序号	姓名(职务)	费用(元)	签名
1	×××(大学教授)	500	×××
2	×××(某研究所高研究员)	500	×××
3	×××(某监测中心高级工程师)	500	×××

经手人:××× 2015年9月23日
证明人:×××
备注:2015年9月23日委托三位专家对青泉河环境污染修复出具咨询意见的咨询费。

专家咨询费领取单

序号	姓名(职务)	费用(元)	签名
1	×××(大学教授)	500	×××
2	×××(某研究所高研究员)	500	×××
3	×××(某监测中心高级工程师)	500	×××

经手人:××× 2016年3月14日
证明人:×××
备注:2016年3月14日委托三位专家对青泉河环境污染修复出具咨询意见的咨询费。

证据(7)

某市顺洪造纸有限公司
环境污染损害咨询意见

2015年9月23日,某市人民检察院委托3名环保专家组成咨询小组,对某市顺洪造纸有限公司环境污染损害情况进行了咨询,现咨询小组形成如下咨询意见:

1.……青泉河水质执行《地表水环境质量标准》的灌溉功能要求的V类水质标准。

2.……该污染事件致使青泉河一定范围内的水质达不到《地表水环境质量标准》的灌溉功能要求的V类水质标准,造成环境污染损害。

3.根据案情和污染环境监测结果及污染物特征,按照国家环保部《关于开展环境污染损害鉴定评估工作的意见》和《环境损害鉴定评估推荐办法》规定的“虚拟治理成本法”,此次环境污染生态环境损害数值取值范围为1.5~3倍,专家认同本案中生态损害数额倍数为2.07的取值,废水排放量为2000吨。根据造纸废水处理工艺确定每立方米基本处理费用为50元。

计算公式为:生态环境损害数额=废水排放量×每立方米基本处理费用×倍数,此次生态环境损害数额为:2000×50×2.07=207,000元。

专家组成员:

某大学教授　张××

某环境保护科学研究所研究员　梁××

某环境监测中心高级工程师　王××

2015年9月23日

某市顺洪造纸有限公司
环境污染损害咨询意见

2016年3月14日,某市人民检察院委托3名环保专家组成咨询小组,对某市顺洪造纸有限公司于2014年4月5日至6日违法排放未经处理的污水排入青泉河,造成环境污染损害情况进行了咨询,现咨询小组形成如下咨询意见:

1.……青泉河水质执行《地表水环境质量标准》的灌溉功能要求的V类水质标准。

2.……该污染事件致使青泉河一定范围内的水质达不到《地表水环境质量标准》的灌溉功能要求的V类水质标准,造成环境污染损害。

3.根据案情和污染环境监测结果及污染物特征,按照国家环保部《关于开展环境污染损害鉴定评估工作的意见》和《环境损害鉴定评估推荐办法》规定的“虚拟治理成本法”,此次环境污染生态环境损害数值取值范围为1.5~3倍,专家认同本案中生态损害数额倍数为2.07的取值,废水排放量为600吨。根据造纸废水处理工艺确定每立方米基本处理费用为50元。……计算公式为:生态环境损害数额=废水排放量×每立方米基本处理费用×倍数,此次生态环境损害数额为:600×50×2.07=62,100元。

专家组成员：

某大学教授 张××

某环境保护科学研究所研究员 梁××

某环境监测中心高级工程师 王××

2016年3月14日

证据(8)

某一公司污水处理成本情况说明

××检察院：

我公司目前采用全废纸造纸，主要产品为高强瓦楞纸，配套污水处理厂一座，每吨废水处理费用为70~80元。

某一公司

2016年1月21日

某二公司污水处理成本情况说明

××检察院：

我公司目前每吨废水处理费用为45.37元整。

某二公司

2016年1月26日

证据(9)

证 明

我局2014年8月14日、2015年4月27日分别收取顺洪公司5万元、10万元罚款，共计15万元。

某环境保护局

2016年3月1日

证据(10)

环境保护部关于开展环境污染损害鉴定评估工作的若干意见(节选)

(环发〔2011〕60号)

……

4.5.1 虚拟治理成本法

虚拟治理成本为治理所有已排放的污染物应该花费的成本,即污染物排放量与单位污染物虚拟治理成本的乘积。单位污染物虚拟治理成本按事故或事件所在地前三年单位污染物实际治理平均成本计算。

虚拟污染治理成本 = ∑(污染物排放量×单位虚拟治理成本)

……

证据(11)

关于对某市顺洪造纸有限公司年产6万吨高强瓦楞原纸技改项目环境影响报告表的批复

某市顺洪造纸有限公司:

你公司报送的《年产6万吨高强瓦楞原纸技改项目环境影响报告表》收悉,经研究,现批复如下:

………

3. 本项目技改后各类污染物年排放总量初步核定为:

废水量≤195,030吨/年,COD/≤33.54吨/年,SS≤33.54吨/年。

固体废物:零排放。

4. 本批复自下达之日起五年内有效。

……

某市环境保护局

2008年8月20日

（二）被告提供的证据

1. 证据清单

（1）企业组织机构代码证，证明：顺洪公司相关登记情况。

（2）企业注册信息报告，证明：公司将注册资金从780万元增加到6000万元，增加的资金主要用于环保设备投入。

（3）污水处理项目设计及厌氧处理部分设备供货合同，证明：公司增加环保设备投入。

（4）社会福利企业证书，证明：公司属于残疾福利企业，解决了部分残疾人就业问题。

（5）顺洪公司提供的专家辅助人出具的环境污染损害咨询意见2份，证明：顺洪公司两次环境污染损害取值分别为2倍、1.9倍。

2. 具体证据

证据（1）

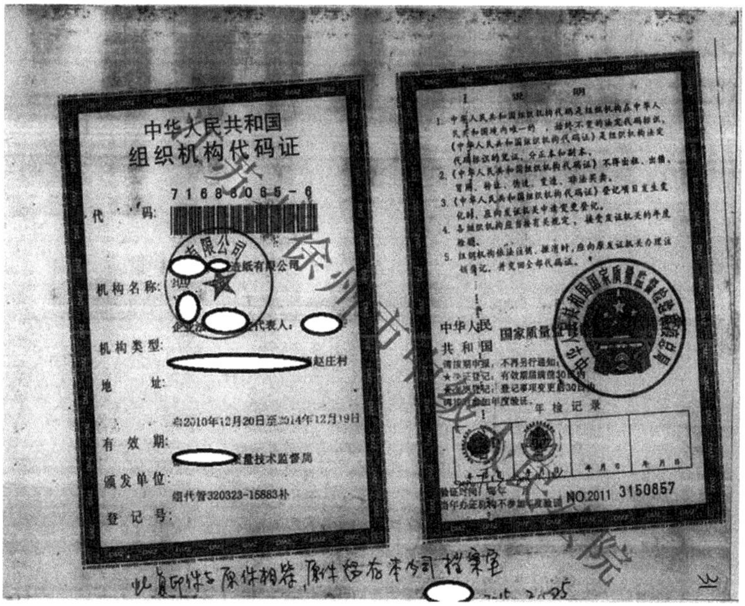
中华人民共和国
组织机构代码证
代　码：71688065-6
机构名称：[redacted]造纸有限公司
机构类型：企业法[redacted]代表人：[redacted]
地　址：[redacted]赵庄村
有 效 期：自2010年12月20日至2014年12月19日
颁发单位：[redacted]质量技术监督局
登 记 号：组代管320323-15883补

说　明
1. 中华人民共和国组织机构代码是组织机构在中华人民共和国境内唯一的、始终不变的法定代码标识。《中华人民共和国组织机构代码证》是组织机构法定代码标识的凭证，分正本和副本。
2.《中华人民共和国组织机构代码证》不得出租、出借、冒用、转让、伪造、变造、非法买卖。
3.《中华人民共和国组织机构代码证》登记项目发生变化时，应向发证机关申请变更登记。
4. 各组织机构应当按有关规定，接受发证机关的年度检验。
5. 组织机构依法注销、撤消时，应向原发证机关办理注销登记，并交回全部代码证。

中华人民共和国
国家质量监督检验检疫总局
年检记录
NO.2011 3150857

此复印件与原件相符，原件存在本公司档案室
[redacted]

证据(2)

企业注册信息报告

关注微信服务号：企业信用信息查询
成就企业有效决策

变更信息

序号	变更事项	变更前内容	变更后内容	变更日期
1	法定代表人变更	李	尚	2014-03-31
2	注册资本变更	1056.200000	9000.000000	2015-02-11
3	股东变更	李 潘 潘世	李 潘 尚	2015-02-11
4	经营范围	瓦楞原纸制造，销售，废旧纸张收购、销售，纸及纸制品销售，（依法须经批准的项目，经相关部门批准后方可开展经营活动）	瓦楞原纸制造，销售，废旧纸张收购、销售，纸及纸制品销售，再生塑料颗粒加工、销售，（依法须经批准的项目，经相关部门批准后方可开展经营活动）	2015-03-24
5	法定代表人变更	尚 银	尚 平	2015-07-03
6	注册资本变更	9000.000000	780.000000	2015-08-27
7	股东变更	李 潘 尚 银	李 潘	2015-08-27
8	注册资本变更	780.000000	6000.000000	2015-09-24
9	股东变更	李 潘	李 潘 潘俊 徐悦 刘厚	2015-09-24

证据(3)

[redacted]造纸有限公司污水处理项目

设计及厌氧处理部分设备供货合同

合同编号：HS20141130-1

签订地点： 甲方公司院内

发包方（以下简称“甲方” ）：[redacted]造纸有限公司

承包方（以下简称“乙方” ）：山东安丘科华环境科技有限公司

根据《中华人民共和国合同法》，甲乙双方在自愿、平等、公平的基础上，经协商一致，就甲方污水处理项目工艺、土建设计及部分设备供货的相关事宜达成以下协议，双方共同遵守：

1、 **工程规模及进出水水质**

（1）各部分设计处理水量详见技术文本。

（2）进出水水质

项目	CODcr（mg/l）	BOD（mg/l）	SS（mg/l）	PH
进水水质	≤6000mg/l	≤2200mg/l	≤2000mg/l	6-9
出水水质	≤90mg/l	≤20mg/l	≤30mg/l	6-9

2、 **设计、服务内容：**

详见技术文本。

3、所供产品名称、数量

证据(4)

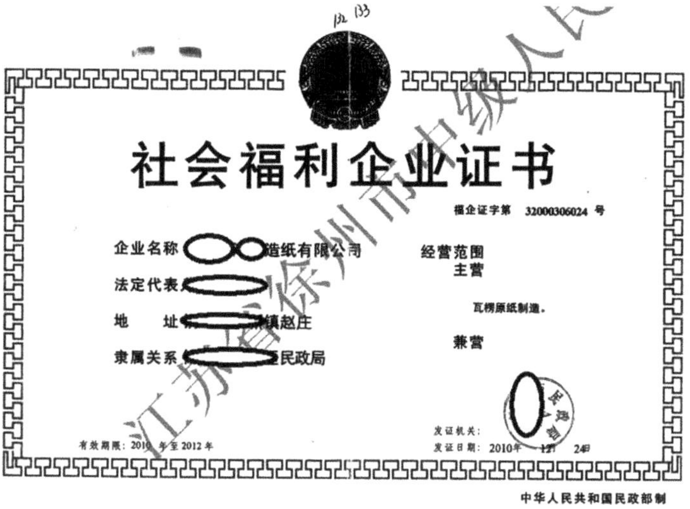

社会福利企业证书

福企证字第 32000306024 号

企业名称 [redacted]造纸有限公司

法定代表 [redacted]

地 址 [redacted]镇赵庄

隶属关系 [redacted]民政局

经营范围

主营

瓦楞原纸制造。

兼营

有效期限：2010 年至 2012 年

发证机关：

发证日期：2010年 12月 24日

中华人民共和国民政部制

证据(5)

某市顺洪造纸有限公司

环境污染损害咨询意见

2016 年 3 月 22 日，受某市顺洪造纸有限公司委托，我以环保专家身份为某市顺洪造纸有限公司专家辅助人。经认真分析研究，按照科学、客观、公正的原则，形成如下咨询意见：

1. 2015 年 2 月 24 日至 25 日，某市顺洪造纸有限公司将未经处理的生产废水经暗管排放入青泉河，排放量为 2000 吨。某区环境监测站对废水进行了监测，监测结果："化学需氧量为 1180mg/L、氨氮为 28.2mg/L、总磷为 1.60mg/L"，比《纸浆造纸工业水污染物排放标准》(GB 3544－2008)表 2 标准分别超标 12.1 倍、2.5 倍、1 倍。

2. 该污染事件事实清楚，某市顺洪造纸有限公司必须承担生态环境损害修复费用。

3. ……本人经过综合分析评论，建议此次环境污染损害取值 2.0 倍。

某大学教授 蔡××

2016 年 3 月 25 日

某市顺洪造纸有限公司
环境污染损害咨询意见

2016年3月22日，受某市顺洪造纸有限公司委托，我以环保专家身份为某市顺洪造纸有限公司专家辅助人。经认真分析研究，按照科学、客观、公正的原则，形成如下咨询意见：

1. 2014年4月5日至6日，某市顺洪造纸有限公司将未经处理的生产废水经暗管排放入青泉河，排放量为600吨。

2. 该污染事件事实清楚，某市顺洪造纸有限公司必须承担生态环境损害修复费用。

3. 本人认为某市顺洪造纸有限公司环境污染造成的损害严重，事实清楚，生态修复费用计算比较科学合理。

4. ……本人经过综合分析评论，建议此次环境污染损害取值1.9倍。

某大学教授　蔡××

2016年3月25日

三、公益诉讼起诉人如何诉

2013年至2015年，被告顺洪公司连续3年被查获以私设暗管方式向清泉河偷排浓度严重超出排放标准的生产废水2600吨。某区环境监测站对该公司外排废水监测数据显示：化学需氧量、氨氮、总磷等污染物指标分别超过《纸浆造纸工业水污染物排放标准》（GB 3544－2008）12.1倍、2.5倍、1倍。某区环保局曾经于2014年、2015年两次对顺洪造纸公司罚款合计人民币15万元。2015年12月28日，公益诉讼起诉人经最高人民检察院批准，向某市中级人民法院提起环境民事公益诉讼，请求法院综合考虑生态环境受到损害至恢复原状期间服务功能的损失，判令顺洪公司将遭受污染的环境恢复原状或赔偿生态环境修复费用，其中修复费用以环境污染损害咨询意见所确定的人民币26.91万元为基准的3～5倍确定。同时判令其承担本案专家辅助人咨询费用3000元。

（1）被告顺洪公司实施非法排放污染物污染环境的行为，应当承担相应法律责任。顺洪公司违反《水污染防治法》规定，先后在2013～2015年连续3年违法排放废水。无论顺洪公司客观上是否有能力恢复环境,都不影响其民事责任的承担。即使现在堤河水质已达到标准不需要修复,依然应当承担替代修复责任。

(2)就2600吨废水排污量而言,根据有关证据证实、被告表示认可的排放生产污水每吨治理单价50元的标准和按照“虚拟治理成本法”确定的环境污染损害金额的计算方法,可以取双方专家意见关于倍数取值的平均值,确定倍数取值为2.035,应认定为26.91万元。

(3)被告因行政违法而被行政机关处以行政处罚,并不影响其民事责任的承担,被告主张直接抵扣赔偿数额,没有法律依据。但在酌定考虑本案中被告所应承担的环境污染责任时,因违法成本也是一个考虑因素,故被告已受行政处罚的情况应当予以酌情综合评判。

(4)关于被告应就污染行为承担生态环境修复费用以及生态环境受到损害至恢复原状期间服务功能损失的费用,法院认为公益诉讼人关于在3~5倍区间确定最终赔偿数额的主张具有合理性。

四、被告如何辩

辩方的观点及理由如下:

顺洪公司系民政福利企业,其解决了40余名残疾人员的就业;其属于废旧物资再利用去产能型企业;企业对原污水处理厂的工艺进行改造及增加设施、设备投入,已经能够做到达标排放。其愿意承担责任,但应当合理确定赔偿数额。具体观点和理由如下:

(1)顺洪公司不应当承担生态修复费用。顺洪公司虽违法排放废水,但所排放废水的成分以有机物、木质素、纤维素为主,重金属等有毒有害物质极少,由于水体的自我净化,水质未受影响,排放废水行为未造成生态破坏。

(2)公益诉讼人关于判令顺洪公司以26.91万元为基数的3~5倍承担赔偿责任的诉讼请求数额为约数,诉讼请求不明确,应当依法驳回起诉。

(3)以26.91万元为基数,以其3~5倍计算生态环境修复费用和服务功能损失缺乏法律依据。服务功能损失认定无事实依据。青泉河因水体流动及自我净化,水质早已自然恢复,无须恢复原状,也不存在服务功能损失。

(4)原审判决未将顺洪公司已经缴纳的15万元罚款予以抵扣不当。某区环境保护局曾经依据《水污染防治法》对该公司处以罚款。《水污染防治法》的立法目的是防治水污染,保护和改善环境。该公司缴纳的罚款应当用于改善环境,与本案赔偿资金的使用目的一致。已经缴纳的罚款理应在赔偿金中予以抵扣。

五、法院如何判

(一)事实认定

2013 年 4 月 27 日,某市某区环境保护局柳新环境监察中队经现场监察发现,顺洪公司年产 6 万吨高强瓦楞纸项目存在"厂区南侧有暗排口,直接排入砖厂废坑及周围沟渠,有废水排放的现象。污水处理设施不能正常运转,生产厂区环境混乱"等问题,并向顺洪公司发出环境监察建议书,建议该公司立即停止违法排放行为、停产整改。2013 年 5 月 10 日,某市某区环境保护局再次现场监察,记录显示:该公司未生产,污水处理厂部分运行,暗管已封堵,无漏水现象。现场环境监察意见为:恢复生产时告知环保部门,加强管理,严禁超标污水进入苏北堤河。

2014 年 4 月 5 日至 6 日,顺洪公司私设暗排管违法排放未经处理的生产废水 600 吨,污水汇入苏北堤河。某市某区环境保护局 2014 年 4 月 18 日作出铜环责改字〔2014〕21 号责令改正环境违法行为决定书,责令该公司立即拆除暗管。2014 年 5 月 12 日,某市某区环境保护局向顺洪公司发出铜环罚字〔2014〕25 号行政处罚决定书,对顺洪公司处以人民币 5 万元的罚款。2014 年 8 月 14 日,顺洪公司缴纳 5 万元罚款。2014 年 8 月 18 日,某市某区环境保护局进行环境行政执法后督察现场检查,记录显示:该公司已停止年产 6 万吨高强瓦楞纸技改项目的生产行为,暗管已拆除,罚款已缴清。

2015 年 2 月 24 日至 25 日,顺洪公司临时设置直径 20 厘米铁质排放管,将未经处理的生产废水经该公司污水处理厂南侧排入苏北堤河,排放量 2000 吨,污染周边环境。某市某区环境监测站于 2015 年 2 月 25 日对该公司外排废水进行采水样监测,数据显示"化学需氧量为 1180mg/L、氨氮为 28.2mg/L、总磷为 1.60mg/L",比《纸浆造纸工业水污染物排放标准》(GB 3544－2008)表 2 标准分别超标 12.1 倍、2.5倍、1 倍。2015 年 3 月 12 日,某市某区环境保护局作出铜环罚字〔2015〕6 号行政处罚决定书,对顺洪公司处以人民币 10 万元的罚款。2015 年 3 月 12 日,某市某区环境保护局作出涉嫌环境违法适用行政拘留处罚移送书,将案件移送公安机关。

2015 年 3 月 25 日至 4 月 4 日，顺洪公司经理王井奎被公安机关行政拘留 10 日。2015 年 4 月 27 日，顺洪公司缴纳罚款 10 万元。

另查明，公益诉讼人为调查取证，支付专家咨询费用 3000 元。

上述事实有公益诉讼人提交的某市某区环境保护局 2013 年 4 月 27 日作出的环境监察建议书及现场环境监察记录，2014 年 4 月 18 日作出的责令改正环境违法行为决定书、现场检查（勘验）笔录、调查询问笔录、违法排放现场照片，2014 年 5 月 12 日作出的行政处罚决定书，2015 年 3 月作出的行政处罚决定书、责令改正环境违法行为决定书、调查询问笔录、违法排放现场照片，涉嫌环境违法适用行政拘留处罚案件移送书、某市某区拘留所行政拘留回执，某市某区环境监测站监测报告，专家咨询费领取单等证据证实，双方当事人均无异议，上述事实应予以确认。

（二）争议焦点

（1）顺洪公司应否承担恢复原状的法律责任；

（2）公益诉讼起诉人主张顺洪公司 2014 年、2015 年两次排放的共计 2600 吨生产废水，相应的生态环境修复费用为 26.91 万元，能否成立；

（3）污染物排放点的环境质量已经达标能否作为拒绝承担生态环境修复费用的理由；

（4）公益诉讼起诉人主张如顺洪公司不能将其污染的环境恢复原状，则应赔偿生态环境修复费用及生态环境受到损害至恢复原状期间的服务功能损失，其数额以 26.91 万元为基数计算 3 ~ 5 倍，是否具有事实和法律依据；

（5）顺洪公司已缴纳的行政罚款 15 万元应否在本案的赔偿中予以抵扣。

六、裁判理由

根据本案事实，在确定被告所应承担的生态环境修复费用时，应不限于 2600 吨污水排放行为所造成的环境损害数额，而应酌情考虑相关因素，予以合理确定。最高人民法院《关于审理环境民事公益诉讼案件适用法律若干问题的解释》第 23 条规定，生态环境修复费用难以确定或者确定具体数额所需鉴定费用明显过高的，人民法院可以结合污染环境、破坏生态的范围和程度、生态环境的稀缺性、生态环境恢复的难易程度、防治污染设备的运行成本、被告因侵害行为所获得的利益以及过错程度等因素，并可以参考负有环境保护监督管理职责的部门的意见、专家意见等，予以合理确定。本案中，被告2014年4月及2015年2月两次被行政查处，其违法排放生产废水分别为600吨、2000吨，但2013年4月被告违法排放生产废水的数量并不确定。从被告年产6万吨高强瓦楞纸技改项目环境影响报告、建设项目竣工环境保护验收申请表等证据看，被告运行生产设备每天废水排放量最高可达960吨，按照排污许可证最多每年也可有19.5万吨的污水排放量。经法院依法释明，被告亦不能提供近年的产量、污水产生量、防治污染物设施建设和运行情况等相关证据证明其违法排污量仅限于2600吨。根据最高人民法院《关于适用〈中华人民共和国民事诉讼法〉的解释》第108条规定，法院确信被告实际排污量远大于2600吨的事实具有高度可能性。

从公益诉讼人提供的被告税务报表等证据看，被告在2013年至2015年处于正常生产经营状态，被告自认高强瓦楞纸市场价在2000~2100元，以年产6万吨的生产规模看，被告具有相对较大的生产规模，亦可能获得较高的经营利益。每吨50元的防治污染设备运行成本，意味着违法偷排能获取较高的非法利益。从行政机关查处的被告连续三年、三次违法排污情况看，被告都是故意违法，且采用偷埋、私设暗管等方式实施违法行为。被告为追求利益最大化，多次故意实施违法排污行为，在环保部门给予环境监察建议、处以罚款后，仍加大违法排污量，实施环境污染行为。可见，被告的主观过错较为明显。

环境侵权行为及后果的复杂性、长久性、隐蔽性、迁移性等特点导致其危害性强、损害范围广且难以及时固定证据。根据法院确认的事实，不能仅就2600吨的排污事实确定被告的赔偿责任。鉴于被告的实际排污量及对生态环境实际造成的损害大小难以准确确定，本案应根据上述司法解释的规定，综合考虑案件事实及相关因素，酌情合理确定生态环境修复费用。

在确定被告所应承担的赔偿数额时，应将生态环境受到损害至恢复原状期间服务功能损失作为酌定因素。最高人民法院《关于审理环境民事公益诉讼案件适用法律若干问题的解释》第21条规定，公益诉讼起诉人请求被告赔偿生态环境受到损害至恢复原状期间服务功能损失的，人民法院可以依法予以支持。所谓生态环境受到损害至恢复原状期间服务功能损失即期间损失，《环境损害鉴定评估推荐办法》中将其定义为生态环境损害发生至生态环境恢复到基线状态期间，生态环境因其物理、化学或生物特性改变而导致向公众或其他生态系统提供服务的丧失或减少，即受损生态环境从损害发生到其恢复至基线状态期间提供生态系统服务的损失量。

恢复原状或赔偿生态环境修复费用只考虑了生态环境交换价值的恢复，没有考虑生态环境使用价值的损失。本案中，仅就遭受损害的苏北堤河而言，在生态环境受到损害至恢复原状期间，其所承担的沿线灌溉和排涝等功能，必然受到影响。公益诉讼人申请出庭的技术专家提出：高浓度水排入后会造成灌溉时引的水不能符合灌溉需要，河流功能就受影响，排涝过程中苏北堤河和京杭运河是相通的，就会影响京杭运河的水质，同时也会影响京杭运河的功能。双方申请出庭的技术专家均认为：本案的期间损失客观存在，但是难以准确计算。对此，法院认为，鉴于本案受污染环境的复杂性、功能的多样性，按照《环境损害鉴定评估推荐办法》，服务功能损失在本案中也是难以准确计算的。鉴于此项损失客观存在，在确定被告所应承担的赔偿费用时，应予以酌情考虑。

关于被告接受行政处罚已缴纳的 15 万元罚款应否在本案赔偿数额中予以抵扣的问题。公益诉讼人主张，根据《侵权责任法》（已失效）相关规定，侵权人因同一行为应当承担行政责任或刑事责任的，不影响依法承担侵权责任，15 万元罚款不应抵扣。被告主张，15 万元行政罚款的依据是《水污染防治法》，其目的是防治水污染，改善环境，应用于环境治理，且被告已经因为违法事实付出成本，故应当在本案中予以抵扣。法院认为，被告因行政违法而被行政机关处以行政处罚，并不影响其民事责任的承担。被告主张直接抵扣赔偿数额没有法律依据，但在确定本案中被告所应承担的环境污染责任时，因被行政机关处罚的情况也是一个酌定因素，故对被告已缴纳 15 万元行政罚款的事实可酌情综合评判。

综上所述，法院认为，公益诉讼人主张被告应以 2600 吨废水造成的生态环境损害数额为基数在 3 ~ 5 倍区间承担最终赔偿数额，具有事实和法律依据，亦具有合理性。综合考虑已查明的具体污染环境情节、被告违法程度及主观过错程度、防治污染设备的运行成本、被告生产经营情况及因侵害行为所获得的利益、污染环境的范围和程度、生态环境恢复的难易程度、生态环境的服务功能等因素，法院酌情确定被告所应当承担的生态环境修复费用及生态环境受到损害至恢复原状期间服务功能损失共计为 105.82 万元，并应承担公益诉讼人为本案支付的专家费用 3000 元。

七、赛事点评

（一）法官点评

1. 本案利益衡平

本案是一起具有典型意义的案件。顺洪公司排放废水污染环境，应当承担环境污染责任。根据已查明的环境污染事实、顺洪公司的主观过错程度、防治污染设备的运行成本、生态环境恢复的难易程度、生态环境的服务功能等因素，可酌情确定该公司应当承担的生态环境修复费用及生态环境受到损害至恢复原状期间的服务功能损失。污染物排放点的环境质量已经达标不能作为顺洪公司拒绝承担生态环境修复费用的理由，应以2.035倍作为以虚拟治理成本法计算生态环境修复费用的系数，以查明的顺洪公司排放废水量的4倍计算生态环境修复费用。

在损害认定方面，环境民事公益诉讼案件中的损害额，主要包括被告不履行修复义务时应承担的生态环境修复费用和生态环境受到损害至恢复原状期间的服务功能损失两项。在本案中可探索创新损害额酌定规则，通过这种方法，有效解决生态环境损害损失客观存在但难以准确计算的问题。

在证明规则方面，囿于环境污染损害一般具有长期性、潜伏性等特点，因果关系表现得非常隐蔽，司法认定十分困难。本案可探索环境信息不利推定规则，将举证责任分配给最具备证明能力的一方，当污染企业不能提供其应当持有的主要污染物名称、排放方式、排放浓度和总量、超标排放情况等环境信息时，推定对其不利的事实主张成立，从而更好地查明事实，促使污染企业依法承担环境损害责任。

在专家意见方面，专家辅助人的意见仅是法官判断技术事实的证据之一。专家意见能否采信、如何采信的问题，需要法官围绕法律概念的界定与法律行为的定性，依据法律要件、法律特征及法律效果等要素，在综合审查证据的基础上作出妥当判断，以免认定技术事实的司法权旁落。

对生态环境的服务功能损失，在确定被告所应承担的赔偿数额时，本案将其作为酌定因素。环境污染造成的损害赔偿费用包括生态环境修复费用以及服务功能损失两部分。虽然最高人民法院《关于审理环境民事公益诉讼案件适用法律若干问题的解释》第23条仅对生态环境修复费用的酌定进行了规定，但是我们认为对生态的服务功能损失也可参考该条予以酌定。

2. 本案的创新价值

本案的原型是全国人大常委会授权检察机关提起公益诉讼以来全国法院首批受理、最先开庭审理并作出判决的环境民事公益诉讼案件，同时，这也是全国首例进入第二审程序的同类案件。本案的审理充分尊重公益诉讼的专业性和公益性，制定了符合客观需求与发展规律的审判规程，一审法院从案件受理、公告、庭审参与人、庭前会议、庭审模式、合议庭组成等方面进行有益探索；二审法院通过准确适用民事诉讼法，妥善地解决了第一案中当事人的诉讼地位、称谓、相关审理规程等全新的程序问题。本案的主要亮点有：一是在审理中高度重视司法公开和公众参与。推行环境民事公益诉讼大合议庭制，由 2 名法官、1 名专家陪审员、2 名人民陪审员共同组成合议庭，综合把握专业技术优势、社情民意表达和法律认知之间的平衡点与结合点；及时将环境公益诉讼案件受理、开庭审理等信息进行公告，主动邀请人大代表、政协委员和社会公众旁听庭审，广泛接受各界监督；积极开拓宣传渠道，依托传统媒体和新兴媒体对庭审进行全程视频直播、图文直播，持续扩大司法的教育、评价及引导功能。二是审理体现了环境资源审判专业性特点，稳妥推进专家参与诉讼新模式。法庭邀请专家辅助人就环境保护专业技术问题提出专家咨询意见，较好地解决了环境资源案件科学性和公正性衔接问题。三是逐步确立惩罚性赔偿酌定机制。综合考虑具体污染环境情节、被告违法程度及主观过错程度、防治污染设备的运行成本、被告生产经营情况及因侵害行为所获得的利益、污染环境的范围和程度、生态环境恢复的难易程度等因素，在全国首次采用酌定的方式确定生态环境修复费用及生态环境的服务功能损失，据此合理确定全案损害赔偿费用。

本案的开庭、判决已入选省、市"十大法治事件"。本案同时入选省高院评选的"2016 年度十大案例"、最高人民法院评选的"公益诉讼典型案例"及最高人民法院和中央电视台联合评选的"2016 年推进法治进程十大案例"。本案的审理规程和裁判方法为全国法院审理公益诉讼案件尤其是检察机关提起公益诉讼案件提供了可借鉴经验。

3. 案外社会价值

绿水青山就是金山银山。人民法院坚持协同推进的指导思想，在具体个案中努力找准环境保护、经济发展与人民群众环境权益之间的平衡点，以保护生态环境促进经济发展，以保障经济发展反哺生态环境改善，推动经济高质量发展和生态环境高水平保护。公益诉讼案件是社会影响大、民众关注度高的案件，该案尝试根据被告违法排污的主观过错程度、排污行为的隐蔽性以及环境损害后果等因素，合理确定带有一定惩罚性质的生态环境修复费用，加大污染企业违法成本，有助于从源头上遏制企业违法排污。环境民事公益诉讼的诉讼目的在于维护环境公共利益，被告支付的环境修复资金和服务功能损失等款项，专门用于修复被损害的生态环境，列入环境保护公益金专项资金账户。环境保护公益金不仅可以促进污染防治、落实环境修复，还可以在环境多元化、体系化治理中发挥更大功能。

（二）备赛思路与难点

1. 从公益诉讼起诉人角度看如何分析该案，以及应当注意的问题

公益诉讼起诉人应综合考虑已查明的具体污染环境情节、被告违法程度及主观过错程度、防治污染设备的运行成本、被告生产经营情况及因侵害行为所获得的利益、污染环境的范围和程度、生态环境恢复的难易程度、生态环境的服务功能等因素，依法提出自己的观点和理由。

需要特别注意的是，由于环境资源审判所涉专业性强，对环境污染、生态破坏的相关专业知识法官、检察官往往并不精通，必须借助专家力量破解技术难题。所以本案中提请技术专家参与环境资源审判，依法开展专家陪审员参审、专家辅助人出庭、专家出具咨询意见等形式，解决环境资源案件科学性和公正性的衔接问题。

2. 从辩方角度看如何分析该案，以及应当注意的问题

从辩方角度来看，可以从以下几个方面着手来备赛：

（1）顺洪公司的成立性质和对社会的贡献；（2）对当地而言，该类企业的性质对产业结构的完善和调整具有哪些作用和价值；（3）企业对污水处理的工艺进行的改造及设施、设备投入，以及达标排放的现状；（4）排放的污染物超标程度，对灌溉等作业的影响程度，以及目前的水质标准；（5）企业排污行为的主观恶性程度和对社会的危害程度；（6）公益诉讼人要求顺洪公司以26.91万元为基数以其3～5倍确定生态环境修复费用的理由，是否有确切证据证实，是否应当得到支持；（7）顺洪公司行政处罚中缴纳的罚款，是否理应从生态环境赔偿数额中予以抵扣。

江海市吴东区人民检察院诉陈长达、江海天浪污水处理有限公司、段亦舒环境污染侵权案

2019年全国大学生环境资源模拟法庭大赛决赛赛题

一、基本案情

公诉机关:江海市吴东区人民检察院

被告人:陈长达

被告单位:江海天浪污水处理有限公司

被告人:段亦舒

2016年2~8月,江海市澄天管业股份有限公司(以下简称澄天公司)环保科长陈长达为节省公司生产成本,将澄天公司在酸洗钢管过程中产生的1736.04吨危险废物废硫酸(HW34),以每吨80元的价格,交由无危险废物经营许可证的江海天浪污水处理有限公司(以下简称天浪公司),用于中和碱性污水。天浪公司负责人段亦舒明知本单位没有危险废物的处置资质,为降低污水处理成本,将上述废硫酸替代硫酸亚铁对碱性污水进行物化沉淀。酸碱中和后产生的废水全部排放入文山河,产生的污泥送至江海华锐热电有限公司(以下简称华锐热电公司)掺煤焚烧处理后销售给江海上河水泥有限公司(以下简称上河水泥公司)用作水泥原料。经查,江海市环境监测站曾于2016年4月9日对天浪公司外排废水进行监测,监测数据反映未测出重金属。

2017年1月,江海市吴东区人民检察院以澄天公司、陈长达、天浪公司、段亦舒涉嫌污染环境罪,向江海市吴东区人民法院提起公诉。案件审理中,针对控方提供

的环境科学技术专家意见，辩方分别提供了法律专家意见和技术专家意见，法院亦委托第三方专家出具技术咨询意见，后控方补充提供模拟实验报告和检测报告。

二、公诉机关审查思路

（一）本案所涉罪名确定

本案是典型的非法转移处置危险废物引发的污染环境犯罪，属于《刑法》“第二编分则”第六章妨害社会管理秩序罪第六节破坏环境资源保护罪范畴，与“第二编分则”第二章危害公共安全罪第115条规定的故意投放危险物质罪、第九章渎职罪第408条规定的环境监管失职罪在犯罪主客体方面具有明显差异，通常能够较为容易地作出区分和判断，不会发生此罪与彼罪的界分难题。

（二）污染环境罪所涉基本法律规范

《中华人民共和国刑法》

第三十条　公司、企业、事业单位、机关、团体实施的危害社会的行为，法律规定为单位犯罪的，应当负刑事责任。

第三十一条　单位犯罪的，对单位判处罚金，并对其直接负责的主管人员和其他直接责任人员判处刑罚。本法分则和其他法律另有规定的，依照规定。

第三百三十八条　违反国家规定，排放、倾倒或者处置有放射性的废物、含传染病病原体的废物、有毒物质或者其他有害物质，严重污染环境的，处三年以下有期徒刑或者拘役，并处或者单处罚金；情节严重的，处三年以上七年以下有期徒刑，并处罚金；有下列情形之一的，处七年以上有期徒刑，并处罚金：

（一）在饮用水水源保护区、自然保护地核心保护区等依法确定的重点保护区域排放、倾倒、处置有放射性的废物、含传染病病原体的废物、有毒物质，情节特别严重的；

（二）向国家确定的重要江河、湖泊水域排放、倾倒、处置有放射性的废物、含传染病病原体的废物、有毒物质，情节特别严重的；

（三）致使大量永久基本农田基本功能丧失或者遭受永久性破坏的；

（四）致使多人重伤、严重疾病，或者致人严重残疾、死亡的。

有前款行为，同时构成其他犯罪的，依照处罚较重的规定定罪处罚。

最高人民法院、最高人民检察院《关于办理环境污染刑事案件适用法律若干问题的解释》

第一条 实施刑法第三百三十八条规定的行为，具有下列情形之一的，应当认定为“严重污染环境”：

……

（二）非法排放、倾倒、处置危险废物三吨以上的；

（三）排放、倾倒、处置含铅、汞、镉、铬、砷、铊、锑的污染物，超过国家或者地方污染物排放标准三倍以上的；

（四）排放、倾倒、处置含镍、铜、锌、银、钒、锰、钴的污染物，超过国家或者地方污染物排放标准十倍以上的；

（五）通过暗管、渗井、渗坑、裂隙、溶洞、灌注等逃避监管的方式排放、倾倒、处置有放射性的废物、含传染病病原体的废物、有毒物质的；

……

（九）违法所得或者致使公私财产损失三十万元以上的；

（十）造成生态环境严重损害的；

……

第二条 实施刑法第三百三十九条、第四百零八条规定的行为，致使公私财产损失三十万元以上，或者具有本解释第一条第十项至第十七项规定情形之一的，应当认定为“致使公私财产遭受重大损失或者严重危害人体健康”或者“致使公私财产遭受重大损失或者造成人身伤亡的严重后果”。

第三条 实施刑法第三百三十八条、第三百三十九条规定的行为，具有下列情形之一的，应当认定为“后果特别严重”：

……

（二）非法排放、倾倒、处置危险废物一百吨以上的；

……

（五）致使公私财产损失一百万元以上的；

（六）造成生态环境特别严重损害的；

……

第六条 无危险废物经营许可证从事收集、贮存、利用、处置危险废物经营活动，严重污染环境的，按照污染环境罪定罪处罚；同时构成非法经营罪的，依照处罚较重的规定定罪处罚。

实施前款规定的行为，不具有超标排放污染物、非法倾倒污染物或者其他违法造成环境污染的情形的，可以认定为非法经营情节显著轻微危害不大，不认为是犯罪；构成生产、销售伪劣产品等其他犯罪的，以其他犯罪论处。

第七条　明知他人无危险废物经营许可证，向其提供或者委托其收集、贮存、利用、处置危险废物，严重污染环境的，以共同犯罪论处。

第十一条　单位实施本解释规定的犯罪的，依照本解释规定的定罪量刑标准，对直接负责的主管人员和其他直接责任人员定罪处罚，并对单位判处罚金。

（三）污染环境罪构成要件

根据《刑法》第338条和司法解释规定，污染环境罪构成要件主要体现在以下四个层面：

第一，本罪主体为一般主体，不具有特殊性，即凡是达到刑事责任年龄具有刑事责任能力的人，均可构成本罪。自然人、单位均可构成本罪主体。

关于单位污染环境犯罪的认定，可以根据最高人民法院、最高人民检察院、公安部、司法部、生态环境部《关于办理环境污染刑事案件有关问题座谈会纪要》有关精神，紧紧围绕“为了单位利益”这一核心要件进行审查，对具有下列情形之一的，应当认定为单位犯罪：（1）经单位决策机构按照决策程序决定的；（2）经单位实际控制人、主要负责人或者授权的分管负责人决定、同意的；（3）单位实际控制人、主要负责人或者授权的分管负责人得知单位成员个人实施环境污染犯罪行为，并未加以制止或者及时采取措施，而是予以追认、纵容或者默许的；（4）使用单位营业执照、合同书、公章、印鉴等对外开展活动，并调用单位车辆、船舶、生产设备、原辅材料等实施环境污染犯罪行为的。

第二，本罪主观方面为故意，包括直接故意和间接故意。在判断犯罪嫌疑人、被告人是否存在污染环境的故意时，应当依据犯罪嫌疑人、被告人的任职情况、职业经历、专业背景、培训经历、本人因同类行为受到行政处罚或者刑事追究情况以及污染物种类、污染方式、资金流向等证据，结合其供述，进行综合分析判断。实践中，具有下列情形之一，犯罪嫌疑人、被告人不能作出合理解释的，可以认定其故意实施环境污染犯罪，但有证据证明确系不知情的除外：（1）企业没有依法通过环境影响评价，或者未依法取得排污许可证，排放污染物，或者已经通过环境影响评价并且防治污染设施验收合格后，擅自更改工艺流程、原辅材料，导致产生新的污染物质的；(2)不使用验收合格的防治污染设施或者不按规范要求使用的；(3)防治污染设施发生故障，发现后不及时排除，继续生产放任污染物排放的；(4)生态环境部门责令限制生产、停产整治或者予以行政处罚后，继续生产放任污染物排放的；(5)将危险废物委托第三方处置，没有尽到查验经营许可的义务，或者委托处置费用明显低于市场价格或者处置成本的；(6)通过暗管、渗井、渗坑、裂隙、溶洞、灌注等逃避监管的方式排放污染物的；(7)通过篡改、伪造监测数据的方式排放污染物的；(8)其他足以认定的情形。

第三，本罪客体为国家自然资源保护和污染防控制度，即犯罪嫌疑人、被告人实施本罪侵犯的法益是国家自然资源和生态环境保护制度及由此形成的管理秩序。

第四，本罪客观方面是犯罪嫌疑人、被告人违反国家规定，实施了排放、倾倒、处置污染物行为，造成严重污染环境的法律后果。其中，“排放、倾倒、处置”的内涵与外延应当与《环境保护法》《固体废物污染环境防治法》《大气污染防治法》《土壤污染防治法》《水污染防治法》《海洋环境保护法》等法律法规的规定相一致。“严重污染环境”则应当符合最高人民法院、最高人民检察院《关于办理环境污染刑事案件适用法律若干问题的解释》第1条所列情形。

(四)本案犯罪要件归入审查

立足污染环境罪构成要件，结合侦查机关调查收集的证据，对照司法解释关于污染环境共同犯罪的特殊规定，对本案是否构成污染环境进行要件归入分析：

1. 犯罪主体归入审查——本案构成单位犯罪

澄天公司环保科长陈长达将澄天公司在酸洗钢管过程中产生的废硫酸交由无危险废物经营许可证的天浪公司，用于中和碱性污水。天浪公司负责人段亦舒明知本单位没有危险废物的处置资质，为降低污水处理成本，将上述废硫酸替代硫酸亚铁对碱性污水进行物化沉淀。段亦舒是为了降低天浪公司成本才非法提供或接收废硫酸进行处理的，系为了单位利益实施犯罪行为，应当认定为单位犯罪，其中，段亦舒为直接负责的主管人员。

上述要件事实由下列证据予以证明：

(1)陈长达个人自然信息;

(2)澄天公司设立登记信息;

(3)澄天公司企业法人营业执照;

(4)澄天公司法定代表人身份证明;

(5)段亦舒个人自然信息;

(6)天浪公司设立登记信息;

(7)天浪公司企业法人营业执照;

(8)天浪公司法定代表人身份证明;

(9)澄天公司副总徐亚明的询问笔录;

(10)被告人陈长达供述和辩解;

(11)被告人段亦舒供述和辩解。

2. 犯罪主观方面归入审查——具有污染环境主观故意

陈长达作为澄天公司环保科长,明知澄天公司生产中形成的废硫酸属于危险废物,需要专门单位进行处理,仍然将超过1700吨废硫酸交由不具备处置资格的天浪公司处理;天浪公司明知自己不具备废硫酸处置资格,仍从澄天公司处接收并予以处理。二者对废硫酸危废属性具有明确认知,对各自企业资质和行为属性亦有明确认知,同时对废硫酸利用后所产生的法律后果持放任态度。

上述要件事实由下列证据予以证明:

(1)天浪公司报批的建设项目环境影响报告表;

(2)被告人陈长达供述和辩解;

(3)被告人段亦舒供述和辩解;

(4)证人徐明亚证言。

3. 犯罪客观方面归入审查——违反国家规定,非法处置危险废物,严重污染环境

被告人陈长达将澄天公司经营中产生的含重金属元素的废硫酸交给不具备资质的天浪公司用于中和污水,天浪公司作为污水处理企业,不具备重金属废酸液处置资质,仍然接收用于中和污水,以此方式非法处置含重金属废液1700余吨,且中和后形成的污泥重金属含量明显超标,仍然属于危险废物,需要有资质单位处理,天浪公司直接外运交由电厂处理,不符合规定,重金属仍将进入外环境,严重污染

环境。

上述要件事实有下列证据予以证明：

(1)澄天公司与天浪公司签订的废硫酸买卖协议；

(2)专家评定意见书；

(3)生化污水处理工艺中重金属归趋验证实验报告；

(4)天浪公司与热电公司签订的污泥处置协议；

(5)天浪公司外送污泥统计表；

(6)热电公司与水泥厂签订的煤灰买卖合同；

(7)江海市环境监察大队出具的检测报告；

(8)江海市吴东区环保局出具的固废属性说明函；

(9)天浪公司排污口废水检测数据；

(10)被告人陈长达供述和辩解；

(11)被告人段亦舒供述和辩解。

4. 犯罪客体要件归入审查——违反含重金属废酸液管控处置制度，造成土壤、水体等环境资源损害(此为法律规范列举和评价，从略)

(五)本案量刑情节审查

(1)被告人陈长达、被告单位天浪公司、被告人段亦舒到案过程，是否具有自首情形；

(2)被告人陈长达、被告单位天浪公司、被告人段亦舒认罪悔罪态度，是否具有坦白、认罪认罚等情节；

(3)被告人陈长达、被告单位天浪公司、被告人段亦舒检举揭发情况，是否具有立功情节；

(4)被告人陈长达、被告单位天浪公司、被告人段亦舒作为共同犯罪，是否区分主从犯；

(5)受损生态环境是否得到修复，被告人陈长达、被告单位天浪公司、被告人段亦舒是否缴纳生态修复费用或者承担其他生态修复任务。

(六)拟定本案污染环境罪起诉书(略)

三、被告人、被告单位及其辩护人的辩护思路

被告人、被告单位及其辩护人的辩护活动应当紧紧围绕被告人或被告单位是

否符合犯罪构成要件，构成此罪还是彼罪，是否存在减轻、从轻处罚情节等核心方面展开。针对公诉机关以陈长达、天浪公司非法处置危险废物三吨以上构成污染环境罪的认定，被告人、被告单位及其辩护人提出的主要辩护观点和主要理由是：

第一，污染环境罪本质上为结果犯，需要以违法造成环境污染后果作为入罪基本前提，公诉机关认定被告人、被告单位非法处置危险废物造成环境污染的证据明显不足，被告人和被告单位均不构成犯罪。

(1)陈长达将废酸液转交天浪公司系履职行为，是受澄天公司生产销售副总裁徐亚明指使所为。

(2)陈长达、天浪公司用废硫酸对污水进行酸碱中和不属于《刑法》第338条规定的“处置”行为，应认定为“利用”，不属于该罪名规制的对象。

(3)虽然控方提供的专家意见认为重金属会部分从废水中排放，但天浪公司的废水排放监测数据反映未测出重金属，两者出现重大矛盾，控方的专家意见不能得到监测数据的支持。因此，没有数据表明中和处理后的废水超标排放，即没有污染物排入外环境，未造成环境污染。

(4)其提交的专家意见和法院委托作出的专家意见均表明，天浪公司在利用废硫酸处理污水的过程中，通过生化降解、中和沉淀的污水处理工艺，存在完全去除重金属的可能，且焚烧污泥的过程对重金属有固化和稳定作用。

(5)归趋模拟实验不具有科学性和合法性，不应当作为定案依据，且即使成立，实验结果也表明污泥中重金属均未达到危险废物标准。

(6)污染环境罪属于结果犯，没有证据证明经天浪公司酸碱中和后产生的废水和污泥属于危险废物。即使其未取得危险废物经营许可证，只要没有超标排放污染物，也不属于违法造成环境污染。

(7)根据环保处置要求，对于污水处理厂产生的污泥，属于一般固废，通常也会含有重金属，只要重金属未达到危险废物的标准，天浪公司将污泥交给华锐热电公司掺煤焚烧处理是符合规定的，而相关处理流程会对重金属离子产生消减作用，如果控方没有有效证据证明污泥属于危险废物，就不能认定对环境造成危害。对于将焚烧处理后的粉煤灰交由水泥厂用作水泥原料，也是将污泥中的重金属进行固化的过程，是合法处置含重金属固废的途径，不能认定为对环境造成污染。

第二，为支持辩护观点和理由，辩方提供的证据或者参考依据有：

(1)多名环境法专家和环境工程技术专家联名提供的专家咨询意见，证明天浪公司利用钢管酸洗废水的行为属于国家鼓励的循环利用行为，不构成危害环境犯罪。

(2)对天浪公司因使用废酸导致增加重金属排放问题的技术咨询意见，证明澄天公司将含有重金属的废液运输到天浪公司进行综合利用，其中70%以上的重金属转移到污泥中，在污泥运至华锐热电公司进行焚烧的过程中，80%以上的重金属被转移到焚烧灰中。所产生的焚烧灰最后转让给上河水泥公司进行最终稳定化处置。以上过程不存在造成环境污染的风险。

第三，形成初步辩护意见。(从略)

四、审判机关的审查思路与归入分析

人民法院审理刑事案件，要按照归入法要求从法律规范入手，分析和固定特定犯罪的构成要件，审查在案证据、确定证据事实并与犯罪构成要件进行比对归入，由此确定被告人涉案事实是否满足犯罪构成要件。此阶段既是案件争议核心，也是法院审理工作难点。经过审查，在案证据及由此证明的事实全部满足犯罪构成要件的，被告人或被告单位构成犯罪，公诉机关指控犯罪成立，诉讼进入量刑阶段；在案证据及由此证明的事实不能全部满足犯罪构成要件的，则被告人或被告单位不构成公诉机关所指控犯罪，诉讼活动不再进入量刑程序。

(一)案件焦点梳理

根据控辩双方的诉辩意见，经过庭审举证质证，本案争议焦点主要集中在被告人和被告单位是否成立污染环境罪。围绕这一核心焦点，形成了三个方面争论点，分别为澄天公司是否构成犯罪(公诉机关仅对被告人陈长达追诉是否妥当)、天浪公司接收废酸用于污水中和是否属于污染环境罪所规制的“处置”行为、是否存在违法造成环境污染的事实。

(二)审查思路和过程

争议焦点论证分析，也应当遵照归入法的基本思路展开，由法律规范入手，梳理构成要件，审查要件事实，比对归入分析，最终得出结论。

第一，澄天公司是否构成污染环境罪，即被告人陈长达转移提供废酸液的行为是否能够认定为澄天公司的行为。

(1)法律规范

最高人民法院、最高人民检察院《关于办理环境污染刑事案件适用法律若干问题的解释》

第十一条　单位实施本解释规定的犯罪的,依照本解释规定的定罪量刑标准,对直接负责的主管人员和其他直接责任人员定罪处罚,并对单位判处罚金。

最高人民法院、最高人民检察院、公安部、司法部、生态环境部《关于办理环境污染刑事案件有关问题座谈会纪要》

……为了单位利益,实施环境污染行为,并具有下列情形之一的,应当认定为单位犯罪:(1)经单位决策机构按照决策程序决定的;(2)经单位实际控制人、主要负责人或者授权的分管负责人决定、同意的;(3)单位实际控制人、主要负责人或者授权的分管负责人得知单位成员个人实施环境污染犯罪行为,并未加以制止或者及时采取措施,而是予以追认、纵容或者默许的;(4)使用单位营业执照、合同书、公章、印鉴等对外开展活动,并调用单位车辆、船舶、生产设备、原辅材料等实施环境污染犯罪行为的……

(2)构成要件:主观上是为了公司利益,客观上体现公司意志,实施了污染环境行为。

(3)归入比对:澄天公司环保科长将公司废酸液非法转移提供给不具有危废经营处置资质的天浪公司处理,客观上导致澄天公司生产经营中产生的危废被非法转移处置,澄天公司因此减少治污成本支出,客观上是受益者。但是,没有证据证明被告人陈长达将废酸液转移提供他人处置经过澄天公司决策或授意,无法体现公司意志。

主要证据是:

①澄天公司副总徐亚明的询问笔录,证实其要求陈长达规范处置,没有要求其违规处理;

②被告人陈长达供述和辩解,证实其为公司环保科长,不是公司分管副总和高级管理人员。

(4)结论:被告人陈长达行为不能视为澄天公司行为,现有证据不能证明澄天公司构成污染环境罪。

第二,陈长达、天浪公司用废硫酸对污水进行酸碱中和是否属于《刑法》第338条规定的“处置”行为,是否构成该罪的规制范围。

(1)法律规范。

《中华人民共和国固体废物污染环境防治法》

第一百二十四条　……处置,是指将固体废物焚烧和用其他改变固体废物的物理、化学、生物特性的方法,达到减少已产生的固体废物数量、缩小固体废物体积、减少或者消除其危险成分的活动,或者将固体废物最终置于符合环境保护规定要求的填埋场的活动。

(2)构成要件:行为方式是采用焚烧或改变废物物理、化学、生物特性的方法;目的和结果在于减少废物数量、体积或消除危险成分。

(3)归入比对:天浪公司接收废酸液作为中和剂进行污水中和,采用的是改变废物化学特性的方式,结果达到了使废酸液腐蚀性成分降低或消除的目的或状态。

(4)结论:被告人陈长达、被告单位天浪公司接收废酸液用作污水中和剂,也是属于《固体废物污染环境防治法》规定的处置,属于《刑法》第338条规定的污染环境罪的规制范围。

第三,公诉机关指控被告人和被告单位构成污染环境罪的证据是否充分。

(1)法律规范。

《中华人民共和国刑法》

第三百三十八条　违反国家规定,排放、倾倒或者处置有放射性的废物、含传染病病原体的废物、有毒物质或者其他有害物质,严重污染环境的,处三年以下有期徒刑或者拘役,并处或者单处罚金;情节严重的,处三年以上七年以下有期徒刑,并处罚金;有下列情形之一的,处七年以上有期徒刑,并处罚金:

(一)在饮用水水源保护区、自然保护地核心保护区等依法确定的重点保护区域排放、倾倒、处置有放射性的废物、含传染病病原体的废物、有毒物质,情节特别严重的;

(二)向国家确定的重要江河、湖泊水域排放、倾倒、处置有放射性的废物、含传染病病原体的废物、有毒物质,情节特别严重的;

(三)致使大量永久基本农田基本功能丧失或者遭受永久性破坏的;

(四)致使多人重伤、严重疾病,或者致人严重残疾、死亡的。

有前款行为,同时构成其他犯罪的,依照处罚较重的规定定罪处罚。

最高人民法院、最高人民检察院《关于办理环境污染刑事案件适用法律若干问题的解释》

第一条　实施刑法第三百三十八条规定的行为,具有下列情形之一的,应当认定为"严重污染环境":

……

(二)非法排放、倾倒、处置危险废物三吨以上的;

……

第二条　实施刑法第三百三十九条、第四百零八条规定的行为,致使公私财产损失三十万元以上,或者具有本解释第一条第十项至第十七项规定情形之一的,应当认定为"致使公私财产遭受重大损失或者严重危害人体健康"或者"致使公私财产遭受重大损失或者造成人身伤亡的严重后果"。

第三条　实施刑法第三百三十八条、第三百三十九条规定的行为,具有下列情形之一的,应当认定为"后果特别严重":

……

(二)非法排放、倾倒、处置危险废物一百吨以上的;

……

第六条　无危险废物经营许可证从事收集、贮存、利用、处置危险废物经营活动,严重污染环境的,按照污染环境罪定罪处罚;同时构成非法经营罪的,依照处罚较重的规定定罪处罚。

实施前款规定的行为,不具有超标排放污染物、非法倾倒污染物或者其他违法造成环境污染的情形的,可以认定为非法经营情节显著轻微危害不大,不认为是犯罪;构成生产、销售伪劣产品等其他犯罪的,以其他犯罪论处。

第七条　明知他人无危险废物经营许可证,向其提供或者委托其收集、贮存、利用、处置危险废物,严重污染环境的,以共同犯罪论处。

(2)构成要件。

如前所述,公诉机关是以被告人陈长达、被告单位天浪公司、被告人段亦舒共同构成污染环境犯罪提起公诉,适用法律和司法解释的条文主要是《刑法》第338

条和最高人民法院、最高人民检察院《关于办理环境污染刑事案件适用法律若干问题的解释》第1条第2项和第7项之规定。根据上述规定,因危废委托处置引发的污染环境共同犯罪,其犯罪构成主要是:

①本案主体:危废提供方、危废接收方均为一般主体,达到刑事责任年龄的自然人和单位均可实施本罪,其中,危废接收方没有危险废物经营许可资质。

②本案主观方面:危废提供方对其提供或委托他人处置的危废具有明确认知,对他人不具备危险废物经营许可资质应当有明确认知,对可能造成严重污染环境的后果是明知的或持放任态度;危废接收方对接收的废物属性有明确认知,对自己不具备危废经营许可资质有明确认知,对自己接收处置废物可能造成严重环境污染的后果是明知的或持放任的态度。

③本案客体:侵害国家危险废物管控制度,损害生态环境公共利益。

④本案客观方面:危废提供方将危废非法转移至不具有危废经营许可资质的接收方;接收方接收危废后实施了处置行为,并违法造成环境污染的现实后果。

(3)归入比对。

首先,犯罪主体方面,被告人陈长达利用其任职澄天公司环保科长职务便利,将澄天公司在酸洗钢管过程中产生的废硫酸交由无危险废物经营许可证的天浪公司,用于中和碱性污水。天浪公司明知自己没有危险废物的处置资质,为降低污水处理成本,将上述废硫酸替代硫酸亚铁对碱性污水进行物化沉淀。段亦舒是为了降低天浪公司成本才非法提供或接收废硫酸进行处理的,系为了单位利益实施的犯罪行为,应当认定为单位犯罪,其中,段亦舒为直接负责的主管人员。

上述要件事实有下列证据予以证明:

①陈长达个人自然信息;

②澄天公司设立登记信息;

③澄天公司企业法人营业执照;

④澄天公司法定代表人身份证明;

⑤段亦舒个人自然信息;

⑥天浪公司设立登记信息;

⑦天浪公司企业法人营业执照;

⑧天浪公司法定代表人身份证明;

⑨澄天公司副总徐亚明的询问笔录；

⑩被告人陈长达供述和辩解；

⑪被告人段亦舒供述和辩解。

其次，犯罪主观方面，陈长达作为澄天公司环保科长，明知澄天公司生产中形成的废硫酸液属于危险废物，且知道天浪公司不具备危废经营许可资质，仍多次将累计超过1700吨上述废硫酸交由天浪公司处理；天浪公司明知自己不具备废硫酸处置资格，仍从澄天公司处接收并予以处理。二者对废硫酸危废属性具有明确认知，对各自企业资质和行为属性亦有明确认知，同时对废硫酸利用后所产生的法律后果持放任态度。

上述要件事实有下列证据予以证明：

①天浪公司报批的建设项目环境影响报告表；

②被告人陈长达供述和辩解；

③被告人段亦舒供述和辩解；

④证人徐明亚证言。

最后，本案客观方面，被告人陈长达将澄天公司经营中产生的含重金属元素的废硫酸交给不具备资质的天浪公司用于中和污水，天浪公司作为污水处理企业，不具备重金属废酸液处置资质，仍然接收用于中和污水。上述过程形式上符合委托非法处置的条件，但仍应当以实际上构成污染环境特定后果，即违法造成环境污染作为入罪核心条件。从案件查明事实看，天浪公司用废酸液中和污水后形成的水体经环保部门取样检测，重金属含量并不超标，而沉积的污泥中虽然含有重金属，且铬、镍含量超过标准排放限值，但该污泥天浪公司并未直接倾倒外环境，而是交由电厂焚烧，最后运送水泥厂掺和固化后形成水泥制品销售建筑使用。公诉机关提供的趋归实验结论也没有明确证明天浪公司中和过程及其后的委托处理存在违法造成环境污染的后果，相反，辩护人提交的专家意见和法院居中委托的环境专家出具的专家组咨询意见都认可在天浪公司现有工艺技术下利用废酸液能够起到中和污水作用，同时不排斥能够起到净化和固化重金属作用。因此，现有证据不足以证实天浪公司处理废酸液及后续委托处理污泥违法造成了环境污染后果。

上述要件事实有下列证据予以证明：

①澄天公司与天浪公司签订的废硫酸买卖协议；

②专家评定意见书；

③生化污水处理工艺中重金属归趋验证实验报告；

④天浪公司与热电公司签订的污泥处置协议；

⑤天浪公司外送污泥统计表；

⑥热电公司与水泥厂签订的煤灰买卖合同；

⑦江海市环境监察大队出具的检测报告；

⑧江海市吴东区环保局出具的固废属性说明函；

⑨天浪公司排污口废水检测数据；

⑩被告人陈长达供述和辩解；

⑪被告人段亦舒供述和辩解；

⑫江海法院关于澄天公司 HW34 疑似污染环境案件专家组咨询意见。

第四，从本案客体和法益看，被告人陈长达和被告单位天浪公司确实存在违反含重金属废酸液管控处置制度的行为，但客观上无证据表明造成土壤、水体等环境资源损害。

结论：被告人陈长达、被告单位天浪公司、被告人段亦舒不符合污染环境罪入罪要件。

（三）拟定本案刑事判决书（略）

某社会组织诉X公司、K公司环境民事公益诉讼案

2021年全国大学生环境资源模拟法庭大赛决赛赛题

一、基本案情

案由:环境侵权损害赔偿

诉讼双方:

原告:某社会组织

被告:X公司、K公司

勐梭江一级水电站的建设单位为X公司,K公司系该建设工程总承包方及受托编制环评报告技术单位。勐梭江一级水电站坝址位于Y省某县境内,下游淹没区域涉及白河上游的勐梭江、清汁江及石羊江小江河。工程总投资近亿元,水库淹没影响和建设征地涉及数个乡镇。勐梭江一级水电站项目的建设取得了国家及省级相关主管部门做出的关于用地、环评、建设等批复和同意。

2017年7月,K公司受委托完成了勐梭江一级水电站环境影响评价工作,并作出《环境影响报告书》载明:水库蓄水将淹没野生动物的部分生境。保护区野生动物"蓝鹇"属"近危"物种,野外调查主要活动区域为布朗河自然保护区低海拔区域,电站施工可能迫使该物种放弃紧靠江边的觅食地点,江边地段人为干扰强烈,其活动概率小,因此,不会影响该物种在当地生存和繁衍。同时,由于时间局限和野生动物特点,无论是鸟类还是其他隐蔽性更强的类群的动物均不可能在短期内通过实地观察得出满意结论,所以评价时综合对文献资料和访问调查的结果进行分析,最后得出结论。

就“蓝鹇”相关问题，林业和草原部门出具《白河上游“蓝鹇”种群现状调查报告》，该报告说明：勐梭江一级水电站建成后，蓄水水库将淹没海拔400米以下河谷地区，将对“蓝鹇”目前适宜栖息地产生较大影响。同时，由于勐梭江一级水电站的建设，淹没区公路的改造重修，也会破坏“蓝鹇”及其他野生动物适宜栖息地。对暂停建设的勐梭江一级水电站，亦应评估停建影响，并做好保护和恢复“蓝鹇”栖息地措施等。

就“孢子叶球”植物相关问题，其为国家Ⅰ级重点保护植物。2018年被列入《Y省生物物种红色名录(2018版)》，为极危物种。迄今已发现数个分布点，但个体数量都非常少，全部个体数量少于200株，且破坏严重。由于“孢子叶球”植物在电站审批后才被正式描述并列入世界名录，故《环境影响报告书》未对该物种进行评价。

2019年1月，环境保护部门向X公司发出《责成环境影响后评价的函》，责成X公司就该项目建设开展环境影响后评价，采取改进措施并报备案。环境影响后评价工作完成前，不得蓄水发电。至今，X公司未对勐梭江一级水电站建设项目的施工。按工程进度，目前电站建设项目现已完成“三通一平”工程并修建了导流洞。

2019年10月Y省人民政府下发《Y省人民政府关于发布省生态保护红线的通知》，对外发布《Y省生态保护红线》。《Y省生态保护红线》中所涉全省生态保护红线面积约为10万平方公里，占国土面积的30%，基本格局呈“三屏两带”。根据《Y省生态保护红线》的附件1《Y省生态保护红线分布图》所示，勐梭江一级水电站淹没区大部分被划入白河干热河谷及山原水土保持生态保护红线范围，在该区域内，“蓝鹇”为其中一种重点保护物种。

某社会组织主张其为本案支出包括交通费、住宿费、餐费、专家费及律师代理费等合计25万元。

二、本案争辩点

1. 对野生动植物保护预防性公益诉讼的理解

对“重大风险”内涵与外延界定的理解，主要包括以下三个方面：(1)“重大风险”认定证据的分析；(2)“重大风险”损害后果的严重性及发生的可能性判断；(3)对最高人民法院《关于审理环境民事公益诉讼案件适用法律若干问题的解释》(以下简称《环境民事公益诉讼司法解释》)第1条的理解 。

2. 勐梭江一级水电站是否能够继续建设

这一争辩点是生态环境保护和社会经济发展博弈的平衡点，涉及对《环境保护法》第5条的理解把握。

3. 某社会组织为诉讼支出的费用怎样支持

这一问题涉及对最高人民法院《关于审理环境民事公益诉讼案件适用法律若干问题的解释》第22条的理解。

三、备案思路与要点

本案属环境民事公益诉讼新类型——生物多样性保护预防性公益诉讼案件，并无前案可对比参照、无完整现行法律可遵循，具有极大开拓性，也给予赛题很大的争辩空间，把握以下几点对预防性公益诉讼进行理解：

第一，严格坚持《环境保护法“保护优先，预防为主”环境司法保护原则，紧扣突破性“无损害即无救济”传统侵权损害救济理念，把生态损害的防控提升的事中甚至事前，将“预防性”司法保护理念贯穿始终。

第二，2014年出台的《环境保护法》第5条规定了“风险防范”原则，《环境民事公益诉讼司法解释》规定可以提起环境民事公益诉讼的违法行为包括具有损害社会公共利益的污染环境、破坏生态的行为，但是对于“重大风险”的内涵认识不一致。水电站继续建设是否会对蓝鹇等珍稀动植物的栖息地造成损害，也是本案双方争议的焦点之一，需要根据双方提供的证据探索如何评判对生态环境存在重大风险。重大风险，也是预防性公益诉讼的核心要素，对重大风险的评价应当从以下几个方面进行论述：

1. 对所保护对象的科学评价

第一，保护对象具有独有价值。本案保护对象均为濒危物种，蓝鹇及孢子植物均为国家重点保护动植物。第二，物种栖息地的不可替代性。物种所赖以生存的栖息地不仅是蓝鹇、孢子植物等濒危、珍稀野生动植物赖以生存的家园，也是各类物种与大面积原始季雨林、热带雨林片段共同组成的完整生态系统，为各类野生动植物提供了天然优质的良好生存条件。第三，整体生态价值的重要性。淹没区生态系统生物多样性丰富而独特，保存有原生热带季雨林生态系统和热带雨林片段，承载、养育着多种珍稀濒危动植物，是多个保护物种赖以生存和繁衍的生境要素，具有重要生态价值;淹没区涉及河谷植被、河漫滩、季雨林、自然形成河水等无机环境,其生态价值、遗传资源价值、科研价值、景观价值极高,具有不可替代性;淹没区完好保存着大面积连片热带季雨林,这是一个巨大的野生生物物种资源库和基因库,在全国非常罕见,对研究植物区系的起源、演化有着重要的意义。

2. 损害结果的严重性及不可逆性

濒危物种对栖息地要求极高,电站下游淹没区温度、湿度、觅食等各项条件都极其符合该物种生存繁衍需要,具有极高的不可替代性。如若电站继续建设导致栖息地被淹没,可以判断该建设行为所产生的毁灭性、不可逆转性损害后果是恒定且可以直观判断的。主要表现有三:其一,已经濒危的野生动物将丧失完好保存着大面积连片栖息地,物种面临继续消失的风险;其二,现存数量稀少的孢子植物因无法迁移将完全被淹没;其三,野生生物物种资源库和基因库整个生态系统将遭到毁坏,生物多样性价值及遗传资源价值无法估量。

3. 损害结果发生的可能性

电站继续建设是否必然导致濒危物种及生境不可逆转的毁损,面对“尚不明朗的事实状态”及“不确定性”,按照《环境民事公益诉讼司法解释》第 8 条的规定,原告需首先提出初步证据证明存在(重大或不可逆转) 环境损害可能性,然后再由环境重大风险制造者提供证据,以充分的理由消除合理怀疑或证明其行为的无损性。各类专业调查报告,及建设方提交进行抗辩的《环境影响报告书》等证据应综合利用分析。辩论双方应分别从不同角度对《环境影响报告书》是一种预测性判断,报告书中“水库蓄水对保护区野生动物的生存和繁殖影响不大……但由于时间局限和野生动物特点,无论鸟类还是其他隐蔽性更强的类群的动物均不可能在短期内通过实地观察得出满意结论,所以评价时综合对文献资料和访问调查的结果进行分析,最后得出结论”的调查结论,与《白河上游“蓝鹇”种群现状调查报告》中“蓄水水库将淹没海拔 680 米以下河谷地区,将对目前利用的沙浴地、河滩求偶场等适宜栖息地产生较大影响……同时,由于电站的建设,淹没区公路将改造重修,也会破坏野生动物适宜栖息地”的报告结论综合对比分析,从正反两方进行充分阐述利用。此外,将上述报告与政府部门函件等证据共同组成的证据链条,结合水电站建设与栖息地毁损之间的对应性、唯一性,以及现有建设方案没有采取任何针对性的保护措施所显现的迫切性、损害后果的严重性,在辩论中(原告方)可综合归纳判定戛洒江一级水电站继续建设导致濒危物种及生境不可逆转的毁损可能性概率极大，尽力将该“不确定”固定为“确定”。即戛洒江一级水电站前期系列建设已完成部分坝体基础工程，如继续建设则电站淹没区势必导致濒危物种生境被淹没，生物生境面临重大风险的可能性确定。同理，被告方应根据根据以上归纳点进行反驳分析，紧扣保护对象独有性、损害结果评价及发生可能性对重大风险的发生逐一进行切入分析进行抗辩。